Alexandre Ganoczy
Unendliche Weiten …

Technik und Weisheit
Schriftenreihe der Klaus Hemmerle Gesellschaft

Band 1

Alexandre Ganoczy
Unendliche Weiten …

Alexandre Ganoczy

Unendliche Weiten …

Naturwissenschaftliches Weltbild
und christlicher Glaube

Herder
Freiburg · Basel · Wien

Die Deutsche Bibliothek – CIP-Einheitsaufnahme

Ganoczy, Alexandre:
Unendliche Weiten ... : naturwissenschaftliches Weltbild
und christlicher Glaube / Alexandre Ganoczy. –
Freiburg im Breisgau ; Basel ; Wien : Herder, 1998
ISBN 3-451-26670-9

Die Klaus Hemmerle Gesellschaft e. V.,
Leipziger Straße 19, 52068 Aachen,
dankt folgenden Förderern der Drucklegung:

Aachen Münchener Versicherung AG
Aachener Bank eG
Sparkasse Aachen
Kreissparkasse Düren
Pax Bank eG Köln

© Verlag Herder Freiburg im Breisgau 1998
Einbandgestaltung: Finken & Bumiller, Stuttgart
Satz: SatzWeise, Trier
Gesetzt in der Aldus und Abadi
Druck und Bindung: Freiburger Graphische Betriebe 1998
ISBN 3-451-26670-9

Inhalt

Vorwort des Reihenherausgebers

»Die Suche nach Einheit ist die Zukunftsaufgabe der Menschheit.« Mit diesem programmatischen Satz eröffnete der 1994 als
Bischof von Aachen verstorbene Religionsphilosoph und Theologe
Professor Dr. theol., Dr. phil. h.c. Klaus Hemmerle am 8. Juli 1988
die Vorlesung aus Anlaß seiner Ehrenpromotion zum Doktor der
Philosophie durch die Philosophische Fakultät der Rheinisch-West-
fälischen Technischen Hochschule Aachen. Nach zehn Jahren hat
die Behauptung Klaus Hemmerles nichts von ihrer Stimmigkeit
verloren. Die Mobilität von Menschen und Meinungen, die Globa-
lität politischer und ökonomischer Umwälzungen, das noch offener
zutage getretene Wohlstandsgefälle zwischen armen und reichen
Völkern sowie die weiterhin im Abseits stehenden Bevölkerungs-
massen der Südhalbkugel der Erde haben vielmehr die Dringlich-
keit der von Hemmerle bezeichneten Zukunftsaufgabe noch erheblich verstärkt.

In seiner oben erwähnten Vorlesung unter dem Titel »Technik
und Weisheit« wies Hemmerle der Interdisziplinarität zwischen
Natur- und Ingenieurwissenschaften einerseits sowie den Geistes-,
Gesellschafts- und Humanwissenschaften andererseits eine Schlüs-
selfunktion bei der Suche nach Einheit zu. Doch ließ es der Ehren-
doktor der RWTH nicht bei einem Plädoyer bewenden. Als Bischof
von Aachen stiftete er 1993 der Hochschule eine Professur für interdisziplinären Dialog, die seit seinem Tod den Namen »Klaus Hemmerle Professur« trägt. Erstmals berief der Rektor der RWTH zum
Sommersemester 1997 Herrn Professor em. Dr. theol., Dr. phil.,
Dr. h.c. Alexandre Ganoczy auf diese Professur.

Die Klaus Hemmerle Gesellschaft, die es sich zur Aufgabe gemacht hat, den interdisziplinären Dialog im Sinne Klaus Hemmerles
in besonderer Weise zu fördern, publiziert im vorliegenden Band
diese von Alexandre Ganoczy dankenswerterweise bearbeitete Vor-

11

lesungsreihe. Gleichzeitig eröffnet sie damit die von ihr besorgte Schriftenreihe. Zu Ehren und in Erinnerung an ihren unvergessenen Namensgeber nennt die Gesellschaft diese Schriftenreihe nach dem ebenso aktuell wie sachlich zutreffend gebliebenen Titel der vor zehn Jahren gehaltenen Vorlesung »Technik und Weisheit«.

Aachen im Juli 1998   *Prof. Dr. Johannes Floß*
                                                                    Vorsitzender der
                                                                    Klaus Hemmerle Gesellschaft

Einleitung

1. Kurze Situationsanalyse

Die Grenzen zwischen naturwissenschaftlicher und religiöser Weltsicht sind zwischen beiden Seiten durchlässig geworden. Vor allen Dingen waren es theoretische Physiker, die nicht zögerten, oft im Rahmen ihres Faches selbst, philosophische und religiöse Themen anzusprechen. Dieser Trend läßt sich etwa mit folgenden Namen belegen: Einstein, Planck, Heisenberg, Jordan, von Weizsäcker, zuletzt Prigogine oder Populärwissenschaftler wie Davies und Capra.

Ich persönlich habe mich durch die Veröffentlichungen dieser Wissenschaftler – die gewiß von sehr unterschiedlicher Bedeutung sind – als christlicher Theologe herausfordern lassen. Anstatt es ihnen übelzunehmen, daß sie ihre Kompetenzgrenzen überschritten und manchmal sehr laienhaft zu theologischen Fragen Stellung nahmen, habe ich in ihren Versuchen die Zeichen eines neuen Bewußtseins erkannt. Dieses neue Bewußtsein könnte mit dem Stichwort *Komplementarität* in Verbindung gebracht werden. Es ging und geht dabei um die Einsicht, daß sich die kosmische und menschliche Gesamtwirklichkeit so vielschichtig und komplex verhält, daß keine Einzeldisziplin mehr in der Lage sein kann, ihr erkenntnismäßig voll gerecht zu werden. Es handelt sich also um ein Bewußtsein von der Vieldimensionalität der »Natur«, das alle reduktionistischen, eindimensionalen Erklärungen von vornherein fragwürdig macht. Jede »Dimension«, jede Disziplin, jeder Wissensbereich harrt der *Ergänzung* durch andere »Dimensionen«, Disziplinen, Wissensbereiche.

Dadurch erhalten die zwischen ihnen liegenden Grenzen einen neuen Stellenwert. Gewiß trennen die Grenzen nach wie vor. Sie differenzieren und verhindern Konfusionen. Doch erweisen sich die interdisziplinären Trennlinien zugleich als Orte des Austausches und der Kommunikation. Folglich werden die sogenannten *Grenzfragen* interessant.

Nehmen wir nur die Gottesfrage als Beispiel. Sie ist *die* religiöse Frage schlechthin und wird in der Theologie wissenschaftlich reflek-

tiert. Nun treten Naturwissenschaftler auf den Plan, mit Büchern wie
Der Naturwissenschaftler vor der religiösen Frage von Pascal Jordan
und *Gott und die moderne Physik* von Paul Davies. Die meisten
Theologen reagieren darauf überrascht oder gar irritiert. Anschei-
nend sind sie auf eine solche Art der Einmischung nicht vorbereitet,
haben sich mit dem stillschweigenden Nichteinmischungspakt zwischen beiden Lagern nur allzu gut abgefunden. Aber auch Denkfaul-
heit mag dabei eine Rolle spielen. Muß denn die Theologie ihre Posi-
tionen wieder einmal revidieren? Reicht es denn nicht, daß sie etwa
die Erkenntnisse Galileis, Darwins, der modernen Sexualwissen-
schaft teilweise schon rezipiert hat? Muß sie nun auch auf die Relativitätstheorie, die Quantenmechanik, die Chaostheorie und die Gentechnologie mit entsprechenden theologischen Theorien reagieren?

Auf der anderen Seite kann die Religion, gerade in ihrer wissenschaftlich reflektierten Form, nicht übersehen, daß die fragenden Naturwissenschaftler von ihr etwas *erwarten*. Sie erwarten nicht so sehr
neue theoretische Einsichten, sondern vielmehr Beratung im Bereich
der Ethik. Grundsätzlich wissen sie, daß ihre Theorie in *Praxis* mündet, z. B. die theoretische Physik in Technologie. Sie nehmen folglich
und auch richtig an, daß die religiöse, genauer gesagt die theologische
Theorie in ähnlicher Weise die Praxis einer dieser Theorie entsprechenden *Ethik* begründet. Und obgleich jene Ethik, deren Notwendigkeit sich für die menschen- und naturgerechte Handhabung wis-
senschaftlich-technischer Errungenschaften heute immer stärker
spüren läßt, zum Teil von Naturwissenschaftlern selbst erarbeitet
wird oder aber im Dialog mit Philosophen, wie z. B. Hans Jonas, dem
eine neue Verantwortungsethik zu verdanken ist, wird doch auch von
Religion und Theologie ein Beitrag erwartet. Vermutlich ist die Erwartung, die ihnen gegenüber gehegt wird, noch höher als die Erwar-
tungen an die verschiedenen philosophischen Schulen. Denn man
ahnt, daß religiöser Glaube zu den notwendigen Änderungen stärker
motivieren kann als eine rein philosophische Einsicht.

Hinzu kommt die verbreitete Überzeugung, daß nur diejenige
Ethik einen hinreichend festen Boden unter die Füße bekommt, die
sich aus *Inhalten* einer Glaubensüberzeugung herleitet. So muß z. B.
eine christliche Ethik für die technische Zivilisation auf christlichen
Glaubensinhalten basieren. Analog verhält es sich freilich in Bezug
auf andere Religionen. Sehr vereinfacht dürfte wohl gesagt werden:
Wie ich mich z. B. als Gentechnologe sittlich verantwortungsbewußt
verhalte, hat damit zu tun, an was oder an wen ich glaube. Das könnte

zumindest teilweise erhellen, warum Physiker, Biologen, Verhaltensforscher und Ingenieure die Frage nach dem Göttlichen oder gar nach Gott stellen und dabei die Theologen buchstäblich provozieren.

2. Methodenwelten

Treffen nun Naturwissenschaften und reflektierte Religion in Form von Theologie aufeinander, so kommen zwei grundverschiedene Methodenwelten zusammen. Das macht das gegenseitige Verständnis nicht immer leicht. Beim heutigen, noch ziemlich unterentwickelten Stand des interdisziplinären Dialogs begegnen sich laienhaft theologisierende Physiker oder Biologen und laienhaft Physik oder Biologie betreibende Theologen. Ich selbst zähle mich zu letzteren – trotz eines jahrelangen Selbststudiums der Naturwissenschaften.

Über die unterschiedlichen Methoden zu sprechen, kommen wir nicht herum. Denn sonst droht die Gefahr einer Sprachverwirrung und einer Vermischung der Bereiche, für die die sogenannte »Physikotheologie« des vorigen Jahrhunderts ein erschreckendes Beispiel geliefert hat.

In zwei Anläufen soll dies geschehen: erstens allgemein darüber, was die ureigenen Verfahrensweisen naturwissenschaftlicher bzw. theologischer Arbeit, oder besser »Systematik« ausmacht; zweitens – viel kürzer – über die interdisziplinäre Methodik selbst.

2.1. Grundzüge naturwissenschaftlicher und theologischer Methodik

Für beide Disziplinen möchte ich denselben Methodenbegriff in Anspruch nehmen. *Methode* heißt demnach »die Verfahrensweise, nach der Denkprozesse und Handlungsabläufe durchgeführt werden« (Rapp, HPhG 4, 913). Wir haben es gehört: Nicht nur Denkprozesse, sondern auch Handlungsabläufe. Das entspricht dem klassischen Junktim von *Theorie und Praxis*, aber auch dem Zweigespann von Wissenschaft und Technik bzw. von Glaubenslehre und religiösethischer Lebensführung. Methode besitzt also eine umfassende Bedeutung.

Sie zeichnet sich ferner in allen Bereichen durch Folgerichtigkeit und Zielstreb gkeit aus. *Folgerichtig,* konsequent und, wenn immer möglich, logisch gehe ich den Weg, den ich einmal gewählt habe. Sonst gehe ich nicht wissenschaftlich vor. Und *zielstrebig* gehe ich ihn, auch wenn ich weiß, daß dieser Weg unter Umständen ein Umweg sein kann. (In der Tat bedeutet das griechische Wort »méthodos« nicht nur »geradlinige Verfolgung« eines Vorsatzes, sondern auch »Umweg«). Zielstrebigkeit ist auch dann ein Grundzug methodischen Verfahrens, wenn das angestrebte Ziel nicht hundertprozentig klar ist oder einen hypothetischen Charakter besitzt.

Gerade angesichts dieser Unschärfe in der Klärung des Zieles empfiehlt es sich, daß die Methode, bei aller Folgerichtigkeit, eine gewisse *Flexibilität* bewahrt. Das heißt: Sie muß jederzeit einer nachträglichen *Kontrolle* unterzogen und auch korrigiert werden dürfen.

2.1.1. Naturwissenschaftliche Methodik

1. Einstein sagte einmal: »Anfang und Ende all' unseres Wissens« ist Erfahrung. Er meinte damit die *Empirie,* d. h. jene Sinneserfahrung, ohne die kein eigentliches Wissen im Bereich der Naturvorgänge möglich ist. Aus diesem Grunde heißen die Physik, die Chemie, die Biologie und die experimentelle Psychologie »Erfahrungswissenschaften«.

2. Dabei kommt es sehr auf das Subjekt solcher Sinneserfahrung, nämlich den Beobachter, an. Der Beobachter weiß sich zu höchstmöglicher Sachlichkeit, Objektivität verpflichtet. Nicht er, sondern das beobachtete Objekt soll zur Sprache kommen.

Andererseits aber herrscht heute, anders als im 19. Jahrhundert, die Meinung vor, daß eine hundertprozentig objektive Erkenntnis nicht möglich ist. Nicht nur unmöglich, sondern auch unangemessen. Heisenberg hat für den Bereich der Quantenmechanik nachgewiesen, daß das Subjekt des Beobachters ein konstitutiver Bestandteil des Beobachtungsvorganges ist. Denn der Beobachter wählt aus einer Vielfalt von Geräten und Verfahren das jeweils passende aus. Er ist auch derjenige, der den Erfahrungsgegenstand unter diesem oder jenem Blickwinkel gleichsam befragt (Heisenberg 35, 84 f.).

Der gewählte Blickwinkel ist für jede Beobachtung entscheidend. Er erlaubt höchstmögliche Konzentration auf einen speziellen Aspekt des Gegenstandes und außerdem die Reduktion des Beobachtungsfeldes auf diesen speziellen Aspekt. Das führt zu einer starken

Spezialisierung der naturwissenschaftlichen Arbeit. Darin liegt eine ihrer Stärken, aber unter Umständen auch eine ihrer Schwächen.

3. Ein drittes Moment der Methode liegt im *Meßvorgang* unter Einsatz der erforderlichen *Apparatur.* Die Meßinstrumente ermöglichen dem Wissenschaftler, seine unmittelbare Sinneserfahrung zu erweitern oder gar zu ersetzen. Mikroskop und Teleskop erweitern das Beobachtungsfeld. Automaten und Roboter ersetzen den direkten Kontakt mit dem Meßgegenstand.

4. Viertens wird die so gewonnene Information in die abstrakte Formelsprache der *Mathematik* übertragen. Zahlen, quantitative Werte, erlauben eine hilfreiche Vereinfachung des Verfahrens, d. h. die Reduktion der komplexen Konkretheit des untersuchten Gegenstandes.

In der Mathematisierung der empirisch ermittelten Ergebnisse kommen die Naturwissenschaften den Geisteswissenschaften nahe, z. B. der Philosophie. Der Philosoph beschreibt die Wirklichkeit, beispielsweise einer konkreten Person, reduzierend mit abstrakten Begriffen wie Leib, Geist, Vernunft, Affektivität. In analoger Weise führt der Physiker die Materie und deren Verhaltensweisen auf einfache mathematische Gleichungen zurück. Hier wie dort verläßt der Wissenschaftler die sichtbare und faßbare Materialität der Dinge und Prozesse, um sie in Formeln auszudrücken, die Schöpfungen des Menschengeistes sind. Das, was der Alltagserfahrung in handfester Anschaulichkeit entgegentritt, wird unanschaulich, abstrakt und auf wenige »Wesenszüge« reduziert.

Auf der anderen Seite kommen weder die Natur- noch die Geisteswissenschaften um eine Zuhilfenahme der Abbildung und der *Bildsprache* herum. Ich meine damit z. B. die *Modelle,* die uns die Physik anbietet, und die *Symbole,* mit denen die Theologie arbeitet.

Nehmen wir ein Beispiel für den Begriff »Modell«. Die Atomphysik erforscht bekanntlich die Feinstruktur der Materie, in der die Kräfteverhältnisse eigentlich jede Anschaulichkeit überschreiten oder sprengen. Dennoch veranschaulicht sie dieses an sich Unanschauliche bald mit einem Modell, das nach Niels Bohr an ein Planetensystem erinnert, bald mit Hilfe der Vorstellung, die den hybriden Namen »Wahrscheinlichkeitswellen« trägt.

Bildsprache kommt auch in den Bezeichnungen »Elektronenbahnen« und »Quantensprünge« zum Zuge. Mathematische Formelhaftigkeit und eine minimale Bildhaftigkeit erweisen sich als komplementär. Gemeinsam deuten sie die Erfahrung an, daß die physikalischen Sachverhalte ihre wissenschaftlichen Beschreibungen überschreiten, transzendieren, so daß sie immer nur *annähernd* genau und *annähernd* vollständig erfaßt werden können. Deswegen werden physikalische Modelle stets weiterentwickelt. Es entstehen davon immer neue, um der Komplexität der Sachverhalte besser gerecht zu werden.

Eine ähnliche, analoge Funktion kommt den religiösen *Symbolen* in der erkennenden Annäherung etwa an die Gotteswirklichkeit zu. Auch in ihnen weisen die Bilder, die oft sehr anthropomorph geprägt sind, über sich hinaus. Auch dort sucht man mit der Vielfalt der Sinnbilder der unermeßlichen Reichhaltigkeit des Gegenstandes zu entsprechen. Auch dort handelt es sich um eine *indirekte* Wahrnehmung der Sache.

5. Fünftens zeichnet sich naturwissenschaftliche Methodik durch ihren *experimentellen* Charakter aus. Ein Experiment ist ein Versuch, der meist wiederholt wird. Denn es gelingt selten, den Gegenstand oder den beobachteten Vorgang beim ersten Mal vollständig einzuordnen. Worum es hierbei geht, drückt das Prinzip »trial and error«, »Versuch und Irrtum« vorzüglich aus. Daß allerdings die Anwendung dieses Prinzips in bestimmten Fällen – man denke nur an Atomtests! – höchst problematisch sein kann, leuchtet heute jedem ein.

Ein wichtiges Ziel des wissenschaftlichen Experimentierens liegt in der Einordnung der Gegenstände und Vorgänge in den Rahmen *allgemein gültiger Gesetzmäßigkeiten.* Die Naturgesetze mögen weitgehend Entdeckungen des menschlichen Forschergeistes sein; durch ihre allgemeine Gültigkeit stellen sie den obligatorischen Rahmen naturwissenschaftlicher Methodik dar. Ganz anders steht es in der Theologie, wo der geschichtliche Einzelfall, der Einzelzusammenhang und die jeweilige personale Dimension des Erkenntnisvorgangs eine viel größere Rolle spielen.

6. Eine naturwissenschaftliche Methode stützt sich auf diesen festen Boden von Gesetzmäßigkeiten und zielt dabei auf *exakte Erkenntnis* ab. Gewiß hat die moderne Physik auch die *Unschärferelation* entdeckt, die ihr eine *absolut* exakte Erkenntnis im Bereich der Mikrophysik nicht immer möglich macht. Hier kommt der Wahrscheinlichkeitsrechnung eine entscheidende Bedeutung zu. Der Wissenschaftler ist sich dessen bewußt, daß seine Berechnungen sich mit einem möglichst hohen Grad an Wahrscheinlichkeit begnügen müssen. Dieser reicht meistens aus, um über das künftige Verhalten des

beobachteten Gegenstandes oder Systems ernsthafte *Voraussagen* zu machen. Allerdings sind, der Chaostheorie zufolge, präzise Vorhersagen und Prognosen in vielen Fällen langfristig nicht machbar.

7. Alle diese Relativitätsfaktoren veranlassen die sogenannten Exaktwissenschaften, ihre Erkenntnisergebnisse ständig zu prüfen, zu kontrollieren, zu *erweitern* oder zu falsifizieren, d. h. auf mögliche Fehler hin zu untersuchen. Jede Bewährung einer Arbeitshypothese an den Grenzen naturwissenschaftlicher Erkenntnis steht unter dem Zeichen der *Vorläufigkeit* im buchstäblichen Sinn des Wortes. Das Erkannte gilt – wie man sagt – »bis zum Beweis des Gegenteils«. Diese methodisch einkalkulierte »Fehlbarkeit« hat einiges an sich, was den Theologen neidisch machen kann. Denn er erblickt darin eher eine Stärke als eine Schwäche der erfahrungswissenschaftlichen Methode. Eine Disziplin, die sich kraft ihrer Methode selbst zur dauernden *Selbstkorrektur* verpflichtet weiß, erweist sich als wesentlich fortschrittlich, weil eben verbesserungsfähig. Kein Dogmatismus kann sie hemmen.

8. Die andere Seite der Medaille zeigt das heute besonders häufig gebrauchte Stichwort *Risiko* an. Es gibt Bereiche, in denen das kalkulierte Risiko normal ist und harmlos bleibt. Es gibt andere Bereiche, vor allem in Wissenschaftszweigen, die z. B. in die Nuklear- und Gentechnologie münden, in denen es völlig unverantwortlich wäre, dem Prinzip »trial and error« freien Lauf zu lassen. Denn es können dabei Fehler und Irrtümer auftreten, die für die Menschheit verhängnisvolle Folgen zeitigen können. Von daher gehören zur naturwissenschaftlich-technischen Methodik auch Maßnahmen zur Risikovermeidung. Mit anderen Worten: Eine konsequente Befolgung naturwissenschaftlicher Methode führt heute nicht selten zu *ethischen*, genauer gesagt sozialethischen Fragestellungen.

An diesem Punkt möchte ich innehalten und eine Zwischenbemerkung im Hinblick auf die »Interdisziplinarität« machen. Es geht mir um eine theologische Reflexion über Aspekte der Naturwirklichkeit, *sofern* diese zugleich Gegenstand von naturwissenschaftlicher Erkenntnis und technischer Bearbeitung sind. Es gibt freilich auch eine andere Art, »Theologie der Natur« zu betreiben, z. B. jene, die über einen *philosophisch* erarbeiteten Naturbegriff, etwa vom christlichen Schöpfungsglauben her, nachdenkt. Diese »Theologie der Natur« hat gewiß ein leichteres Spiel als die von mir intendierte. Denn sie hat eine längere Tradition hinter sich. Seit Jahrhunderten stehen philosophische und theologische Kosmologie im Gespräch, so daß man auch ziemlich gut weiß, wo philosophische und theologische Methoden harmonieren oder sich klar voneinander absetzen.

Dagegen betreten wir weitgehend Neuland, wenn wir naturwissenschaftliche und theologische Methodik zusammenzubringen versuchen. Dies gesagt, will ich mich der Skizze einer theologischen Methodik zuwenden.

2.1.2. Theologische Methodik

1. Einsteins Wort, Anfang und Ende all' unseres Wissens sei Erfahrung, gilt, mutatis mutandis, auch für die Theologie. Nur handelt es sich in Bezug auf die Theologie um eine andere Art der Erfahrung als die der wissenschaftlichen Empirie. Sie heißt religiöse Erfahrung oder Gotteserfahrung oder Glaubenserfahrung. Wie läßt sich diese in ihren verschiedenen Erscheinungsweisen beschreiben?

»Das Göttliche« wird immer wieder *an* zwei unmittelbar wahrnehmbaren profanen Wirklichkeiten *mit*erfahren: An der *Naturwelt* und an dem jeweils eigenen *Selbst*. Wo immer ich die Natur oder mich selbst (freilich in Verbindung mit anderen Menschen) so erfahre, daß ich dabei über das unmittelbar Erfahrene *hinausgreife*, besteht für mich die Möglichkeit der Gotteserfahrung. Dieses Hinausgreifen oder, theologischer gesprochen, dieses Transzendieren des Unmittelbaren vollzieht sich so, daß ich Fragen wie Wozu?, Wohin?, Woher? oder aber einfach die Frage nach dem letzten Grund und dem Sinn des Ganzen stelle. Ich erweitere gleichsam die Perspektive auf entsprechend weitere und umfassendere Zusammenhänge. Dabei verhalte ich mich – und das ist entscheidend – *nicht neutral*, sondern betroffen durch diese Perspektivenerweiterung. Das, was ich über Natur, Mitmensch und meine Alltagsempirie hinausgreifend entdecke, geht mich unbedingt an. Es geht dabei um meine Existenz, die ich freilich wiederum nicht ohne Koexistenz mit den anderen angemessen einschätzen kann.

Verbunden mit dieser Wahrnehmung eines erweiterten Erfahrungsfeldes, entsteht auch ein Bewußtsein der *Abhängigkeit*. Bei den primitiven Völkern erkennt das religiöse Subjekt, daß es ohne die Mutter Erde, ohne Wasser, Sonne, Pflanze und Tier nicht leben kann. So erahnt es hinter diesen das Göttliche. Es vergöttlicht sie sogar vielfach. Auf einer höheren Stufe *faszinieren* den religiösen Geist die abstrakteren Größen: z.B. die Ordnung, die Vernunft und die

Gesetzmäßigkeit, die dem unmittelbar Erfahrenen zugrunde liegen. So erfahren etwa Einstein, Planck und Heisenberg das Göttliche. Ihr Beispiel zeigt, daß religiöse Erfahrung und wissenschaftliche Empirie sich gegenseitig nicht ausschließen müssen. Ihr Beispiel zeigt auch, daß manche Schöpfer der modernen Physik angesichts der von ihnen erforschten Naturgeheimnisse das Gefühl existentieller Abhängigkeit empfanden.

Aber wenden wir uns zwei anderen Aspekten der für die Theologie konstitutiven Erfahrung zu. Ich nenne sie »Erfahrungstradition« und »Erfahrungsgemeinschaft«. Der religiöse Mensch stützt sich immer auf die Gotteserfahrung anderer Menschen, die vor ihm gelebt haben bzw. mit ihm leben. Es liegt ihm der Erfahrungsschatz insbesondere eines bestimmten Religionsstifters vor. So ist den Juden die Gotteserfahrung der Propheten vorgegeben als Hilfe für den persönlichen Glauben. Ähnlich verhält es sich mit den Christen und Jesus. Eine solche Ur-Erfahrung überliefert sich als Bedingung für die Möglichkeit eigener Erfahrung. Auf der anderen Seite erfüllt auch die jeweils gegenwärtige *Erfahrungsgemeinschaft* eine Trägerfunktion. Glauben ist immer Mit-Glauben. Mitmenschen tragen, etwa in einer Familie oder einer Gemeinde, dazu bei, daß religiöse Erfahrung ausgetauscht wird. In jeder Hinsicht steht diese unter dem Zeichen der Interaktion und der Kommunikation.

Wie wir sehen werden, geht es hierbei nicht um eine rein subjektive, private oder individuelle Angelegenheit, vielmehr um etwas, das insofern *objektiv* genannt werden darf, als es auf Vorgegebenheiten und Tatsachen, die auch wirksam sind, beruht. Ich würde sogar die Behauptung wagen, die Wirklichkeit Gottes selbst besitzt eine eigentümliche Objektivität, sofern sie sich zu verschiedenen Zeiten, an verschiedenen Orten und in verschiedenen Kulturbereichen mit bestimmten Konstanten offenbart. Das haben neuere Untersuchungen etwa der fernöstlichen und der christlichen Mystik hinreichend nachgewiesen.

2. Kommunikativer Zug und eigentümliche Objektivität: Diese beiden Charakteristika religiöser Erfahrung bewirken, daß sie zum Gegenstand auch wissenschaftlicher Erkenntnis gemacht werden kann.

Gewiß läßt sich konkret gelebter Glaube weder messen noch definieren. Er ist nicht vollständig objektivierbar. Dennoch objektiviert er sich selber in dem Moment, in dem er sich sprachlich äußert. Nicht die jeweils persönliche Gotteserfahrung, wohl aber ihre

sprachliche Gestalt und freilich auch ihre in der Gemeinschaft überlieferte Form lassen sich untersuchen und reflektieren.

Sprachliche Objektivierungen des Glaubens sind die Heiligen
Schriften der Religionen, so auch die Bibel. Diese wird in der Theologie zunächst einmal *historisch-kritisch* erforscht. Der Bibelwissenschaftler geht die überlieferten Texte, ähnlich wie der Physiker
physikalische Sachverhalte, mit dem Vorsatz an, *größtmögliche Objektivität* zu erzielen. So werden Texte auf ihre Authentizität hin
untersucht, literarische Gattungen, Metaphern, Symbole auf ihre
Bedeutungsintention hin befragt, Verfasseranliegen und historische
Entstehungsbedingungen einer regelrechten »Wahrscheinlichkeitsrechnung« unterzogen.

Diese Phase der theologischen Methode läßt sich im Normalfall
weder durch Frömmigkeit noch durch dogmatische Zwänge beeinflussen. Das führt den Historiker-Theologen unter Umständen in
den Konflikt mit kirchlichen, lehramtlichen Organen.

3. Das historisch-kritisch untersuchte Textmaterial besteht nicht
nur aus biblischen Schriften. Es umfaßt auch spätere, die Glaubens-
tradition *auslegende*, interpretierende Werke. Von diesen kommt
eine wichtige Funktion den Texten zu, die aus den ersten vier bis fünf
christlichen Jahrhunderten stammen. Ihre Verfasser nennt man die
»Kirchenväter«. Irenäus von Lyon, Augustinus, Johannes Chrysosto-
mus und viele andere rechnet man dazu. Sie legten die Glaubens-
überlieferung noch relativ ursprungsnah aus, was ihnen eine unbe-
streitbare Autorität verleiht. Andererseits sind ihnen die ersten
Ansätze einer systematischen wissenschaftlichen Theologie zu verdanken, ebenso die Anfänge einer theologischen Methodik. (Mutatis
mutandis könnte man sie deshalb mit den »Vätern« der klassischen
Physik, Newton, Laplace, Galilei, vergleichen.)

Gewiß schreibt der heutige Theologe den Kirchenvätern keine
normative Funktion zu, was die Inhalte des christlichen Glaubens
angeht. Als normativ gilt nur das *biblisch* Bezeugte. Das, was z.B.
die Evangelien und die Schriften des Apostels Paulus von der ursprünglichen Glaubenserfahrung überliefern, »normiert« die theologische Rede. Martin Luther hat theologisch richtig reagiert, als er die
Losung »allein die Schrift«, »sola scriptura«, prägte.

Dennoch sind für die theologische Wissenschaft die Äußerungen
der Kirchenväter insofern von Bedeutung, als sie das Ursprüngliche
unter den sich verändernden räumlichen, zeitlichen und kulturellen
Bedingungen *jeweils* neu zu formulieren suchten. Sie legten dieses

Ursprüngliche auf die entsprechenden neuen Situationen des Verstehens hin aus.

4. Eine solche Arbeit, die mehr als nur sprachliche Übersetzung ist, ist auch dem heutigen Theologen aufgegeben. Denn es gehört wohl zur Aufgabe dieser Disziplin, jene religiöse Erfahrung, die vor vielen Jahrhunderten und zuerst von Jesus und seinen Jüngern gemacht wurde, in ihrer jeweils gegenwärtigen Relevanz aufzuzeigen. Ihr Ziel ist, zu ermöglichen, daß diese für das christliche Dasein maßgebliche religiöse Erfahrung auch unter den Bedingungen der modernen Industriegesellschaft *nachvollzogen* werden kann.

Verfolgt auch das *kirchliche Lehramt* ein ähnliches Ziel? Jenes Lehramt, das in Äußerungen eines Konzils, eines Papstes, einer Bischofskonferenz greifbar wird? Dieses Lehramt vertritt den überlieferten Glauben in der Form einer *Lehre* und legt diese Lehre *amtlich* vor, im Grenzfall sogar als »Dogma«, das eine verbindliche Stellungnahme bezüglich einer strittig gewordenen Interpretation des überlieferten Glaubens sein will. Schränken nicht solche lehramtlichen Äußerungen die wissenschaftliche Forschungsfreiheit erheblich ein? Meines Erachtens tun sie das nur in Grenzfällen, z. B. dort, wo ein Theologe seine eigene Meinung ohne Rücksicht auf die in der Glaubensgemeinschaft allgemein geltende Lehre absolut setzt. In einem solchen Fall wird ein klarer Verweis darauf, was innerhalb der Glaubensgemeinschaft tragbar bzw. nicht tragbar ist, notwendig. Ein derartiger Verweis mündet aber heute in keine Verurteilung mehr; er beendet die Diskussion nicht. Er will eigentlich nur *Klarheit* schaffen und mögliche Mißverständnisse in der Öffentlichkeit vermeiden helfen. Freilich läuft die Auseinandersetzung zwischen wissenschaftlicher Theologie und kirchlichem Lehramt in der säkularisierten Gesellschaft anders ab als zur Zeit der Inquisition. Und das ist gut so.

Das eigentliche »Übel« liegt nicht im Lehramt und im Dogma, sondern im *Dogmatismus*. So nenne ich eine intolerante und repressive Maßnahme irgendeiner Autorität, die gar keine Hinterfragung der von ihr gemachten Formulierung der Lehre zuläßt und diese »immunisiert«. Dogma will von sich aus Weisung für freie Menschen sein. Dogmatismus zieht ein Unmöglichmachen jeder Forschung und Wissenschaftlichkeit nach sich.

Recht verstanden, setzt die theologische Methodik – ähnlich wie die naturwissenschaftliche – den Grundsatz der *Vorläufigkeit* im buchstäblichen Sinne voraus. Auch theologische Aussagen, welche die Glaubenserfahrung jeweils neu zur Sprache bringen und dieselbe

23

unter Berücksichtigung der verschiedenen Zeitbedingungen ausle-
gen, sind relativ ergänzungs- und verbesserungsfähig. Das gilt, mutatis mutandis, auch für lehramtliche Aussagen. Sie unterliegen dem
Gesetz der ständigen, zeitgerechten Neuformulierung.

Man könnte vielleicht noch einen anderen Vergleich wagen. Naturwissenschaftliche Methodik beruht auf wiederholten *Versuchen*,
Experimenten, um den Gegenstand immer besser zu erkennen und
einzuordnen. Ähnlich besitzen Formulierungen des Theologen und
des Lehramtes einen unverkennbaren Versuchscharakter. Sie versuchen, eine religiöse Urerfahrung unter optimalen Bedingungen verständlich und nachvollziehbar zu machen. Und da hier der Gegenstand ins Unendliche reicht, sind dem Fortschritt keine Grenzen
gesetzt.

5. Historische Erforschung des normativen Ursprungs, ständige
Neu-Interpretation einer religiösen Tradition, fruchtbare Spannung
zwischen freier Forschung und Lehramt: Mit diesen Charakteristika
theologischer Methodik verbindet sich auch das Bemühen, den Gegenstand in verschiedenen *Zusammenhängen*, und in diesem Sinne
systematisch, zu reflektieren.

Zunächst einmal sind *innere* Zusammenhänge von Bedeutung.
Es geht um Verstehen durch Erfassen von Zusammenhängen. Glaube
sucht in der Theologie nach Verständnis. Und Verständnis ist dann
möglich, wenn man begreift, wie ein Aspekt der Glaubenserkenntnis
für deren andere Aspekte Bedeutung besitzt – wie beispielsweise dem
christlichen Gottesbegriff ein ganz bestimmtes Menschenbild entspricht, oder wie die Rede von der Menschwerdung Gottes eine
christliche Wertung der materiellen Wirklichkeit nahelegt. Von daher ist es die Aufgabe der *Systematischen* Theologie, diese Teile eines
Ganzen immer wieder zusammenzudenken. Gottes-, Menschen- und
Naturverständnis gehören ja sachlich zusammen. So müssen sie auch
in ihrer Konvergenz behandelt werden.

Neben den inneren Zusammenhängen spielen heutzutage die
äußeren Zusammenhänge theologischer Erkenntnisse eine nicht
weniger entscheidende Rolle. Ein Stichwort lautet hier »Theologie
im Kontext«, ein anderes »Interdisziplinarität«.

»*Kontext*« bezeichnet meist die kulturelle, gesellschaftliche und
soziale Umwelt, in der Theologie ihre Glaubensinterpretation betreibt. In Deutschland ist z. B. ein anderer theologischer Stil erforderlich als etwa in Afrika oder Lateinamerika.

Das Stichwort »*Interdisziplinarität*« steht für den Dialog mit

24

Human- und Naturwissenschaften, deren Forschungsergebnisse an die Glaubenswissenschaft immer neue Fragen richten. Diskussion und zumindest versuchsweise Beantwortung solcher Fragen bilden eine Hauptaufgabe moderner Theologie.

6. Als letztes Charakteristikum möchte ich die Tatsache einbringen, daß Theologie sowohl kraft ihres Gegenstandes als auch kraft ihrer Verfahrensweise in die *Ethik* mündet. Kraft ihres Gegenstandes, der als Erfahrung göttlicher Wirklichkeit einen Verpflichtungscharakter besitzt. Wer den Gott Jesu erfährt und miterfährt, entdeckt das Evangelium; und derjenige, den der Inhalt des Evangeliums überzeugt, der bejaht das Hauptgebot der Liebe als Liebe zu Gott und zum Nächsten und zur Naturwelt in einem. Andererseits mündet Theologie kraft ihrer Verfahrensweise selbst in Ethik. Denn der theologische Erkenntnisprozeß kann nicht wertneutral bleiben. Was theologisch erkannt, bedacht, überliefert, sprachlich neu formuliert wird, hat mit dem *Sinn* und Ziel menschlichen Daseins in der Welt zu tun. Nun aber gehört es zum sinnvollen Dasein eines Menschen, sowohl als Person wie als Gemeinschaftswesen, sich sittlich zu verwirklichen und zu entfalten.

Im Dialog mit den Naturwissenschaften soll ganz besonders die Schöpfungstheologie beachtet werden, sofern sie von sich aus zur Grundlage einer zeitgerechten *Umweltethik* gemacht werden kann. Darauf kommen wir noch zurück.

Meine allgemeine Skizze der Methodik soll hier abgebrochen werden. Ich muß aber noch einige Sätze zur Vorgehensweise des Buches sagen.

2.2. Methode des vorliegenden Buches

1. Welche Themen sollen zur Sprache kommen? Erstens soll über Gott bzw. das Göttliche geredet werden, und zwar so, daß zunächst bedeutende Naturwissenschaftler angehört werden, um auf deren Aussagen dann aus der Sicht des Theologen zu reagieren oder das Entsprechende dazu theologisch zu formulieren. Ähnlich »zweiphasig« sollen dann die weiteren Themen angegangen werden: Urknallhypothese versus »fortgesetzte Schöpfung«, Ende des Universums versus Vollendung der Schöpfung, naturwissenschaftliche Erkenntnisse von Zufall und Notwendigkeit versus Theologie der Kontingenz, Chaos und Ordnung zunächst naturwissenschaftlich, dann theologisch, Ergebnisse der Gehirnforschung im Kontext der

Leib-Seele-Problematik, Raum-Zeit-Kontinuum versus Ewigkeit, Aggressionstrieb (den Konrad Lorenz »das sogenannte Böse« nannte) versus theologische Problematik des eigentlichen Bösen und schließlich: Sterben, Tod und Unsterblichkeit naturwissenschaftlich und theologisch.

2. Damit das Zusammenbringen so vielfältiger und komplexer Information sinnvoll geschehen kann, will ich eine *vergleichende* Methode, die mit *analogen* Sätzen arbeitet, anwenden. Was bedeutet das?

Ein analoger Satz ist eine Aussage, die von zwei grundverschiedenen Dingen oder zwei grundverschiedenen Aspekten der Wirklichkeit gemacht wird, weil zwischen diesen beiden ein *hinreichendes Maß an Ähnlichkeit* erkennbar wird.

Nennen wir einige einfache Beispiele: Ein Satz, der vom Computer als künstlicher Intelligenz redet, ist ein analoger Satz. Der Begriff »Intelligenz« kommt im eigentlichen Sinn nur dem Menschen zu. Die Rechenmaschine ist vom Menschen grundverschieden. Dennoch wird der Begriff »Intelligenz« im *übertragenen* Sinn auf sie angewendet, weil sie teilweise ähnlich funktioniert wie der menschliche Geist. Die Ähnlichkeit zwischen beiden zeigt sich z. B. in der Fähigkeit, Information zu speichern und zu verarbeiten.

Ein anderes Beispiel: Der Theologe sagt, Gott sei der Schöpfer der Welt. Der Biologe spricht von einer »schöpferischen Natur«, um die Evolution zu bezeichnen. Die Grundlage dieser seiner analogen Aussage liegt darin, daß die sich selbst organisierende Naturwirklichkeit *immer Neues* hervorzubringen vermag. Um dies auszudrücken, entleiht der Naturwissenschaftler der Theologie das Adjektiv »schöpferisch«, obwohl die Theologie es im eigentlichen Sinne des Wortes Gott allein vorbehält: Gott, der aus nichts Vorhandenem Dinge ins Dasein setzt, also absolut Neues entstehen läßt, ist allein schöpferisch.

Dieses Beispiel zeigt, daß die Initiative zu analogen Sätzen beim naturwissenschaftlichen Partner liegen kann.

Aber auch der Theologe kann Anleihen bei der naturwissenschaftlichen Sprache machen, indem er z. B. die Entwicklung der christlichen Religion aus der jüdischen als eine »Mutation« und einen »Selbstorganisierungsprozeß« beschreibt. In seinen Analogsätzen benutzt er gegebenenfalls *Anführungszeichen,* um die bleibende Grundverschiedenheit zwischen einem biologischen und einem religionsgeschichtlichen Vorgang anzuzeigen.

Ich gehe nun von der Erfahrungstatsache aus: Beide Disziplinen benutzen die analoge Rede. Sie tun das vermutlich deswegen, weil ihnen diese Redeweise einen *Erkenntniszuwachs* verspricht: Vergleiche fördern das Verständnis. Ich sehe aber noch einen weiteren Vorteil dieser Methode. Dinge, Aspekte, Erkenntnismomente, Verhältnisse, die zueinander in einen analogen Bezug gesetzt werden, werden zugleich miteinander verbunden. Besser gesagt: Ihre tatsächliche Zusammengehörigkeit, nicht zuletzt in der Weise der von Max Planck erkannten Komplementarität, wird stillschweigend oder gar ausdrücklich anerkannt.

Folgerung: Indem ich Aussagen von Naturwissenschaftlern und Theologen über die genannten Themen oder Themenkomplexe miteinander verknüpfe und vergleiche, hoffe ich nahezulegen, daß deren Darstellungsformen, kraft einer Analogie, die in der Wirklichkeit begründet ist, einander zumindest nicht widersprechen. Vielleicht wird den Leserinnen und Lesern auf diese Weise deutlich, daß diese beiden Darstellungsweisen der *einen* Wirklichkeit einander in zwei ihrer sehr verschiedenen, aber komplementären Erkenntnisdimensionen entsprechen: *Analogie* als Methode der Einsicht in die *Komplementarität* der Wirklichkeitsbereiche.

1. Gott und das Göttliche

1.1. Der Gottesgedanke bei Naturwissenschaftlern

Kaum ein Theologe wird heute den Grundsatz bestreiten, für die Naturwissenschaften sei es legitim, in ihrem *Verfahren* vom Göttlichen abzusehen und darüber zu schweigen. Sie haben ja nicht Gott zum Thema, sondern die Naturprozesse in ihrer empirischen Faßbarkeit. Insofern ist der Satz von Laplace, er brauche die Hypothese »Gott« nicht, um die Dynamik der Planeten zu erklären, durchaus verständlich.

Auf der anderen Seite stellen wir fest, daß nicht wenige Naturwissenschaftler – oft sind es gerade die größten – von ihrem Recht, über Gott oder das Göttliche zu schweigen, keinen Gebrauch machen. Sie sprechen davon. Und sie tun dies nicht bloß als Privatpersonen, sondern ganz und gar als Vertreter ihrer Disziplin und im Rahmen dieser Disziplin. Dabei bleiben sie freilich philosophische und theologische Laien, zeigen aber auch spontan an, wie sehr eine solche Öffnung ihres eigenen Faches zugunsten einer umfassenden, *ganzheitlichen* Betrachtung der Naturwirklichkeit sinnvoll sein kann, womöglich sinnvoller als eine reduktionistische Denkweise, die nichts als die eigene fachspezifische Thematik kennen will.

Im folgenden möchte ich kurz nachzeichnen, wie Newton, Einstein, Planck, Heisenberg, Jordan, von Weizsäcker, Prigogine und der Populärwissenschaftler Paul Davies das Thema »Gott« bzw. »das Göttliche« im Rahmen ihrer Forschungsarbeit selbst ansprechen bzw. angesprochen haben. Darauf soll dann eine theologische Stellungnahme folgen.

1.1.1. Newton: Gott als ein »alles einsehendes und allmächtiges Wesen«

Bezeichnenderweise hat Newton seine naturwissenschaftliche Arbeit als eine »Naturphilosophie« verstanden, deren Aufgabe es ist, die *Werke* Gottes zu untersuchen (vgl. Prinzipien, 511). Allem

Anschein nach stand Newton dabei auf der Linie des Aristoteles und der Bibel. Der Schöpfer der klassischen Physik hielt es für selbstverständlich, daß die physikalischen Naturgesetze gleichsam eine natürliche Offenbarung ihres Schöpfers darstellen.

Wie sieht Newtons Gottesbild genauer aus? Was ist sein Gott? Ich zitiere: »Ein unkörperliches, lebendiges, intelligentes und allgegenwärtiges Wesen, welches im unendlichen Raume, gleichsam seinem Empfindungsorgane, alle Dinge ... durchschaut und ... begreift« (Optik, 121). Analog zur denkenden Menschenseele ist Gott ein geistiges Wesen, das des Erkennens und des Wollens fähig ist. Im Unterschied zur Seele, die Wesensbestandteil eines Menschen ist und ohne einen Körper nicht existieren kann, setzt sich Gott von der Welt in souveräner Unabhängigkeit ab. Er ist keine »Weltseele«, sondern der »Herr aller Dinge« (Prinzipien, 508).

Nach Hans-Georg Schöpf in seinem Aufsatz über »Natur zwischen Physik und Theologie« führt Newton die Erschaffung des Kosmos' auf einen Wahrnehmungsakt Gottes zurück: Gott schafft die Dinge, indem er sie begreift und »durchschaut« (vgl. Schöpf, 280). In dieser durchaus geistigen Weise verhält sich der Gott Newtons als »die wahre erste Ursache«, die »sicherlich keine mechanische ist« (Optik, 120 f.).

Newton versteht Gott schon deshalb nicht als eine mechanische Welturache, weil er ihn als ein Freiheitswesen, das seine Taten beschließt und entscheidet, begreift. Und doch nennt er ihn »Ursache« und nicht »Urheber« des Universums, wie dies später Kant tun wird.

Als »erste Ursache« ist Gott für Newton ebenso beweisbar, wie sich die anderen Ursachen »aus ihren Wirkungen« ableiten lassen (Optik, ebd.). Der Physiker glaubt an die Stichhaltigkeit von Gottesbeweisen, »proofs of Deity«. Diese Beweise ermöglichen freilich keine »direkte Erkenntnis« der »ersten Ursache«, sie stellen nur intellektuelle Annäherungen an sie dar (vgl. ebd., 121). Indem der Wissenschaftler die naturgesetzlich bewegte Welt erkundet, kommt er Gott näher und näher.

Weil nun dieser Herr über alle Natur Geist ist, wird alles Stoffliche geistig geprägt, geordnet und bestimmt. Newton ist der Überzeugung, daß es im Universum eine »geistige Substanz« gibt, »welche alle festen Körper durchdringt und in ihnen enthalten ist« (Prinzipien, 511). Die Materie ist gewiß durch die allgemeinen und bleibenden Naturgesetze, allen voran das Gesetz der Gravitation, determiniert. Nach welchen Gesetzen aber »diese allgemeine Geisti-

30

ge Substanz wirkt«, kann man mangels einer »hinreichenden Anzahl von Versuchen«, Experimenten, nicht »genau« bestimmen (ebd., 512).

Der Theologe gewinnt bei Newton den Gesamteindruck, daß hier, ähnlich wie bei Thomas von Aquin, die aristotelische Kosmologie und das Alte Testament miteinander verbunden werden. So läßt sich ein *deterministisches* Weltsystem auf die göttliche Allmacht zurückführen, ohne jede Zuhilfenahme eines *mechanistischen* Schemas.

1.1.2. Einstein: »Gott« als »überlegene Vernunft«

Bei Einstein ändert sich der Gottesbegriff erheblich, denn er wird von ihm weniger mit »Allmacht« als mit »Vernunft« assoziiert. Darin erweist sich der Schöpfer der Relativitätstheorie als Erbe der Aufklärung. Er glaubt an eine göttliche Sinnhaftigkeit der Naturgesetze, wobei allerdings weniger irgendein Rationalismus als eine bestimmte *mystische* Einstellung zum Zuge kommt. Einstein schreibt: »Jene mit tiefem Gefühl verbundene Überzeugung von einer überlegenen Vernunft, die sich in der erfahrbaren Welt offenbart, bildet meinen Gottesbegriff; man kann ihn also in der üblichen Ausdrucksweise als ›pantheistisch‹ (Spinoza) bezeichnen« (Weltbild, 171). An anderer Stelle redet er von seinem »verzückten Staunen über die Harmonie der Naturgesetzlichkeit« (ebd., 18).

Ich weiß nicht, ob Einstein Spinoza gelesen hat und ob er eine restlose Gleichsetzung der Naturwelt mit dem Göttlichen, im Sinne eines »deus sive natura«, vollzogen hat. Sein »Pantheismus«, von dem er in Anführungszeichen schreibt, scheint mir eher eine Abwehrreaktion gegen einen – wie er sagte – allzu »geformten Gottesbegriff« zu sein (ebd., 17). Unter einem geformten Gottesbegriff versteht er allem Anschein nach einen philosophisch und theologisch reflektierten, vor allem aber einen mit einem Moralsystem verbundenen, auch freilich einen kirchlich überlieferten und dogmatisierten Begriff.

Von solchen Festlegungen will Einstein seine Vorstellung vom Göttlichen frei machen – frei, aber doch nicht total unabhängig. Denn er bringt sie ausdrücklich mit einer Reihe von religiösen, überlieferungsgebundenen Zeugen in Verbindung: Mit bestimmten Psalmisten und Propheten der Bibel (ebd., 16), mit Vertretern des Buddhismus (ebd.) sowie mit Jesus (ebd., 91; vgl. ebd., 11). Franz

31

von Assisi und verschiedenen Häretikern (ebd., 16). Sie sind in Einsteins Augen die Zeugen einer »Kosmischen Religiosität« und einer entsprechenden »Bejahung des Lebens aller Geschöpfe« (ebd., 89 f.). Was aber die von ihm bevorzugte »Religiosität« charakterisiert, ist nicht nur irgendeine Naturfrömmigkeit, sondern ebenso der Antrieb für die wissenschaftliche Erforschung der Natur. »Ernsthafte Forscher« – schreibt er – dürften wohl »in unserer im allgemeinen materialistisch eingestellten Zeit die einzigen tief religiösen Menschen« sein (ebd., 18). Denn für den ernsthaften Forscher ist das bereits erreichte Wissen genauso vorläufig, wie für den Glaubenden die göttliche Perspektive ins Unendliche reicht. Religiössein zieht unstillbaren Forschungsdrang nach sich.

1.1.3. Heisenberg: Gott als »die zentrale Ordnung«

Während Newton noch vom aristotelischen Erbe zehrte, lehnen sich die Schöpfer der Quantenmechanik eher an Plato an. Gleichzeitig entfernen sie sich nicht wenig vom biblischen Erbe, das noch bei Einstein eine gewisse Rolle spielte.

Im Verlauf dieser Entwicklung wird Gott bereits bei Max Planck mit der »Weltordnung« identifiziert, bei Heisenberg dann mit der »zentralen Ordnung«, welche die verschiedensten Dinge zusammenhält. Beide Physiker entfernen sich von der Vorstellung eines analog *personhaften* Gottes, so daß man ihren Gottesbegriff eher mit dem sächlichen Wort »*das* Göttliche« wiedergeben sollte. Zwar vermerkt Planck, in allen Religionen sei es »die nächstliegende Annahme, sich Gott als Persönlichkeit oder wenigstens als menschenähnlich vorzustellen« (Vortrag, 10). Diese Tatsache hält Planck aber für *komplementär* zu einer anderen, sowohl von den Religionen als auch von der Quantenphysik vertretenen Annahme, das Göttliche sei mit einer »von uns unabhängigen Welt« (ebd., 21), genauer einer »Weltordnung«, welche »niemals direkt erkennbar ist«, identisch (ebd., 28 f.).

Heisenberg setzt nun die von ihm angenommene »zentrale Ordnung« mit dem *Ureinen* Platos gleich. Das platonische »Eine« bewirkt, daß die Ordnung *gut* und das Chaos ungut ist (TG, 252). Es gibt den physikalischen Prozessen einen Plan ein und faßt die verschiedenen Dinge in eine höhere *Einheit* zusammen (vgl. ebd.). Außerdem begründet die »zentrale Ordnung« in den »verschiedenen Religionen die *Werteordnung*« der Ethik (ebd., 251).

Selbstverständlich ist diese alles begründende Ordnung *Geist*. Und Heisenberg erklärt: »Der Geist … ist wahrscheinlich ein ebenso objektives Faktum wie irgendeine Tatsache der Naturwissenschaften« (PhPh, 87). Der Geist ist sogar objektiver und realer als die materiellen Tatsachen, sofern er diese ordnet und sich in ihnen offenbart, greifbar wird. Der Quantenphysiker meint nämlich, daß z. B. die Elementarteilchen als die »Ideen der Materie« und die »Nukleinsäure« als »Idee des Lebewesens« allesamt »Repräsentanten der zentralen Ordnung« sind (TG, 281). Diese offenbart sich in den elementarsten Bestandteilen der physikalischen Wirklichkeit. Zugleich drückt sie ihnen eine geistige Prägung auf, so daß diese elementaren Dinge buchstäblich *idealisiert* werden. Sie stellen ja gleichsam materiejenseitige »Urbilder« alles Erfahrbaren dar. Heisenberg hat die platonische Ideenlehre physikalisch gewendet, um die materielle Bedeutsamkeit des Göttlichen hervorzuheben.

Heisenberg spricht in diesem Zusammenhang auch von der *Seele*, von der Seele des Wissenschaftlers, die als Subjekt der Beobachtung die Materie befragt. Er hält zwar »Seele« für ein schwer faßbares Wort, zögert aber nicht, es zur Charakterisierung der menschlichen *Person* heranzuziehen. In diesem Kontext erscheint auch die bei Heisenberg selten anzutreffende Aussage, welche die »zentrale Ordnung« als analog personale Wirklichkeit gelten läßt: Wie ein Mensch »der Seele eines anderen Menschen«, der demzufolge eine Person sein muß, unmittelbar gegenüber treten kann, so vermag er auch der »zentralen Ordnung der Dinge« zu begegnen (TG, 253). Leser solcher Aussagen können daraus schließen: Insofern das Göttliche seelenähnlich ist, kann es auch als personenähnlich, personenanalog betrachtet werden.

Alles zusammengenommen, erfährt aber der Gottesbegriff bei Heisenberg eine starke *Versachlichung*. Der Physiker meint eher *das* Göttliche als *den* Gott. Aber diese Versachlichung schließt die Bestimmung des Göttlichen als *Geist* nicht aus. Damit erteilt Heisenberg, zusammen mit den meisten Anhängern der Quantentheorie Kopenhagener Deutung, dem Materialismus eine radikale Absage.

1.1.4. Jordan, von Weizsäcker, Prigogine: Gott im Kontext des Zufalls und des Weltprozesses

Der Quantentheoretiker Pascal Jordan weicht vom Gottesbegriff seiner Kollegen insofern ab, als er nicht nur das Prinzip der Ordnung beleuchtet, sondern auch der Betrachtung des *Zufalls* Raum gewährt. Er zögert nicht zu schreiben: In den »Quantensprüngen«, die in einem Atom höchstens mit Wahrscheinlichkeit berechnet werden können, »ohne daß es logischerweise so sein muß«, kann »göttliches Wirken, göttliche Fügung und Herrschaft« gesehen werden (Der Naturwissenschaftler, 154). Das heißt, die subatomaren Vorgänge, insofern sie *indeterminiert* ausfallen – und davon gibt es eine Fülle –, können analog an die Art und Weise erinnern, wie etwa der Schöpfergott der Bibel zu wirken pflegt. Er wirkt nicht nur in der einmaligen Erschaffung der Weltordnung, auch nicht nur in einem unaufhörlichen Ordnen der Ereignisse, sondern ebenso in vielen überraschenden Eingriffen in den Lauf der Dinge. Jordan spricht hier von »creatio continua« (ebd.), von »fortgesetzter Schöpfung«.

Auf diese Weise führt der Physiker sein Überdenken des subatomaren Indeterminismus zum Gedanken des »Göttlichen Zufalls« (Hirsch, 33 und 43). Korrelativ zu einer Physik der Quantensprünge entsteht durch analoge Begriffsübertragung ein Gottesgedanke, der auch das kontingente, nicht notwendige, gleichsam improvisierte Geschehen integrieren kann. Dadurch wird dann auch der Schöpfungsvorgang auf den ganzen Weltprozeß verteilt.

Diese Denkrichtung hat der Heisenberg-Schüler C. F. von Weizsäcker konsequent weitergeführt. Von Weizsäcker hat eine »Geschichte der Natur« geschrieben, in der er aufzeigt, daß die Natur durch den Ablauf von Prozessen geprägt wird und inwiefern solche Prozeßhaftigkeit aus vielen unerwarteten Ereignissen entsteht (vgl. GN, 119). Solche Ereignisse, solche Zufallsmutationen unterscheiden die Geschichte von einer Mechanik, nach der alles mit vorbestimmter Notwendigkeit abläuft. Nun aber hat die Natur ihre Geschichte, gleichsam ihr ureigenes *Spiel*, das nicht immer nach strengen Spielregeln abläuft. Von Weizsäcker entfernt sich hier von Plato und kommt dem biblischen und christlichen Geschichtsverständnis nahe. Dementsprechend ist Gott jener, der »neben Mensch und Natur … als *dritter* und wichtigster Partner … im Spiel« ist, und zwar als »der persönliche Gott« (ebd., 49).

Interessanterweise bezieht von Weizsäcker nicht mehr nur den

Schöpfer, sondern auch den *Erlösergott* in seine Überlegungen mit ein, der ihm zufolge nur ein Gott der *Liebe* sein kann (vgl. ebd., 48). Vor diesem Hintergrund betrachtet er dann auch die ökologische Dimension wissenschaftlicher Arbeit (vgl. EÖV). Für von Weizsäcker ist der Gedanke, Gott sei Liebe, keineswegs unvereinbar mit einer theoretischen Physik, die über ihre Grenzen hinausschaut. Das verdeutlicht folgende Äußerung: »Die wissenschaftliche und technische Welt der Neuzeit ist das Ergebnis des Wagnisses des Menschen, das Erkenntnis ohne Liebe heißt. Diese Erkenntnis ist an sich weder gut noch böse. Ihr Wert hängt davon ab, in den Dienst welcher Macht sie tritt« (GN, 126).

Es scheint mir nicht unangemessen, mit dem Gottesgedanken, der bei Jordan und von Weizsäcker den Zufall und das Spiel integriert, Ilya Prigogines Verbindung des Göttlichen mit der Chaos-Theorie zu assoziieren. Was versteht er unter Chaos? Vor allem ein Phänomen der Thermodynamik, der Wärmelehre, das sich u.a. als ein höchst aktives und kreatives Moment der Evolution der Materie selbst darstellt. Diese Art von Chaos tritt dort auf, wo ein dynamisches System noch vom Gleichgewicht, d.h. dem höchstmöglichen Entropiezustand, weit entfernt ist. Da bricht das Chaos mit der bestehenden Ordnung, verstreut Energie und geht gleichsam auf die Suche nach einer Fülle von *neuen* Ordnungsmöglichkeiten. Nun assoziiert Prigogine mit dieser Suche eines physikalischen oder biologischen Systems nach dem Neuen den Gott der *Genesis,* der nach der Erschaffung von Licht, Energie, Raum und Zeit weiterhin »unaufhörlich wirksam ist und den Menschen in einen Geschichtsprozeß hineintreibt, in dem es um sein Heil geht« (GN, 56).

In dieser Sicht der Dinge entfällt die von Plato und Aristoteles vertretene »göttliche Idealität« ganz und gar (ebd., 281). »Zeit und Wandel« erhalten »auch in der Rede vom Göttlichen« einen Primat (ebd.). Bildhaft gesprochen, wird der Himmel in die Erde integriert, die Ewigkeit in die Zeit, die Ordnung in den Wandel. Das entfernt das Göttliche von jener altgriechischen Vorstellung, nach der die Götter, nur »mit sich beschäftigt«, »nichts lernen« können (ebd.). Prigogine scheint den Gedanken, die Gottheit Gottes werde auch vom Lauf der innerweltlichen Evolution beeinflußt, zu vertreten. Darin zeigt sich seine Sympathie für die Prozeßphilosophie des amerikanischen Philosophen Whitehead sowie für die Thesen des Franzosen Bergson.

1.1.5. Davies: Der »natürliche Gott« als Geist und Organisationsprinzip der Welt

Wenn ich an letzter Stelle den britischen Physiker Paul Davies anführe, so tue ich dies nicht so sehr wegen der Originalität seiner Forschungen, sondern wegen seiner großen Publikumswirksamkeit, vor allem aber, weil er ein vielbeachtetes Buch über _Gott und die moderne Physik_ veröffentlicht hat. In diesem Buch schreibt er: »Es mag seltsam erscheinen, aber meiner Auffassung nach bieten die Naturwissenschaften einen sichereren Weg zu Gott als die Religion« (GmPh, 15, vgl. 294).

Davies steht fest auf dem Boden der Quantentheorie. Das veranlaßt ihn zu einer scharfen Newton-Kritik. Daraus folgt im Hinblick auf den Gottesbegriff, daß er die Vorstellung einer göttlichen »ersten Ursache« ablehnt (vgl. ebd., 68 f.). Nein, meint er, wenn es einen Gott gibt, so ist er keine kausale Größe. Denn Kausalität ist nur in der Zeit vorstellbar. Eine Ursache liegt zeitlich vor ihren Wirkungen. Nun aber widerspricht der Gottesgedanke der Vorstellung von einem meßbaren Nacheinander seines Eingreifens und dessen Auswirkungen. Also kann Gott nicht die erste Ursache der Welt sein.

Was kann er statt dessen sein? Der Geist des Kosmos. Ein Geist, der nur analog mit dem Menschengeist vergleichbar ist, sofern dieser nicht einfach, sondern komplex ist. Der menschliche Geist erscheint auf einer späten und hohen Stufe der Evolution. Gott als Geist geht dem menschlichen Geist überzeitlich voran und ist einfach da. So durchdringt er das All, bewegt und belebt es; so verleiht er ihm Plan, Zweck und Sinn (vgl. ebd., 74–76). Gott als Weltgeist betätigt sich als das »Organisationsprinzip« für die Selbstorganisation der Materie (vgl. PrCh, 278).

Davies verdankt Heisenberg viel, nicht zuletzt seiner Theorie vom _Beobachter_. Demnach beeinflußt der Geist des Wissenschaftlers, der eine Beobachtung bzw. ein Experiment durchführt, den Zustand des Gegenstandes erheblich. Davies zitiert Eugene Wigner, der die Heisenbergsche Theorie fortführte: »Der Eintritt der Information über das Quantensystem in den Geist des Beobachters« verursacht »den Zusammenbruch der Quantenwelle ...«. So verursacht »der Experimentator, indem er auf den Gerätezeiger schaut, diesen dazu, entweder in die eine oder die andere Richtung zu weisen«, und zwingt »damit das Elektron ... zu einer Entscheidung« (GmPh, 153 f.).

Nun überträgt Davies dies auf den Gottesgedanken. Gott verhalte sich als der Beobachter, der den Kosmos »veranlaßt«, »in eine konkrete Existenz einzutreten« (ebd., 135, vgl. 224). Das erinnert an das schöpferische Begreifen des Universums durch Gott nach Newton. In Wirklichkeit besteht aber eine erhebliche Differenz zwischen den Gottesbildern der beiden. Während Newton noch einen von der Welt unabhängigen, transzendenten Gott annimmt, macht Davies aus seinem schöpferischen Welt-Beobachter einen Bestandteil der Welt oder, wie er sagt, einen »natürlichen Gott«. Ich zitiere: »Einer solchen Sichtweise zufolge könnte Gott ewig, unendlich und das mächtigste Wesen im Universum sein. Er wäre nicht allmächtig, weil er außerhalb der Naturgesetze nicht tätig zu werden vermöchte. Er wäre der Schöpfer all dessen, was wir sehen, da er aus bereits existierender Energie Materie geschaffen ... hätte, usw. Aber er wäre nicht zu einer Schöpfung aus dem Nichts, ex nihilo, imstande, wie sie die christliche Lehre postuliert« (ebd., 271).

Wir stellen fest: Nach Davies ist Gott ein von seiner Schöpfung *abhängiges* Wesen. Die Naturgesetze, die bereits existierende Energie, übrigens auch die Gesetze der Logik (ebd., 285), stehen über ihm. Erst unter diesen Bedingungen kann er »das mächtigste Wesen im Universum« sein. Erst so schafft und organisiert er den Kosmos, indem er ihn beobachtet. Das fordert die Theologie zu einer Stellungnahme heraus.

1.2. Gott in der Sicht der christlichen Theologie

Im Sinne unserer Analogie-Methode soll im folgenden zunächst das angesprochen werden, was eine Ähnlichkeit zwischen den von den Naturwissenschaftlern vertretenen Gottesbegriffen und dem christlichen Gottesbild erkennbar macht. Erst danach sollen die differierenden Punkte aufgezeigt werden.

Ich halte es für angemessen, meine theologischen Stellungnahmen, wo immer es geht, *biblisch* zu fundieren. Das entspricht dem normativen Charakter der Hl. Schrift, von dem in unseren methodischen Ausführungen bereits die Rede war. Selbstverständlich muß dabei ein gutes Stück Interpretationsarbeit geleistet werden. Die altertümlich geprägten Aussagen der Bibel müssen auf die Bedingungen unserer technischen Zivilisation hin ausgelegt und übersetzt

37

werden. Neben den biblischen Quellen sollen freilich auch Zeugnisse aus der Geschichte der christlichen Theologie und Mystik sowie heutige Theologen und das Lehramt berücksichtigt werden. Was die Gliederung des Stoffes anbelangt, so will ich *themenorientiert* vorgehen.

1.2.1. Zur Erkennbarkeit Gottes

Alle exemplarisch angeführten Physiker sind der Meinung, daß Gott bzw. das Göttliche erkennbar ist, erkennbar nicht außerhalb, sondern *innerhalb* des empirisch und physikalisch Wahrgenommenen. Davies sagt es deutlich: »Finden müssen wir ihn [Gott], sofern er auffindbar ist, durch das, was wir über die Welt entdecken, und nicht durch das, was zu entdecken wir nicht imstande sind« (GmPh, 272).

Der Apostel *Paulus* dachte schon ähnlich. Allerdings hatte er keine Physiker, sondern Naturphilosophen im Auge, als er schrieb: »Was man von Gott erkennen kann, ist ihnen offenbar ... Seit der Erschaffung der Welt wird seine unsichtbare Wirklichkeit an den Werken der Schöpfung mit der Vernunft wahrgenommen« (Röm 1, 19 f.). Paulus kommt übrigens auch der Heisenbergschen Überzeugung nahe. Wie der Quantentheoretiker dachte, daß die Erkenntnis der »zentralen Ordnung« in den Religionen eine »Werteordnung« begründet, so hält der Apostel selbst die natürliche Gotteserkenntnis für *ethisch* relevant. Mit Blick auf die Nichtchristen erklärt er: »Wenn Heiden, die das (jüdische) Gesetz nicht haben, von Natur aus das tun, was im Gesetz gefordert ist«, zeigen sie, »daß ihnen die Forderung ins Herz geschrieben ist; ihr Gewissen legt Zeugnis davon ab« (Röm 2, 14 f.). Das heißt: Natürliche Gotteserkenntnis korreliert mit einer natürlichen Ethik, welche die jeweilige *Eigenverantwortung*, das Gewissen, herausfordert. Das kirchliche Lehramt schließt sich dieser Aussage an, um einer frommen Vernunftswidrigkeit zu widersprechen. Gottes Wirklichkeit ist nicht erst dem mystisch Meditierenden oder etwa dem bibelfesten Kirchgänger zugänglich, sondern auch jenen, die die Naturwirklichkeit rational erforschen. Wörtlich stellt das I. Vatikanische Konzil fest: »Gott, aller Dinge Grund und Ziel, kann mit dem natürlichen Licht der menschlichen Vernunft aus den geschaffenen Dingen mit Sicherheit erkannt werden« (DH 3004; NR 27). »Mit Sicherheit erkennbar« besagt jedoch nicht zwangsläufig »beweisbar«.

1.2.2. Gott als Geist

Es stellt sich nun die Frage: Läßt sich denn Gott bzw. das Göttliche deswegen rational erfassen, weil er/es selbst die höchste *Vernunft* darstellt? Einstein scheint so zu denken. Nach ihm verschmilzt sogar die Ratio der Naturgesetzlichkeit mit jener »überlegenen Vernunft«, welche die göttliche Dimension unseres Raum-Zeit-Kontinuums ausmacht.

Nun findet sich eine analoge Sicht der Dinge auch bei verschiedenen christlichen Mystikern, wie Hildegard von Bingen (†1179) und Meister Eckhart (†1327). Die sehr naturnahe *Hildegard* legt Gott folgenden Satz in den Mund: »Ich bin die Vernunft (ratio sum) ..., aus der ... alles vernünftige Wesen atmet« (LDO, 169; PL 197, 889A). Und die Mystikerin zögert nicht, die Erforschung der Naturwelt, also die Naturkunde, die sie selbst betreibt, auf diese Gotteserfahrung zurückzuführen. Der Mensch wurde »aus« der göttlichen »Vernunft geistig ausgestattet« (ebd.), er spiegelt diese als ihr Ebenbild wider, und das macht ihn fähig, alles auch »durch Namen und Zahlen ... zu begreifen« (ebd.). – *Eckhart* lehrt seinerseits: Gott ist »eine Vernunft« (DPT, 197, 28–30), deswegen sei auch der Mensch ein Vernunftwesen, das angesichts der Naturwelt sagen kann: »Alle Kreaturen tragen in sich meine Vernunft, auf daß sie geistig in mir sind« (DPT, 272, 24–26). Daß eine solche geistige Verinnerlichung der Natur u. a. auch ihrer *mathematischen* Aufarbeitung gleichkommt, sagt Eckhart zwar nicht. Vor ihm aber hat es schon der Mathematiker-Theologe Roger *Bacon* (†1292) zum Ausdruck gebracht.

Den so gedachten Gott haben, wie gezeigt, Newton, Heisenberg und Davies »Geist« genannt und als Geist in der Welt oder gar als Weltgeist verstanden. Mit ihm verband Newton eine wahrnehmende, begreifende, alles durchschauende schöpferische Tätigkeit, was Gott als analog personhaftes Wesen erscheinen läßt. Für Heisenberg und Davies besagt der Satz, Gott sei der Geist der Welt, eher etwas Gegenständliches, Objektives, Nicht-Personales, nämlich die Erfahrungstatsache, daß der Kosmos sich als eine planvolle, zweckhafte, organisierte bzw. sich selbst organisierende Größe erweist. Allerdings führt Davies hier die Analogie eines göttlichen *Beobachters* ein. So »personalisiert« er, eigentlich wider Willen, seinen »natürlichen« Geist-Gott.

Was ist dazu nach Befragung der *Bibel* zu sagen? Das Johannes-evangelium enthält zwar den Satz, Gott sei Geist (4, 24). Doch wird damit Gott keineswegs als naturimmanenter »Weltgeist« vorgestellt. Ganz im Gegenteil: Der Verfasser will hervorheben, daß Gott eben *nicht* zum Kosmos gehört (vgl. ThWNT 6, 437). Er ist weltjenseitig, transzendent, wie der Theologe sagt. Gerade als der Weltjenseitige tritt er aus freien Stücken in den Kosmos ein. Gemeint ist die Fleischwerdung, die Inkarnation.

Von da aus können wir den Faden weiterverfolgen: Daß Gott Geist sei, bedeutet theologisch, vor allem natürlich biblisch, keine bloße *Rationalität*, keine Hervorhebung des Erkenntnismäßigen, des Kognitiven. Vielmehr werden wir auf die *Relationalität* Gottes verwiesen. Das heißt: Als Geist bezieht sich Gott auf den Kosmos und den Menschen, genauer: In *seinem* Geist und durch ihn tut er das. Als Geist oder durch seinen Geist erweist sich Gott weltoffen, naturnah, materiefreudig, besonders auf das Leben bezogen, ohne daß er in der Welt, der Natur, der Materie, dem Leben aufginge oder darin einfach die Funktion des Organisationsprinzips erfüllte.

Dem Aspekt »Rationalität« kommt die biblische Vorstellung vom *Wort* Gottes noch am nächsten. Man könnte hier den Ausspruch wagen: Das Wort Gottes vereint in sich Rationalität und Relationalität, es meint eine eigentümliche Vernunft, zu deren Wesen das In-Beziehung-Sein oder das Beziehung-Schaffen gehört. Selbstverständlich läßt sich einem rein gegenständlichen Geist, einem Weltgeist, eine solche Fähigkeit kaum zuschreiben. Das zielgerichtete Wort wird von jemandem gesprochen und an jemanden gerichtet. Es ist nicht bloß der stumme Logos der Weltordnung.

Mit welchen Texten läßt sich nun der Vernunftcharakter des Gotteswortes belegen? Ich möchte zunächst alttestamentliche Zeugnisse anführen. Im Buch Genesis kommt der Satz »Und Gott sprach« nicht weniger als zehnmal vor. Dieses Sprechen wirkt schöpferisch. Es handelt sich um ein Wort, das die verschiedenen Geschöpfe, zunächst die anorganischen, dann die organischen, ins Dasein befiehlt. Es heißt immer wieder: »Es werde«. Als Folge dieses Wortes entsteht ein sinnvoll geordnetes Universum, wobei übrigens Pflanzen (Gen 1, 11) und Tiere (1, 30) zu einer Art Selbstorganisation befähigt werden. In diesem Zusammenhang steht auch das Wort von der Erschaffung des Menschen nach dem Bilde Gottes, ein Wort, das einer einzigartigen Selbstberatung des Schöpfers entspringt (1, 26).

Das Ergebnis des schöpferischen Sprechens ist eine sinnvoll geordnete Welt, in der die Natur zweckmäßig funktioniert. Diese

Naturwelt ist sogar so geschaffen, daß sie zur Lehrmeisterin des Menschen werden kann (vgl. Spr 25,23; 30,15.24–28.31). Der Mensch bewundert dieses Wunderhafte, wie es die alttestamentliche Weisheitsliteratur reichlich belegt. Ähnlich wie Einstein bestaunt gerade der rationale Beobachter und Erforscher diese zweckmäßig ausgestattete Weltordnung (vgl. Sir 43,2–32), und das Staunen des Wissenden, der zugleich ein Weiser ist, drückt sich im Gotteslob aus: »Ja groß ist der Herr«, der Schöpfer (Sir 43,5). Dem Schöpfer wird höchste Weisheit, d.h. eine ganz bestimmte Weise der Rationalität zuerkannt.

Daß diese weise Vernunft auch einen relationalen Zug besitzt, läßt sich an der Genitivformel »die Weisheit Gottes« ablesen. Diese zeigt sich nicht einfach als göttliche Eigenschaft, vielmehr wird sie *personifiziert*. Sie tritt als eine Frauengestalt auf den Plan, als »Frau Weisheit«, »Sophia«. Und diese Gestalt wird als »Meisterin aller Dinge« (Weish 7,21), durch die die Erde »gegründet« wurde (Spr 3,19), beschrieben; »eingeweiht in das Wissen Gottes« (Weish 8,3f.), wirkt sie am Schöpfungsprozeß mit (vgl. ebd.).

Nun *bezieht* sich Gott auf Frau Weisheit, in der die heutige Bibelwissenschaft eine Art Gottestochter nach ägyptischem Vorbild (Maat) erblickt. So entspringt der Kosmos samt seiner Vernunft einer Art Interaktion oder Kooperation zwischen dem Schöpfer und einem mitschöpferischen Gegenüber.

Auf der anderen Seite erscheint auch der *Geist Gottes* (wieder ein Genitiv!) mitunter als ein Gegenüber Gottes, auf das sich der Schöpfer bezieht. Im Unterschied zum Geistbegriff von Kant und Descartes, bezeichnet das hebräische Wort für Geist (ruach) weniger etwas Kognitives, Erkenntnismäßiges, vielmehr meint der biblische Geist-Begriff (ebenfalls ein weiblicher Begriff) eine wirkende *Kraft*, die von Gott ausgeht und ähnlich wie die Weisheit u.U. personifiziert werden kann. Als Wirkungen des Geistes Gottes werden genannt: stürmische Bewegung, Dynamik materieller und geistiger Art, Belebung der Lebewesen, Auferweckung der Toten (vgl. Röm 8,11), schöpferische Erneuerung des Veralteten (vgl. Ps 104,30), Freisetzung der unterdrückten Naturwelt (vgl. Röm 8,18–30), Vereinigung des Auseinanderfallenden (vgl. Weish 1,7), Einheit der Gemeinde (1 Kor 12,13), Verteilung der Charismen (1 Kor 12,11), Erforschung und Ergründung des noch nicht Erkannten (vgl. 1 Kor. 2,10f.).

Halten wir hier inne. Das Gesagte dürfte ausreichen, um zu zeigen, wie der theologische Geistbegriff über den von unseren Physikern eingebrachten und für das Göttliche angewendeten Geistbegriff hinausgreift, wobei jedoch auch einiges von diesem integriert werden kann. Mit dem Stichwort »relationale Rationalität« ist nur ein Aspekt dessen ausgedrückt worden, was die Bibel mit der Vorstellung meint, Gott sei Geist oder Gott habe seinen Geist. Hierbei tritt der kosmologische Zug etwas in den Hintergrund, ohne ganz zu entfallen. Das ist verständlich. Während der Physiker dem Geist im Kosmos gleichsam »hinter« der Materie begegnet und ihn als Ordnungsprinzip der Evolution bestimmt, sieht sich der Theologe durch die normativen Zeugnisse der Bibel zu einem Geist-Verständnis veranlaßt, das auf den *Menschen* zentriert ist und erst danach die übrige Naturwelt betrifft.

Das zeigt sich schon daran, daß nicht nur dem einen Gott, sondern auch seiner Weisheit und seinem Geist die am Menschen gewonnene Person-Analogie zugeschrieben wird. Diese Glaubenseinsicht führt letztendlich zur Lehre vom dreieinigen Gott, d. h. zu der Erkenntnis, daß Gott immer schon, in sich und ewig, relational »strukturiert« ist, relational im Sinne einer Liebe, die sich in sinnvoller Weise in drei Liebenden vollzieht. Aus dieser wechselseitigen, geistigen Zuneigung entspringt – so schon der Kirchenvater Augustinus – die Schöpfung als göttliches Gemeinschaftswerk.

1.2.3. Der Gott des Werdens und der Geschichte

Die Naturwissenschaft befaßt sich mit der hypothetischen Beantwortung der Frage nach der Entstehung der Energie, der Materie, des Raum-Zeit-Kontinuums sowie der verschiedenen naturgesetzlich geregelten Ordnungen.

Die Theologie hingegen ist zuständig für die Reflexion über den Glauben an den einen Gott, der alles kreatürliche *Sein* erschaffen hat und weiterhin schafft. Schöpfung ist immer Erschaffung von Sein durch Gott, der die unendliche Fülle des Seins verkörpert.

Weil diese theologisch reflektierte Ebene des Seins auch für alles empirisch Faßbare oder alles Materielle absolut grundlegend bzw. fundamental ist, kann es zwischen einer naturwissenschaftlichen Weltanfangshypothese, wie z. B. der des »Urknalls«, und dem Glauben an die Welterschaffung durch Gott keinen wirklichen Widerspruch geben. Denn das, was »knallt«, mußte zunächst einmal *sein*, existieren.

Dies gilt aber nicht nur für den Anfang aller Anfänge, sondern auch für den fortgesetzten Prozeß der kosmischen, biologischen und geistigen Selbstorganisation der Seienden. In den Augen des Theologen, der »fundamental« denkt, erscheint dieser Prozeß als Vollzug des Seins, das des raumzeitlichen *Werdens* fähig ist. Denn der Glaube lehrt: Gott wollte und will eine »Werdewelt«.

Trifft dies aber zu, dann kann das Schöpfungswerk Gottes nicht als abgeschlossen oder als »fertig« angesehen werden. Es erwartet die zukünftige Vollendung. Bis dahin geschieht das, was schon die mittelalterliche Theologie »creatio continua« nannte.

Aber darf eine solche Weiterentwicklung noch als *Schöpfung* bezeichnet werden? Meines Erachtens ist diese Formulierung gerade im Dialog mit den Naturwissenschaften angemessen. Denn es handelt sich immerhin um eine Selbstorganisation der Materie und des Geistes, die eigengesetzlich und – was den Menschen anbelangt – relativ frei, jedoch nicht ohne jede Determination vor sich geht. Auf diese Weise entwickeln sich die Dinge fortwährend, und dieses »Sich-Entwickeln« wird durch Gott schöpferisch ermöglicht.

Daß der Ablauf dieses Prozesses nicht am Anfang für alle Zeit festgelegt worden ist, soll folgendermaßen verdeutlicht werden: Gott schafft unaufhörlich neue *Seins-Möglichkeiten*. Er verhält sich als »Möglichkeitsschöpfer«. D. h. als derjenige, der die Fülle des Seins besitzt, bringt er *aus sich selbst* (viel mehr als aus einem hypothetischen Nichts) seiende Wesen hervor, die die Fähigkeit erhalten, etwas anderes und mehr zu *werden*. Sie vermögen es, die in ihnen angelegten Möglichkeiten eigenständig und frei zu verwirklichen bzw. aus ihnen auszuwählen.

Trotzdem besteht natürlich ein fundamentaler Unterschied zwischen Gott und allen Kreaturen. Sie sind keine Ausflüsse oder Teile des göttlichen Seins. Aber gerade diese Nichtgöttlichkeit setzt sie in ihre ureigene Würde ein. Durch sie vermögen sie Potentialitäten, die Gott unaufhörlich für sie schafft, *eigenverantwortlich* zu realisieren oder auch nicht zu realisieren. Damit ist eine Beziehung, ja eine Interaktion zwischen dem Schöpfer und dem Geschöpf gegeben, die man als »Konkreativität« bezeichnen kann. Das schließt freilich jede Einseitigkeit, etwa im Sinne eines göttlich verfügten *linearen* Determinismus oder einer Prädestination der Schicksale, aus. Durch gottweltliche bzw. gott-menschliche Kreativität entsteht Geschichte.

Theologisch ist noch ein Wort über die *Ambivalenz*, die Zweideutigkeit, der Geschichte zu sagen. Diese Ambivalenz beinhaltet sowohl Verheißungen als auch Gefahren, sowohl Chancen als auch Bedrohungen. Und der Gottbezug der Geschichte immunisiert sie keineswegs gegen das Übel und das Böse in ihr.

Damit deute ich schon an, daß eine rein kosmologische Vorstellung vom göttlichen Weltgeist eigentlich viel bequemer ist als ein *relationales* Gottesbild. Denn der »Weltgeist« bewahrt seine Unschuld, wenn auch die Welt zugrunde geht oder moralisch verdorben wird. Ganz anders ist es beim biblischen Gott, der für das Leiden des Unschuldigen und die Herrschaft des Bösen anklagbar wird. Ganz drastisch läßt das alttestamentliche Buch Jesaja Gott selber bekennen (45,7): »Ich erschaffe das Licht und mache das Dunkel, ich bewirke das Heil und erschaffe das Unheil«. Das Buch Ijob geht noch weiter und stellt die Frage, ob sich der Schöpfer angesichts seiner leidgeplagten Schöpfung rechtfertigen kann. (Die Theologie spricht in diesem Zusammenhang von »Theodizeefrage«.) Das Buch Ijob läßt die Frage allerdings offen. Es begnügt sich damit, eine radikale Humanisierung der Gottesvorstellung zu verlangen. Eine solche Veränderung finden wir vor allem im Neuen Testament, wo Gottes *Solidarität* mit dem Leidenden und den Opfern des Bösen am *Kreuz Christi* offenbart wird. Daraus läßt sich schließen, daß der Schöpfer die Verantwortung für die Geschichte, wie sie eben ist, übernimmt.

Halten wir hier abschließend noch einen Aspekt der theologischen Sichtweise Gottes fest, der die Unterschiedlichkeit von den Gottesbegriffen der genannten Naturwissenschaftler nochmals vor Augen führt. Die Logik der biblischen Rede von Gott als dem Gott der ambivalenten Geschichte konkretisiert sich auch im Thema »Gericht«. Das hat sowohl mit der Rolle der menschlichen Freiheit und Verantwortung als auch mit der Relationalität eines analog personhaft gedachten Gottes zu tun. Im Symbol des göttlichen Richtens zeigt sich die Glaubenseinsicht, daß der Mensch für seine Taten von einer obersten, kritischen Instanz haftbar gemacht wird. Damit berühren wir die unabdingbare ethische Relevanz jedes theologischen Diskurses, von der bereits in den methodischen Ausführungen die Rede war.

1.2.4. Gottes Transzendenz und Immanenz

Der letzte Punkt meiner theologischen Reaktion auf das, was verschiedene Physiker vorgetragen haben, gilt der wichtigen Frage nach der Transzendenz und der Immanenz Gottes. Ich will diese beiden Fremdwörter kurz erläutern.

»Immanent« besagt soviel wie »darin bleibend«, »innewohnend« oder »darin enthalten sein«. »Transzendent« bezeichnet das, was bestimmte Grenzen übersteigt.

Von der *Immanenz* Gottes kann zumindest in zweierlei Weise gesprochen werden. Erstens so, daß man seine freie Entscheidung meint, in der Welt zu sein und zu bleiben oder sich mit Menschen engstens zu verbinden. Ein Beispiel dafür ist die Inkarnation. Zweitens verwendet man den Begriff Immanenz, um anzudeuten, daß das Göttliche notwendigerweise in der materiellen Wirklichkeit enthalten sein soll, oder daß es in dieser aufgeht, ja sogar mit dieser identisch ist. Letztere Ansicht charakterisiert den *Pantheismus*, der eine radikale Gleichsetzung des Göttlichen mit dem All vertritt. Vom eigentlichen Pantheismus unterscheidet sich der sogenannte *Panen-theismus*, demzufolge Gott *in* allen Dingen gegenwärtig ist und umgekehrt alle Dinge *in* Gott anzutreffen sind. Der Mystiker Meister Eckhart hat diese Position vertreten. Unter den biblischen Schriften ist auf das Johannes-Evangelium zu verweisen, das in ähnlicher Weise das Ineinandersein zweier Liebender, des Vaters und des Sohnes, zur Sprache bringt. Bibelwissenschaftler nennen dies »reziproke Immanenz«.

Was besagt nun die Formel »*Transzendenz* Gottes«? Sie drückt den Gedanken aus, daß das Göttliche alle weltlichen und menschlichen Grenzen übersteigt, daß seine Unendlichkeit durch endlichen Raum und vergängliche Zeit nicht einzufangen ist, daß er bei aller frei gewählten Präsenz in der Welt jenseits der Welt ist. Mit dem Begriff Transzendenz können wir auch den fundamentalen *Unterschied* zwischen Gott und der Welt bezeichnen, nämlich die Glaubenserfahrung, daß Gott bei aller Analogie *anders* als der Mensch ist. Daraus folgt, daß ein übertriebener Anthropomorphismus, d. h. eine Projektion der Menschenförmigkeit auf Gott, theologisch zu kritisieren ist. Das gilt sogar für eine undifferenzierte Übertragung des Personbegriffs auf Gott. Denn Gott transzendiert sogar das, was das sich seiner selbst bewußte Ich eines Menschen ausmacht. Zwar duzt der betende Christ seinen Schöpfer zu recht, er ahnt aber zugleich, daß die Gottheit Gottes mehr ist als ein höchstes Du.

Was haben wir nun zu diesem Themenkomplex bei den befragten Physikern vorgefunden? Es ist uns bei Newton eine Tendenz zur *Versachlichung* der Gottheit (deity) aufgefallen. Zumindest weist der Begriff »erste Ursache« in diese Richtung. Einsteins »kosmische Religiosität« will als religiöse Haltung des Forschers ernst genommen werden. Der Theologe verwehrt ihr keineswegs seine Achtung. Dennoch stellt er zugleich fest, daß der Gottesbegriff Einsteins in der Gestalt der »überlegenen Vernunft« eine *sachlich* gedachte Struktur des Universums selbst meint, nämlich die bewundernswerte Harmonie der Naturgesetzlichkeit, die in Einsteins Augen etwas Heiliges ist. Von einer Transzendenz dieser vernunftorientierten Naturstruktur will er freilich nicht reden, auch wenn er sich sehr wohl bewußt ist, daß der Kosmos gerade durch seine überlegene Rationalität die Grenzen der wissenschaftlichen Ratio immer wieder übersteigt.

Heisenberg denkt in ähnlicher Weise an einen naturimmanenten Gott, auch wenn er gegen Ende seines Lebens einen Gott annimmt, »an den wir uns«, wie er sagt, »in unserer Not wenden« können (Sch ü G, 30 f.). – Und Paul Davies? Seine Vorliebe für einen »natürlichen Gott«, der sich nur innerhalb der Gesetze der Natur und der Logik bewegen kann, ist klar erkennbar. Andererseits aber scheint er den Schöpfer vom Geschöpf dadurch zu unterscheiden, daß er aus ihm den großen Beobachter macht, der die Dinge dazu veranlaßt, in ihre Existenz zu treten.

Ich halte als Fazit Folgendes fest: Die zitierten Physiker setzen in ihren Aussagen zur Gottes-Thematik einen insgesamt *kosmologischen* Akzent. Niemand darf ihnen dies übelnehmen. Wählt man aber einen solchen kosmologischen Zugang zu Gott und versucht, ihn in der Struktur der Materie, etwa als deren geistiges Substrat, aufzuspüren, liegt der Gedanke an ein eher *sachliches* Gottesverständnis nahe. Aber ein solches hat wohl auch die Bibel, wenn sie dingliche Symbole einführt wie etwa Licht (Ps 27, 1; Joh 1, 5), Lebenskraft (Ps 27, 1), Fels (Ps 18, 2 f.; 28, 1; 42, 10; 95, 1) usw. Bei einem modernen Theologen wie Karl Rahner finden wir ebenfalls abstrakte und »es«hafte Bezeichnungen wie »das unumgreifliche Geheimnis«, »die absolute Zukunft«, das »Woraufhin« oder der »Horizont« unseres Strebens. All das ist gerechtfertigt, weil die Wirklichkeit Gottes auf jeden Fall überpersonal ist. Es wäre verhängnisvoll und unbiblisch, das Göttliche auf ein Du zu reduzieren.

Andererseits aber hat sich das Göttliche in den normativen Zeugnissen des jüdisch-christlichen Glaubens als *der* Gott Abrahams, Isaaks und Jakobs geoffenbart (Ex 6, 3), wobei sich seine Relationalität im Bündnis mit ganz bestimmten Personen und Gruppen konkretisiert hat. Das entspricht auch jener göttlichen Ichhaftigkeit, die in der Sinai-Offenbarung zum Ausdruck kommt: »Ich bin der Ich-bin-da« (Ex 3, 14) und: »Ich will euch in ein ... Land führen« (V. 8).

Halten wir hier inne und ziehen wir folgende Schlußfolgerung: Die Reichhaltigkeit des Gottesbegriffs legitimiert beide Zugänge zu ihm: Sowohl den überpersonalen, als auch denjenigen, der die Person-Analogie verwendet. Die Bevorzugung des erstgenannten Ansatzes durch Naturwissenschaftler kann ihnen der christliche Theologe nicht zum Vorwurf machen. Nur eine Absolutsetzung der Ansätze verdiente theologische Kritik. In der Tat handelt es sich hierbei um zwei *komplementäre* Blickwinkel.

Ähnliches dürfte wohl von der Spannung zwischen Transzendenz und Immanenz gesagt werden. Pantheismus ist in seiner radikalen Form theologisch nicht akzeptabel. Christlicher Glaube hält an dem fundamentalen Unterschied zwischen Gott und Welt fest. Dieser Unterschied ist zugleich eine unerläßliche Vorbedingung dafür, daß echte *Beziehungen* zwischen beiden zustande kommen. Andererseits bedeutet eine solche Unterscheidung keine Trennung. Das Ereignis der Inkarnation selbst bezeugt, wie Gott in der Welt und im Menschen anwesend sein will. So sieht die Theologie folgerichtig die Transzendenz und die Immanenz Gottes ebenfalls als korrelative Größen an.

2. Urknall und Evolution versus anfängliche und fortgesetzte Schöpfung

2.1. Zur naturwissenschaftlichen Fragestellung

Hier möchte ich hauptsächlich Paul Davies zur Sprache kommen lassen. Denn er faßt zufriedenstellend den Stand der Forschung zusammen und berücksichtigt dabei auch theologische Aussagen und Analogien, um physikalische Sachverhalte auszudrücken. Allerdings geht er meines Erachtens zu weit, so daß mitunter Schärfe und Stringenz seiner Argumentation darunter leiden.

2.1.1. Der Urknall als Entstehung des Universums

2.1.1.1. Die Urknall-Hypothese

Davies stellt fest: »Gegenwärtig vertreten die meisten Kosmologen und Astronomen die Theorie, daß vor etwa 18 Milliarden Jahren das Universum durch eine als ›Urknall‹ bezeichnete Explosion entstand: Vieles weist darauf hin, daß diese erstaunliche Theorie stimmen könnte« (GmPh, 28). Zurecht nennt Davies die Urknall-Theorie eine *Hypothese*, die immer noch von der Mehrzahl der Fachleute vertreten wird. Allerdings müßte sofort hinzugefügt werden, daß diese Hypothese einer wissenschaftlichen Verifizierung in keiner Weise unterzogen werden kann. Denn es fehlt bei ihr die Möglichkeit der Wiederholung, die für eine experimentelle Nachprüfung unerläßlich ist. Um dies zu verdeutlichen, sprechen die Physiker von einer »Singularität«. »Eine Singularität ... stellt das letztlich nicht Erfahrbare in den Naturwissenschaften dar« (ebd., 82).

Daß eine derartige, singuläre Urexplosion stattgefunden haben soll, gilt zwar nicht als bewiesen, jedoch immerhin als höchst wahrscheinlich. Man schließt auf sie aus der immer noch andauernden *Ausdehnung*, Expansion, des uns bekannten Universums, die durch das bekannte Rotverschiebungs-Experiment von Edwin Hubble nachgewiesen wurde. Die Galaxien entfernen sich ständig voneinander. Folglich verschiebt sich das von ihnen ausgesandte Licht im

Spektrum des irdischen Beobachters von »blau« weg in Richtung »rot«. Die damit verifizierte Expansion kann man am besten erklären, wenn man sie als Folge einer ursprünglichen Explosion betrachtet.

Trifft das auf diese Weise angenommene Ereignis des Urknalls zu, so wird die Hypothese, das Universum sei *zeitlich* unendlich bzw. ewig, schwer haltbar. Viel wahrscheinlicher ist, daß es einen Anfang gehabt hat. Ähnliches gilt, wie auch schon Einstein feststellte, für die räumliche Endlichkeit des Weltalls (vgl. Weltbild, 37). Jordan gelang es sogar, sein Volumen zu schätzen (vgl. Naturwissenschaftler, 253. 263).

Ist nun unser Universum tatsächlich nicht-ewig und von endlichem, wenn auch expandierendem Umfang, dann ist es ebenfalls wahrscheinlich, daß es einmal zu Ende sein wird. Irgendeine Form des Weltendes scheint unvermeidlich zu sein. Wie dieses aussehen könnte, soll aber an späterer Stelle dargelegt werden.

Die Annahme, daß das Universum zwischen einem Anfang und einem Ende nur eine gewisse Zeit existiert, wird durch den Zweiten Hauptsatz der Thermodynamik, d. h. der Wärmelehre, bestätigt. Es handelt sich um das bekannte *Entropie-Gesetz*, nach dem sich arbeitsfähige Wärmeenergie in einem geschlossenen System zunehmend in arbeitsunfähige Energie umwandelt. Am Ende des Prozesses steht das sogenannte *Gleichgewicht* bzw. der »Wärmetod«. Davies argumentiert aufgrund dieser Erkenntnis wie folgt: Hätte das Universum keinen Anfang gehabt und wäre es dementsprechend seit ewigen Zeiten da, so »hätte es bereits vor unendlicher Zeit seinen Endzustand des Gleichgewichts erreicht« (GmPh, 30). Es würde sich also seit Ewigkeiten im Zustand des Wärmetodes befinden.

2.1.1.2. Versuch einer Beschreibung

Davies spricht von einer simultanen Entstehung von *Raum und Zeit*. Das nicht näher bestimmbare Etwas, das zum »Knallen« gekommen ist, hatte eine unermeßliche Dichte, in der eine räumliche oder zeitliche Ausdehnung noch nicht möglich war. Es lag also ein für uns analogieloser, mit nichts vergleichbarer Zustand der Raum- und Zeitlosigkeit vor. Denn spätestens seit Einstein wissen wir, daß Raum und Zeit untrennbar miteinander verbunden sind. Es wäre also sinnlos von einer Zeit *vor* der Entstehung des Raumes oder von einem Raum *vor* der Entstehung der Zeit zu sprechen.

An diesem Punkt scheint mir Davies zwischen mehreren Aussagen zu schwanken. Einerseits bezeichnet er den Urzustand als ein unermeßlich *verdichtetes Etwas* (vgl. GmPh, 39). Andererseits als ein *Vakuum*, das »aufgrund von Quanteneffekten« eine »Vielzahl von Aktivitäten« in sich birgt (ebd., 38). Schließlich führt er sogar den eigentlich nicht mehr physikalischen Begriff des *Nichts* ein. Er schreibt: »Für den Physiker bedeutet ›Nichts‹ sowohl ›Nicht-Raum‹ als auch ›Nicht-Materie‹« (ebd.). An anderer Stelle zögert er nicht einmal, die Idee einzubringen, daß in der Quantenwelt Teilchen »aus dem Nichts« entstehen, ganz ohne Ursache oder aber durch einen sehr »lockeren Kausalitätszusammenhang« (ebd., 58).

Wir finden bei Davies aber noch eine andere Hypothese zum Urknall, bei der das Urfaktum *Energie* heißt. Einsteins Gleichung $E = mc^2$ wird angeführt, um zu behaupten, aus Energie könne – sogar künstlich – Materie geschaffen werden. Allerdings sei eine solche Erzeugung von Materie so zu verstehen, daß dabei eine beinahe gleich große Menge von Antimaterie zustande gekommen sei, oder es müsse eine beinahe identische Menge von Teilchen und Antiteilchen vorhanden gewesen sein. Wäre ihre Zahl hundertprozentig gleich gewesen, so hätten sie sich gegenseitig vernichtet. Nun aber sollen es die »mit dem Urknall verbundenen, unvorstellbar« hohen »Temperaturen« ermöglicht haben, »daß ein sehr geringer *Überschuß* an Materie entstand« (ebd., 50). Diese winzige Differenz zeitigte dann sehr große Folgen, nämlich die Entstehung der ganzen uns bekannten, evolutionsfähigen Materie.

Soviel zum Versuch einer Beschreibung des Urknalls, die mit dem einfachen Satz »am Anfang war die Energie« verdeutlicht werden kann.

2.1.1.3. Das Problem der Kausalität

Wie wir gesehen haben, versucht Davies, das Kausalitätsprinzip entweder auszuschalten oder auf ein Minimum zu reduzieren, um die Urknall-Hypothese zu festigen. Eine eindeutige Option für eine These bleibt allerdings aus. Davies bleibt unentschlossen und führt als zusätzliche Möglichkeit sogar den Gedanken an ein *sich selbst verursachendes Universum* auf (vgl. ebd., 64–73). Am ehesten neigt Davies aber einer Erkenntnis der Quantenmechanik zu, nämlich daß sich »das Verhalten von Teilchen in der subatomaren Welt im allgemeinen *nicht vorhersagen*« lasse. Man könne »in einem Augenblick nicht sicher sein, was ein Teilchen im nächsten tun« werde (ebd., 57). Daraus zieht er den Schluß: Sofern dieses Teilchenverhalten nicht vorhersagbar ist, hat es *keine Ursache*. Das legt die Frage nahe: Wäre es nicht angemessen, sich auch die Entstehung unseres Universums als etwas Ursachenloses vorzustellen?

Das Un-Genügen des Kausalitätsbegriffs erhärtet Davies auch noch dadurch, daß er einen Ursache-Wirkungs-Zusammenhang nur als *zeitliche* Folge für möglich erklärt. Wo es also noch keine Zeit gibt, ist es völlig unvorstellbar, daß irgendetwas verursacht werden kann.

Dennoch bleibt eine Möglichkeit der Kausalität bestehen, nämlich auf der Grundlage der ebenfalls quantentheoretischen Erkenntnis einer »umgekehrten Kausalität« (ebd., 63). Es handelt sich um eine »Beobachtung, die heute stattfindet«, die aber »zur Entstehung einer Wirklichkeit in der weit zurückliegenden Vergangenheit beitragen kann« (ebd.). Diese Auffassung hat der Physiker John Wheeler entschieden vertreten. Er spricht unbefangen vom »Beobachter« und dessen »Geist«. Das Auftreten dieses *Geistes* muß man sich als von der Zeit unabhängig vorstellen. Denn sie folgt nicht dem normalen Nacheinander von Vergangenheit, Gegenwart und Zukunft. Seine Wirkung unterliegt nicht der Unumkehrbarkeit der Zeitmodi. Gegenwärtiger oder zukünftiger Geistvollzug kann also als »Schöpfer« dessen gelten, was uns »Spätgeborenen« der Naturgeschichte als vergangen erscheint. »Wheeler hofft, daß wir im Zusammenhang der Physik ein Prinzip zu entdecken vermögen, das das Universum in den Stand versetzt, ›aus eigenem Entschluß‹ ins Dasein zu treten« (ebd., 64).

Ich bin hier versucht, meine theologische Zurückhaltung vorübergehend aufzugeben, um eine Lehre des Neuen Testaments einzuflechten. In 1 Kor 8,6 schreibt Paulus, durch Jesus Christus sei alles, auch wir seien durch ihn, und in Joh 1,3 heißt es: »Alles ist durch das Wort geworden«, wobei das Wort das »fleischgewordene« Wort Gottes, also Jesus Christus, meint. Die Analogie zur »rückwirkenden Kausalität« der Quantentheoretiker scheint mir nicht völlig abwegig zu sein. Die theologische Vorstellung ist diese: Mag auch Jesus, der Christus, in der Mitte der Geschichte‹ geboren sein, hat er doch eine mitschöpferische geistige Relevanz für die Entstehung des Alls.

52

2.1.1.4. Offengebliebene Fragen

Kommen wir zu den physikalischen Hypothesen zurück und berücksichtigen wir dabei, daß auch Davies – was er selbst einräumt – verschiedene Fragen nicht eindeutig zu beantworten vermag.
Erstens bleibt die Frage nach dem *Sein* offen. Warum gibt es eher Sein als Nichtsein? Was begründet die Tatsache, daß eine Natur- und Menschenwelt überhaupt existiert? Und was ermöglicht dieses Sein als ein auf weiteres Werden hin angelegtes Sein? Davies will sich dieser Fragen nicht mit dem Einwand entledigen, er sei dafür als Naturwissenschaftler nicht zuständig. So spricht er mit John Wheeler von einem Prinzip, »das das Universum in den Stand versetzt … ins Dasein zu treten« (ebd., 64). Freilich ist die Seinsfrage für den Theologen viel wichtiger. Denn alle physikalischen Urdaten, also Energie, Materie, Raum, Zeit, Quantenfluktuationen, Urknall und Singularität, können nur Momente eines Seienden sein (vgl. ebd., 53. 57).
Zweitens gibt Davies zu, »die Gesamtheit der physikalischen Dinge« verlange »nach einer Erklärung von *außerhalb*« (ebd., 72) der empirisch faßbaren Welt. Teile des Weltsystems können immer durch die Naturgesetze erhellt werden, nicht aber die Totalität eines Universums, das seine Existenz dem Urknall verdanken soll.
Drittens läßt er die Frage nach der »Kraft« offen, die – wie er es ausdrückt – »*hinter* der Schöpfung stand« und die »*jenseits* des Urknalls« angesiedelt werden müsse (ebd., 65).

2.1.1.5. Theologische Analogien des Physikers

In dem zuletzt zitierten Satz verwendet Davies den theologischen Begriff »Schöpfung« für die einst entstandene Naturwelt. Man muß sich vor Augen halten, daß dies eine analoge Ausdrucksweise ist. Denn der Begriff »Schöpfung« setzt den Begriff »Schöpfer« voraus. Ohne einen Schöpfer ist es sinnlos von einer Schöpfung zu reden. Seine Verwendung bedeutet hier jedoch nicht, daß Davies mit theologischen Argumenten physikalische Sachverhalte beweisen will. Dies wird deutlich in einem von ihm angeführten Zitat eines Professors der Notre-Dame-University, McMullin: »Weder läßt sich sagen, daß die christliche Schöpfungslehre das Urknallmodell ›stützt‹, noch daß letzteres die Schöpfungslehre ›stützt‹« (ebd., 41). Dennoch kann eine Analogie zwischen diesem Entstehungsmodell und dem Glauben an eine göttliche Welterschaffung nicht geleugnet werden.

Ähnlich »analogisiert« Davies auch seine Auffassung von der *Singularität*. Er bezeichnet sie als eine »Schnittstelle zwischen dem Natürlichen und dem *Übernatürlichen*« (ebd., 82, vgl. 83). Gleiches dürfte wohl von allen Sätzen gesagt werden, in denen das Fehlen von Raum und Zeit mit dem Begriff des *Nichts* ausgedrückt wird. Beide Ansätze zusammengenommen, die übernatürliche Tragweite der Singularität und die Entstehung von Raum und Zeit aus dem »Nichts«, relativieren meines Erachtens den Willen von Davies, nur einen »natürlichen«, weltimmanenten Gottesbegriff gelten zu lassen.

2.1.2. Die Evolution des Universums und des Lebens

1. Darwins Evolutionstheorie beinhaltet bekanntlich die Abstammung und Entwicklung der *Lebewesen* und ihrer Arten nach den Gesetzen der Mutation und der Selektion. Sie beschränkt sich auf den Bereich des Lebens, insbesondere des tierischen und des menschlichen Lebens. Ich will im Folgenden nur eine sehr grobe Skizze dieser Theorie anbieten, um anzudeuten, in welchen Punkten sie eine Herausforderung für die Theologie darstellt und in welchen nicht.

Darwin interessierte sich vor allen Dingen für die Phylogenese, d. h. für die Entstehung der Arten und ihre Weiterentwicklung zu immer neuen und komplexeren Gestalten. Die Triebkraft dieses Prozesses ist in seinen Augen in ganz entscheidender Weise die *Zuchtwahl*, d. h. die natürliche Selektion. Wie der Schafzüchter die gesündesten und stärksten Männchen und Weibchen auswählt, um eine von Mal zu Mal bessere Nachwuchsqualität zu erzielen, so selektiert die Natur selbst jene Individuen und Gruppen, die in einem bestimmten Lebensraum optimale Chancen haben, zu überleben und zu gedeihen, und die auch genetisch Optimales produzieren. Die natürliche Selektion übt mindestens einen zweifachen *Druck* auf die Lebewesen aus, einmal durch die Bedingungen der gegebenen *Umwelt* bzw. den überbevölkerten Lebensraum und andererseits durch die Notwendigkeit, sich im *Kampf* ums Dasein (struggle for life) gegen konkurrierende Artgenossen und Angehörige anderer Arten siegreich zu behaupten.

In diesem Zusammenhang ist das Stichwort »Überleben der

Tüchtigsten« zu nennen. Das ist eine ziemlich irreführende Übersetzung von »survival of the fittest«. In Wirklichkeit denkt Darwin
nicht an Individuen, die die von ihnen geforderten Leistungen sozusagen ordentlich erfüllen, vielmehr meint er jene, die an die Umwelt-
und Kampfbedingungen am besten *angepaßt* sind. Folglich ist es
richtig, vom »Überleben der Passendsten« zu sprechen. Individuen
und Gruppen, die den Umwelt- und Kampfbedingungen nicht genügen, erweisen sich als *minderwertig*. Es liegt im gemeinsamen Interesse einer Population, daß solche Wesen aus dem Lebensverband ausscheiden. Scheiden sie nicht aus, so drohen sie die genetische Qualität
der Gruppe oder der Art zu verschlechtern und sie der Dekadenz
preiszugeben.

Eigentliche Artenevolution geschieht dann so, daß das kollektive
Erbgut derart optimiert wird, daß es nicht nur immer angepaßtere
Nachkommen sichert, sondern auch Träger von *Mutationen* wird,
die ihre Weiterentwicklung voranbringen. Nur so ist es möglich,
daß aus niederen Arten und Rassen höhere entstehen können, sogar
ganz neue Arten und Rassen, wie z. B. die menschliche aus den Prähominiden. Unsere Entwicklung zu Hominiden ist also den harten
Gesetzen der natürlichen Selektion zu verdanken.

Hart sind diese Gesetze allemal. Ihre Härte zeigt sich besonders
im ständigen Wettbewerb und in der Aussonderung der Unterlege-
nen. Gerechtigkeitshalber muß aber sogleich vermerkt werden, daß
bereits Darwin selbst das Selektionsprinzip zu relativieren versuchte.
Er meinte, daß neben der Zuchtwahl noch andere Faktoren zur Optimierung einer Rasse und zur Evolution beitragen, z. B. »fitness« im
Bereich der *Intelligenz* und der *Sympathie* (vgl. Abstammung, 77.
181–184). Darwin verweist auf Phänomene der Selbstlosigkeit bei
den Tieren, z. B. daß sich gelegentlich Individuen für ihre Artgenossen, besonders für junge, opfern (vgl. ebd., 84–86).

Heutige Evolutionstheoretiker gehen noch weiter und steuern
die Erkenntnis bei, daß Verhaltensweisen, wie *Kooperation* und gegenseitige Unterstützung, oft größere evolutionäre Fortschritte zeitigen als bloße Konkurrenz und Selektion. Halten wir hier nur die
Stichworte »Symbiose« und »Koevolution« fest (vgl. Jantsch, 145–
174. 284–290). Soviel zur Darwinschen Theorie.

2. Nun ist zweierlei zu sagen: Erstens, daß diese biologische Evolutionstheorie in ihren groben Linien derzeit weitgehend unbestrit-
ten ist. Zweitens, daß sie ihre weitgehende Stimmigkeit auch in anderen Bereichen, wie etwa dem des *Anorganischen*, unter Beweis

gestellt hat. Wie Manfred Eigen nachgewiesen hat, befolgten bereits die Moleküle der Urmaterie und der Ursuppe die Spielregeln der Selektion und der Mutationssprünge, allerdings unter der starken Mitwirkung der Prinzipien »Information« und »Kooperation«. In Eigens *kosmologisch* erweiterter Evolutionstheorie kommt der Mehrung und der Organisation des bereits in den anorganischen Molekülen vorhandenen Informationsmaterials eine entscheidende Rolle zu.

Nun verbindet sich – nach Eigen – dieses Faktum ganz besonders dort mit dem Phänomen der Kooperation, wo es darum geht, die Hürde vom Unbelebten zum *Belebten* zu nehmen. Da die anorganischen Moleküle trotz ihres Informationsreichtums doch zu wenig eigenes Informationsmaterial besaßen, um die Mutation zum Organischen aus eigenen Kräften vollziehen zu können, sahen sie sich gezwungen, das Prinzip der Konkurrenz gegen das der Kooperation einzutauschen. So nahmen sie zusätzlich zu ihren eigenen *fremde* Informationen auf. Auf diese Weise entstanden Gruppen von sich gegenseitig ergänzenden und unterstützenden Molekülen. Eigen nennt diese Molekülgruppen »Hyperzyklen«. Diese funktionieren als »katalytische Kreise«. In ihnen verketten sich die Informationsträger kreisförmig, so daß jeweils das letzte Glied der Kette das erste Glied unterstützt, verstärkt, fortschrittsfähig macht (vgl. Eigen, Stufen).

Damit habe ich in meiner groben Skizze über Darwin und Eigen hoffentlich hinreichend dargelegt, was in der Evolutionstheorie für theologische Analogien offen und geeignet bzw. nicht geeignet ist. Was bisher angedeutet worden ist, soll im Folgenden ausgeführt werden.

2.2. Zur Theologie der Welterschaffung und der fortgesetzten Schöpfung

Zunächst soll auf die Urknall-Hypothese, dann auf die Evolutionstheorie aus theologischer Sicht reagiert werden. Im Kontext des Urknalls will ich einiges aus der christlichen Glaubenslehre von der Welterschaffung ansprechen, dann, im Hinblick auf die Evolution, die Lehre von der fortgesetzten Schöpfung nochmals aufgreifen.

2.2.1. »Im Anfang schuf Gott Himmel und Erde« (Gen 1,1)

Paul Davies hat die Seinsfrage in legitimer Weise nur am Rande berührt. Der Theologe hingegen sieht darin eine zentrale Frage. Für ihn bedeutet die Erschaffung der Welt, genauer gesagt des Universums, das die Bibel mit dem Bild »Himmel und Erde« bezeichnet, Entstehung von *Sein*. Diese beinhaltet die absolute Voraussetzung jeder materiellen und geistigen Gestaltwerdung, so auch die unbedingte Voraussetzung für die Eventualität des Urknalls.

Heutige Theologie behandelt dabei den Begriff des »Nichts« kaum, vielleicht sogar weniger als Davies. Die Denkfigur einer »Schöpfung aus dem Nichts«, einer »creatio ex nihilo«, erhält den Status einer sekundären, abgeleiteten Aussage, abgeleitet von der Positivaussage über die Entstehung des Seins, das sich im *Werden* entfaltet. Warum diese Zurückhaltung bezüglich des klassischen Satzes, Gott habe die Welt aus dem Nichts erschaffen?

Ein Grund dafür liegt bestimmt in der großen Schwierigkeit, über das Nichts etwas Sinnvolles zu sagen. Wer kann schon eine eindeutige Definition davon liefern? Auch die Philosophen sind sich darüber nicht einig. Einige von ihnen machen heute noch den alten Satz geltend, aus Nichts könne nichts werden.

Ein anderer Grund der theologischen Enthaltung liegt meines Erachtens darin, daß die gesamte Bibel die Erschaffung der Welt aus dem »Nichtseienden« nur zweimal (2 Makk 7,28 und Röm 4,17) erwähnt, und auch dort nur am Rande und im Kontext einer Analogie. Dabei wird der biologische Tod, den Gott zu besiegen vermag, mit dem Nichtsein verglichen. Für das unbestimmte Etwas, *aus dem* Gott den Kosmos erschaffen hat, bietet die Bibel andere Bilder an, z.B. Tohúwabohú, Wasser, Finsternis, Ackerboden. Im Grunde aber zeigen die biblischen Autoren für die Frage »woraus?« wenig Interesse. Ihr Blick ist eher nach vorne, in Richtung auf das *Wozu* gerichtet. Auch dort, wo der Gegensatz von Licht und Finsternis eingeführt wird (das erinnert ein wenig an den Gegensatz von Teilchen und Antiteilchen), gilt das Hauptinteresse dem Gotteswort »es werde«. Ohne Zweifel geht es dem Verfasser des ersten Kapitels der Genesis vor allen Dingen darum, daß das von Gott und aus Gott heraus geschaffene Sein in Raum und Zeit *werden* soll.

Dieses theologische Konzept einer werdenden Welt kann eine Urknall-Hypothese ohne weiteres integrieren. Die Symbolik des ersten Schöpfungstages, nämlich die Scheidung zwischen Licht und

Finsternis bzw. Tag und Nacht widerspricht keineswegs der Hypothese, daß der erste Akt der Kosmoswerdung in Form einer Explosion vor sich gegangen ist. Es besteht vielleicht sogar die Möglichkeit einer Analogie zwischen dieser Urexplosion als Auftakt zu einer Differenzierung der Materie und jenem biblischen Scheidungssymbol. Allerdings kann die Theologie *keine* Identifizierung des Urknalls mit der Welterschaffung annehmen. Denn was des »Knallens« fähig war, mußte zuerst einmal da sein. Des weiteren ist zu sagen, daß der Schöpfungstheologe die Schöpfung ohne *Schöpfer* nicht annehmen kann, d.h. weder die Vorstellung einer Selbsterschaffung der Welt, noch die der Schöpfung als Ausfluß der göttlichen Seinsfülle ist für ihn annehmbar.

Eine *Selbsterschaffungshypothese* hat Davies bei Wheeler vorgefunden. Dieser zufolge könnte einmal ein »Prinzip« entdeckt werden, »das das Universum in den Stand versetzt, ›aus eigenem Entschluß‹ ins Dasein zu treten« (GmPh, 64). Eine solche Annahme scheint mir das Analogisieren doch zu weit zu treiben und auf keinen Fall theologisch vertretbar zu sein.

Die Idee, die Welt sei ein Ausfluß, eine Emanation, des göttlichen Wesens in der Zeit, entfällt ebenfalls. Das ist eine pantheistische Idee, die von den Neuplatonikern bis hin zu bestimmten Schülern Hegels immer wieder vertreten wurde. Das kirchliche Lehramt hat sie ausdrücklich abgelehnt (vgl. I. Vatikanum, DH 3025 f.).

Die christliche Schöpfungstheologie betrachtet die Erschaffung des Universums als eine *Tat Gottes* in souveräner Freiheit, eine Tat, die den absoluten Anfang für alles Seiende gesetzt hat. Die Schöpfungstat ist ein Setzen des Anfangs, dessen Gott allein fähig ist. Dies drückt die Bibel aus, indem sie dafür ein Verbum, das hebräische Zeitwort »bará« einführt, dessen Subjekt nur Gott sein kann. Allerdings wird das Wort bará auch für *weitere* Setzungen von Anfangsbedingungen und Möglichkeiten gebraucht. So erschafft Gott immer wieder. So läßt er immer neues Sein, d.h. »neue Schöpfung« entstehen. Das zeigt schon, daß es völlig unzulässig ist, den Begriff »Schöpfung« auf eine in fernster Vergangenheit vollbrachte Welterschaffung zu reduzieren. Schöpfung geschieht immer wieder und überall, solange die Welt eine werdende Welt bleibt.

Einverständnis mit Davies liegt vor, wenn es darum geht, diese Tat bzw. diese Tätigkeit als eine *geistige* zu bestimmen. Die Glaubensquelle spricht von einem schöpferischen Wort, das wohl ein geistiger Vollzug ist. Damit distanziert sie sich von mythologischen

Modellen, welche die Weltentstehung als Gewalttat oder Geschlechtsverkehr darstellen oder als blinden kausalen Vorgang. Das Wort »es werde Licht« läßt eher auf einen *Urheber* schließen. Der Schöpfer zeigt sich eher als Urheber denn als Ursache des Kosmos'. Andererseits ist eine Urheberschaft des göttlichen Geistes nicht nur punktuell aktualisiert, sondern auf den Schöpfungsprozeß selbst bezogen. Dabei werden im Buch Genesis sogar Formeln verwendet, die eine göttliche Urheberschaft der Selbstorganisation der Natur nahelegen. Gott sprach nicht nur: »Es werde Licht« (Gen 1,3), sondern auch: »Das Land lasse junges Grün wachsen« (1,11), es »bringe alle Arten von lebendigen Wesen hervor« (1,24) und »Das Wasser wimmle von lebendigen Wesen« (1,20).

Wenn der Physiker sagt, es handle sich beim Urknall um eine *Singularität*, so sagt der Theologe dazu: Auch dieser Satz kann Gegenstand einer theologischen Analogie werden. Allerdings ist das Schaffen Gottes, wie schon gesagt, nicht zeitlich und räumlich einmalig, sondern grundsätzlich in seinem Wesen enthalten. Es kann also mit keinem weltlichen und menschlichen Schaffen verglichen werden. Schöpfung im eigentlichen Sinn ist etwas anderes als Kreativität.

2.2.2. Die fortgesetzte Schöpfung

Um unnötigen Diskussionen über das Verhältnis der Theologie zur Evolutionstheorie zuvorzukommen, will ich gleich zu Anfang Folgendes sagen: Jene Evolutionstheorie, die von Darwin grundgelegt und später mehrfach ergänzt und korrigiert wurde, kann in eine moderne Schöpfungstheologie weitgehend integriert werden. Das legt eine vor einigen Monaten abgegebene Stellungnahme des Papstes ebenfalls nahe. So entfällt die Gefahr, daß aus dem Fall Darwin ein neuer Fall Galilei wird. Obwohl einiges an bestimmten Thesen Darwins unbedingt kritisiert werden muß, kann der Theologe heute sagen: Nichts spricht dagegen und viel spricht dafür, Gott als Schöpfer einer eigengesetzlichen, sich selbst organisierenden und evolvierenden Welt anzusehen.

Es bleiben aber noch zwei Fragen zu beantworten, nämlich (a) ob die *biblischen* Zeugnisse es zulassen, die Evolution als »fortgesetzte« Schöpfungstätigkeit Gottes zu verstehen und (b) ob sie sich der ambivalenten Macht des Menschen, auf den Fortgang der Evolution positiv oder negativ Einfluß zu nehmen, bewußt sind.

2.2.2.1. Evolutionäre Ansätze im »Sechstagewerk«?

Wenn wir heute die symbolreichen und dichterischen Texte von Genesis 1 über das sogenannte »Sechstagewerk« Gottes lesen, haben wir den Eindruck, daß darin die Geschöpfe in *vollendeter* Gestalt, gewissermaßen fix und fertig, dem göttlichen Tun entspringen, und das Ganze in nur einigen »Arbeitstagen« Gottes! Der Gedanke, daß die materiellen Dinge, die Pflanzen, die Tiere und die Menschen sich im Laufe von Jahrmillionen *auseinander* entwickelt haben, kommt hier offensichtlich nicht zur Sprache. Dennoch bin ich mit dem Bibelwissenschaftler Claus Westermann der Meinung, daß Genesis 1 einige *Ansätze* zu einem evolutionären Verständnis des Schöpfungsprozesses liefert (vgl. Schö Evol, 240–250). Worin liegen diese Ansätze?

Zunächst liegt ein solcher Ansatz im Schöpferwort »es werde«, das eine echte *Werdewelt* in Bewegung setzt, eine regelrechte *Geschichte* der Natur. Sicherlich will der Text kein historischer Bericht mit meßbaren Zeitangaben sein; vielmehr bietet er *Urgeschichte* an. Dabei ist das Präfix »ur« nicht im Sinne des Uralten, sondern des *Urtypischen* zu verstehen. Urtypisch besagt soviel wie *bleibend* bedeutsam, bleibend gültig, anders gesagt: Das, was immer und überall geschieht oder geschehen kann, das, was Grundzüge alles Erfahrbaren festhält.

In diesem urtypischen Sinne muß dann auch das *Nacheinander* der Entstehungsetappen gedeutet werden, ebenso die Aussage, daß die anorganischen Dinge *vor* den Organischen auftreten, z. B. die Erde vor den Pflanzen. Die Tatsache, daß die materiellen Moleküle der »Erde« in einem langen, mutativen Prozeß zur Schwelle des Lebens und dann auch zum pflanzlichen Leben gelangen, wird in der biblischen Symbolik gewiß nicht explizit ausgedrückt. Allerdings wird ein *eigengesetzliches Werden*, z. B. von der anorganischen Erdmaterie zum »jungen Grün«, das die Erde gottgewollt »wachsen läßt« (Gen 1,11.24), angedeutet. Wenn dann der Text von »*Arten* von Pflanzen, die Samen tragen« (V. 12) spricht, verwendet er zumindest einen Begriff, der in der naturwissenschaftlichen Theorie der »Abstammung der Arten« durch Vererbung und genetische Vorgänge unter anderen Vorzeichen zu einem Schlüsselbegriff der Evolutionstheorie erhoben wird.

Einen Sonderfall in der biblischen Naturgeschichte stellt freilich das Auftreten des *Menschen* dar. Nach Genesis 2 ist der Mensch ein an die Materie gebundenes und tierverwandtes Lebewesen. Daß er mit den Tieren viel gemeinsam hat, deutet der Begriff »lebendiges Wesen« an (naéphaeš hajjá: Gen 2,19) der für beide gebraucht wird. In dieselbe Bedeutungsrichtung weist der Fruchtbarkeitssegen: »Seid fruchtbar und vermehret euch«, den der Schöpfer für Tier und Mensch im selben Wortlaut erteilt (Gen 1,22.28).

Nun unterscheidet sich die menschliche Art von allen übrigen Lebewesen dadurch, daß sie über letztere herrscht (Gen 1,28) und sie als seinen Besitz betrachtet. Dazu gehört auch, daß der Mensch den Tieren Namen gibt, sie als Haustiere hält und züchtet. Man könnte sogar sagen, seiner künstlichen Zuchtwahl unterzieht. Daß diese Macht des menschlichen Erkennens und Tuns den nicht-menschlichen Mitgeschöpfen gegenüber *ambivalent* ist, wird ebenfalls zum Ausdruck gebracht. So werden die Furcht und der Schrek-ken der Tiere vor dem Menschen (vgl. 9,2) und die »Rechenschaft«, die Gott von ihm bezüglich seiner Tötungslust fordert (vgl. 9,5), in einem Atemzug erwähnt. »Ur-typisieren« diese Ansätze nicht eine *Sorge*, die uns heute im Bewußtsein unserer Manipulationen und gewälttätigen Eingriffe in den Lauf der Evolution, freilich unter ganz anderen Bedingungen, ebenfalls vertraut ist?

Der Mensch evolviert selber durch Wissen und Forschen. Das ist ein Gedanke, der in den späteren Schriften des Alten Testaments auftaucht. Es heißt z. B. im Buch Ijob (28,3): Der Mensch »forscht bis in das Letzte hinein«, wobei aber zugleich die entsprechenden Zweifel ausgesprochen werden: »Wo ist aber die Weisheit zu finden und wo ist der Ort der Einsicht?« (28,12).

Soviel sei zu einigen Ansätzen gesagt, welche die Nicht-Wider-sprüchlichkeit zwischen einem biblischen und einem naturwissen-schaftlich-evolutionären Weltverständnis nahelegen.

2.2.2.2. Erhaltung, Fürsorge und Vollendung

Das zuletzt Gesagte weist darauf hin, daß der Glaube an eine fortgesetzte Schöpfung Gottes im Kontext der Evolution wesentlich mit dem Bewußtsein des *Zusammenwirkens* des Menschen mit dem Schöpfer verbunden ist. Die »creatio continua« hat die Züge einer gott-menschlichen Konkreativität. Das bedeutet summarisch: Gott setzt sein Werk so fort, daß er kreatürliche und vor allem mensch-liche Eigentätigkeit ermöglicht.

Dieser kooperative Zug schimmert u. a. in jenen Texten durch, in denen die Bibel die *Erhaltung* der Welt durch Gott thematisiert. Dem

Glauben entsprechend will der Schöpfer, daß seine Schöpfung Bestand hat, Krisen überlebt und irgendwann auch zur Vollendung kommt. Im Buch der Weisheit lesen wir (11, 25 f.): »Wie könnte etwas ohne deinen Willen Bestand haben, oder wie könnte etwas erhalten bleiben, das nicht von dir ins Dasein gerufen worden wäre? Du schonst alles, weil es dein Eigentum ist, Herr, du Freund des Lebens.« Heute wissen wir sehr gut, daß es zu einem krassen Widerspruch zwischen diesem göttlichen Willen und der technologisch verschärften Naturaggression der hoch entwickelten Zivilisationen kommen kann.

Eine ethische Anfrage an den Glauben an die Welterhaltung entspringt auch den Texten, die die *Fürsorge* Gottes für diese Werdewelt ansprechen. Besonders interessant sind die neutestamentlichen Zeugnisse, denn sie sind oft durch ein starkes Vergänglichkeitsbewußtsein geprägt. Jesus selbst hat bekanntlich mit einem baldigen *Weltende* gerechnet. In seiner jüdischen Umwelt war Apokalyptik aktuell. Um so bedeutsamer sind seine Sprüche über die göttliche Fürsorge, die nicht nur den Menschen, sondern auch den Tieren und Pflanzen gilt (vgl. Mt 5, 43–45; 6, 25–35). Hierdurch wird das Vergängliche als solches sehr hoch gewertet und zum Gegenstand helfenden Sorgens gemacht.

Schließlich soll noch der Vollendungsgedanke angesprochen werden. Bleibt die evolvierende und zugleich vom Menschen beherrschte Naturwelt sogar noch angesichts des Endes fortgesetzte, ja fortzusetzende Schöpfung, so leuchtet ihre Vollendungswürdigkeit ein. Schon die Propheten sagen die Erschaffung eines neuen Himmels und einer neuen Erde voraus, also eines durch noch nie dagewesene Qualitäten bereicherten Universums (vgl. Jes 60–62; 65 f.). Bei Paulus wird der einzelne Gläubige als »neue Schöpfung« bezeichnet (2 Kor 5, 17; Gal 6, 15). Der Verfasser des Epheserbriefes (4, 24) macht daraus eine ethische Forderung: »Zieht den neuen Menschen an, der nach Gottes Bild geschaffen ist, damit ihr wahrhaft gerecht und heilig lebt.« Es handelt sich auch hier um eine Vollendung in der Weise der Neuwerdung, wobei freilich die göttliche Gabe mit einer menschlichen Aufgabe korreliert. Denn es besteht das Risiko, daß statt der Vollendung des Menschen Zerstörung oder Rückschritte ins Primitive erfolgen.

Ich will diesen Abschnitt mit einem Hinweis auf den *kosmisch* ausgerichteten Bibeltext Röm 8, 18–30 abschließen. Darin spricht Paulus die Erwartung der außermenschlichen Schöpfung, also der

Naturwelt, an, einmal von ihrer Knechtschaft befreit zu werden (V. 19 ff.). Befreit von einer Entfremdung, an der – namhaften Exegeten zufolge – der Mensch mitschuldig ist. Das kann sehr wohl auch im Sinne einer ökologischen Umweltethik ausgelegt werden. Es geht um eine untrennbare Verbundenheit zwischen der Zukunft der Menschheit und der Zukunft der Naturwelt. Entscheidend scheint mir aber in diesem Text des Paulus die Hochachtung vor der physikalischen und der biologischen Sphäre zu sein. Sie stellt keine Größe dar, die bei der Vollendung der Geschichte *entfallen* müßte, was noch verschiedene zeitgenössische Apokalyptiker dachten. Von da her ließe sich denken, daß die sich entwickelnde Welt selbst, jenseits aller ihrer Katastrophen, in die *ewige* Vollendung aufgenommen werden soll, ähnlich wie der sterbliche Mensch in die Auferstehungswirklichkeit.

2.2.2.3. Zur theologischen Kritik der »Zuchtwahl«

Wie ich bereits angedeutet habe, gibt es für die theologische Zustimmung zur Darwinschen Evolutionstheorie Grenzen, ganz deutlich dort, wo Darwin die Gesetzmäßigkeiten, die er in seinen Beobachtungen über die Entwicklung der Tierwelt gewonnen hat, auf den Menschen überträgt.

So behauptet er in seinem Buch über die *Abstammung des Menschen* nicht nur, daß unsere Art von Prähominiden abstammt, sondern auch, daß die biologische und zivilisatorische Weiterentwicklung der menschlichen Rassen vom strengen Gesetz der natürlichen und sexuellen Selektion geregelt ist. Ich will nur jene Texte Darwins anführen, die als Konsequenz der Zuchtwahl die Existenz von hoch- und minderwertigen Rassen unter den Menschen vertreten. Derartige Sätze schockieren uns heute mit Recht.

Darwin schreibt an einer Stelle seiner *Abstammung des Menschen*, es sei ein Unglück, daß die biologisch, moralisch und bildungsmäßig wertlosen Menschen mehr Kinder zeugen als wertvollere, z. B. die katholischen Iren mehr als die protestantischen Schotten (vgl. ebd., 173. 178). Es sei ebenfalls naturwidrig, daß zivilisierte Völker ihre an Körper und Geist schwachen Volksgenossen nicht sterben lassen, wie das die Wilden tun, daß sie »Idioten, Krüppel und Kranke« mit wohltätigen Institutionen fördern und ihnen sogar erlauben, sich fortzupflanzen (ebd., 171 f.). Laut Naturgesetz der Selektion müßten diese Individuen aus der Gemeinschaft ausscheiden, damit sie die genetische Qualität der Rasse nicht gefährden. Als bewundernswerte Spitzenerzeugnisse der Selektion stellt Darwin die weißen Bürger der Vereinigten Staaten dar: »Angelsächsische Auswanderung« und »natürliche Zuchtwahl« hätten sie befähigt, »außerordentliche Fortschritte« zu erzielen (ebd., 183). Der Wissenschaftler Christian Vogel, der zur deutschen Neuauflage der *Abstammung des Menschen* eine Einführung geschrieben hat, hat als möglicherweise ungewollte Folgen dieser Selektionslehre Rassismus, Sozialdarwinismus, nationalistische Egozentrik usw. genannt.

Eine ganz andere Position als Darwin nehmen in diesem Punkt heutige Evolutionstheoretiker, wie Manfred Eigen und Konrad Lorenz, ein. Nach Eigen *soll* das Selektionsspiel im humanen Bereich radikal anders als im physikalischen und biologischen ablaufen. Es sei nämlich den Rahmenbedingungen *ethischer* Sollwerte unterzogen. Diese Sollwerte, z. B. Emanzipation der Benachteiligten und soziale Gerechtigkeit, können nicht als »naturgegeben« angesehen werden (Das Spiel, 153). Ihre verbindliche Kraft liegt gerade darin, daß sie Momente der Befreiung des Menschen »vom biologischen Erbe« darstellen (ebd., 156). Solche *Normen* gibt sich der Mensch als Mensch und nicht als ein Lebewesen unter anderen Lebewesen. Gewiß entwickeln sich diese Normen selbst entsprechend den wechselnden Bedürfnissen der Menschheit (vgl. ebd., 197). Aber sie würden sich dabei selbst aufheben, würden sie auf eine Ebene unterhalb des Menschlichen absinken.

Konrad Lorenz denkt ähnlich. Zwar können wir in seiner Aggressionstheorie eine modernisierte Version der Darwinschen Lehre vom Kampf ums Dasein sehen. Nach dieser wirkt in jedem von uns der tierisch-natürliche Kampftrieb (vgl. Sog B, 294–298). Aber wir setzen uns von den Tieren eben dadurch ab, daß wir diesen Instinkt zu steuern und zu zähmen haben. Nur so vermögen wir »wahrhaft humane Menschen« zu werden, die »das endgültige Ebenbild Gottes« ausmachen (ebd., 305 f.). Lorenz führt hier eine eminent *theologische Analogie* ein, die er übrigens bei dem Philosophen Johann Gottfried Herder vorgefunden hat, nämlich die Analogie einer im *Werden* begriffenen Gottebenbildlichkeit (vgl. Ideen 1, 377). Die menschliche Evolution hat, anders als die physikalische und die biologische, ein vorgegebenes *Ziel* vor sich, eben ihre höchstmögliche Angleichung an das Vorbild des Schöpfers.

Der Theologe hat hier kaum etwas hinzuzufügen, vielleicht nur den Spruch Jesu über die Forderung einer Liebe gerade zu den *Ge-*

ringsten, mit denen sich Gott nach Mt 25, 40 in der symbolische Szene des Weltgerichts identifiziert. Demnach dürfen die Kleinen, die Armen, die Schwachen, die Minderwertigen nicht der Aussonderung preisgegeben werden. Im Gegenteil: Sie erhalten höchste theologische und ethische Relevanz. Ihre Wertschätzung stellt eine fortgeschrittene Etappe in der kontinuierlichen Zivilisationsevolution dar.

3. Das Ende des Universums und die Vollendung der Schöpfung

Die Frage nach dem *Weltende* gewinnt in der Öffentlichkeit wieder einmal an Aktualität. Aber bei problembewußten Zeitgenossen verbindet sich diese Frage mit der Sorge um die *Zukunft* unseres Planeten, um eine Zukunft, die als eine weitgehend machbare erscheint. Bevor wir den diesbezüglichen Abschnitt einer neuen Theologie der Natur skizzieren, wollen wir drei naturwissenschaftliche Modelle des kosmischen Untergangs darstellen.

3.1. Naturwissenschaftliche Modelle vom Ende der Welt

Ich habe die Theorien von Carl Friedrich von Weizsäcker, Paul Davies und Frank Tipler wegen ihres exemplarischen Wertes ausgewählt. Von Weizsäcker meint, der Wärmetod sei im Kommen. Davies denkt, daß der drohende Gravitationskollaps im Universum nur aufschiebbar, letztendlich aber unvermeidlich ist. Tipler entwirft seinerseits einen physikalischen und technischen Weg, um das, was auf dem Erdball sterblich ist, in die Unsterblichkeit des Weltalls hinüberzuretten.

3.1.1. *von Weizsäcker: Eine endliche Geschichte der Natur.*

Von Weizsäcker nennt die Natur *geschichtlich* in Analogie zum menschlichen Dasein, das sich zwischen Geburt und Tod erstreckt. Die Lebensdauer aller Dinge der Natur ist durch ihre irreversible und endliche Zeitlichkeit bestimmt. Die Energiemenge, welche die Evolution ermöglicht und vorantreibt, vermag der *Entropie* langfristig nicht standzuhalten. Zwar wirken in der kosmologischen, biologischen und menschlichen Evolution Kräfte der sogenannten »negativen Entropie« oder »Negantropie« (Schrödinger) mit. Diese Kräfte sind in offenen Systemen, vor allem in lebendigen Systemen, wirksam. Diese zapfen die Energiereserven ihrer Umwelt an, um gegen den Strom wachsender Energieneutralisierung die jeweilige eigene Ordnung und die dazu erforderliche Energiezufuhr zu sichern (vgl. Stegmüller, 659–668. 685).

Nun aber ist das *Weltall*, d. h. die weiteste Heimat der evolvierenden Dinge, endlich. Es verhält sich folglich im Endeffekt wie ein *geschlossenes* System, dessen Energiegehalt von außen her nicht erneuert werden kann. So nimmt in ihm die Menge arbeitsfähiger Wärmeenergie insgesamt ständig ab und läuft immer mehr auf das Endgleichgewicht, »Wärmetod« genannt, zu. Der Wärmetod darf nicht etwa mit einem Zustand überhöhter Hitze verwechselt werden. Es handelt sich vielmehr um einen lauwarmen Zustand, der keine fruchtbare Spannung und keine Bewegung mehr zuläßt. Man hat ihn teilweise als eine »strukturlose Suppe« analogisiert oder mit einem leblosen Skeletthaufen verglichen. Es scheint mir persönlich angemessen, den Wärmetod als »Tod der Wärme« zu charakterisieren. Denn so wird klar, daß die Wärmeenergie zu keiner Dynamik mehr fähig sein kann. Es stellt sich Stillstand ein. Von Weizsäcker spricht von einer »Erstarrung des Endes« (GN, 65).

Ich möchte in diesem Zusammenhang noch die Theorie der »fortgesetzten Materienschöpfung« oder des konstant bleibenden Energievorrats, d. h. des *steady state* erwähnen. Gemäß dieser Theorie entsteht im Weltall Materie bzw. Energie immer neu. Sie ströme zwar »in den unendlichen Raum« ständig ab, doch werde sie im Schoße des Universums zugleich unaufhörlich erneuert (vgl. ebd., 54). Dieses Konzept hat keinen Grund, sich mit dem Problem des Weltendes zu beschäftigen. Nach von Weizsäcker und vielen anderen Physikern fehlt aber der steady-state-Theorie jegliche Verifizierbarkeit.

Was den *Erdball* anbelangt, so gilt er allgemein als ein *offenes* System. Das bedeutet, daß er immer frische Energie einführt, im Prinzip mehr, als er davon ausführt. Die Erde profitiert von den riesigen (aber doch nicht unendlichen) Energiereserven der Sonne. Das ist eine Voraussetzung für die Entstehung von Leben und die Möglichkeit von Evolution.

Das Problem liegt für unseren Planeten eher darin, daß er von einer Menschheit bewohnt ist, die mit ihren Industrieanlagen und Verkehrssystemen in rapide zunehmendem Maß *künstliche Entropie* erzeugt. Die Industrieländer verbrauchen nichtregenerierbare Energiequellen, vergiften die Atmosphäre, vergrößern das Ozonloch, zerstören Regenwälder, rotten täglich Pflanzen- und Tierarten aus, beschleunigen den Treibhauseffekt, so daß die Bedingungen des Lebens immer unsicherer werden.

Es ist meines Erachtens ein Verdienst von Weizsäckers, diese Probleme in der sogenannten *Baseler Erklärung* 1989 nicht nur wissenschaftlich formuliert, sondern auch mit Lösungsvorschlägen verbunden zu haben. Außerdem besitzt dieses, meiner Meinung nach, äußerst wichtige Dokument eine schöpfungstheologische und -ethische Dimension (vgl. EÖV).

Diese Sicht der Dinge und dieser Versuch interdisziplinärer Krisenbewältigung lassen die Schlußfolgerung zu: Mag wohl das Universum auf einen Wärmetod, der sich in einigen Jahrmillionen einstellen wird, unumkehrbar hinsteuern, so ist menschliche Wissenschaft und Technik imstande, den Energiezuwachs auf der Erde entweder zu steigern oder aber zu bremsen, ja konstruktiv zu nutzen. Einerseits gilt also der Satz von Weizsäckers: Es »läßt sich beweisen, daß die Welt ein unwiederholbarer Ablauf ist, der für jede Materienmenge auch nur eine endliche Menge von ... einmaligen Ereignissen enthält« (ebd., 35). So ist unser Universum »sterblich« in der Zeit. Andererseits bietet die Geschichte, für die der Mensch verantwortlich ist, noch ungeahnte Chancen der Selbstkorrektur und des Fortschritts, so daß Momente der *Vollendung* des Daseins angesichts des Endes tagtäglich möglich sind.

3.1.2. Davies: Das Ende als Gravitationskollaps

Davies unterscheidet sich von von Weizsäcker darin, daß er sich das Ende weniger als Wärmetod, sondern eher als Gravitationskollaps vorstellt. Außerdem hält Davies das Ende mithilfe eines gekonnten Einsatzes fortschrittlicher Technologie für aufschiebbar (vgl. Am Ende, 153). Er stellt das Bestehen des Kosmos und des Lebens in ihm als einen immer wieder gewonnenen Kampf gegen die Gravitation dar. Seine Schlußfolgerung lautet jedoch: »Am Ende gewinnt die Schwerkraft wieder die Oberhand und läßt das Objekt in sich selber zusammenstürzen« (ebd.).

Bis zu diesem endgültigen Zerfall aller Ordnung und allen Lebens kann das Ordnungsmaß gesteigert werden. Dabei erweist sich die Schwerkraft bald als eine konstruktive, bald als eine destruktive Gesetzmäßigkeit. Sie bewirkt in einem *expandierenden* Universum immer neue Strukturen, während sie in einem *kontrahierenden* Weltall die Strukturen kollabieren läßt.

Betrachten wir zunächst die *Aufbauphase.* Nach dem Urknall war eine Gasmenge in stark verdichtetem und erhitztem Zustand vorhanden. Verantwortlich dafür war eine Art Absolutherrschaft der Schwerkraft. Dieser Zustand der Urgase war für den Informationsaustausch und folglich auch für die Ordnungsbildung wenig förderlich. Erst durch die Verdünnung und die Abkühlung der Urmasse, die sich auszudehnen begann, wurden primitive Ordnungsgefüge möglich. Die Schwerkraft bremste diese Expansion, zugleich aber begann sie, Teile der im Urknall explodierten Materie zu gestalten. Dank der in diesen Massen wirkenden Gravitation formten sich diese zu in Wirbeln und Scheiben rotierenden Gebilden aus. Es entstanden Galaxien und darin Sterne, Sonnen und Planeten. Als informationsreiche Bestandteile des expandierenden Universums liefen sie außerdem dem fatalen Entropiezuwachs gleichsam weg. Evolution konnte in ihnen vor sich gehen.

Nun gibt es aber auch den umgekehrten Vorgang. Die Expansion nimmt ab, verlangsamt sich. Die Gravitation beginnt, die *Kontraktion* des Weltalls zu fördern, ein Zusammenschrumpfen der Massen, das hier und dort bereits heute zu Phänomenen des Kollapses führt. Gleichzeitig holt das fatale Gleichgewicht die Galaxien, die Sterne und die Planeten ein. So kommt es schließlich zum sogenannten Gravitationskollaps, d. h. zu einer Art wiederhergestellter Urdichte und Ordnungsarmut.

Davies macht geltend, daß sich solche Rückfälle in das Chaos des Anfangs bereits im gegenwärtigen Weltall feststellen lassen. Er meint das Phänomen des *Sternsterbens.* Eine Art des Sternkollapses besteht darin, daß sich die Kräfteverhältnisse, d. h. die »fruchtbare Spannung« zwischen den Gasen und den harten Stoffteilen radikal verändert. Die Gravitation beginnt »destruktiv« zu wirken. Das Objekt sinkt unaufhaltsam in sich zusammen. Durch eine solche Veränderung des *Raumes* verändert sich auch die *Zeit* des betroffenen Sternes, da ja die Zeit immer raumrelativ ist. Der Zeitablauf verlangsamt sich in demselben Maße, wie der Raum zusammenschrumpft. Die Frequenz der Sternstrahlung nimmt ab. Die vom Stern ausgestrahlten Lichtsignale verlassen das Spektrum jenseits des roten Endes, bis sie nicht mehr sichtbar sind (vgl. ebd., 159). So entsteht ein sogenanntes »schwarzes Loch«. In einem schwarzen Loch, wovon es möglicherweise schon heute etliche in unserer Milch-

straße gibt, ist – sagt Davies bildhaft – die »Schwerkraftfalle« zuge-
schnappt. Das Ergebnis? Der Stern ist unsichtbar geworden. Sein
Raum-Zeit-Kontinuum ist auf den Nullpunkt gesunken. Materie,
wie sie uns bekannt ist, hat aufgehört zu existieren. Nur noch einige
»Energiereste« bleiben übrig. Aber diese Energie liegt mangels Infor-
mationsaustauschs ordnungslos brach (vgl. ebd., 154).

Neben diesem Szenario der schwarzen Löcher kennt die Kosmologie noch andere, so z. B. die Entstehung von »roten Riesen«. Jeder
Stern besitzt einen Heliumkern, der durch Verbrennung von Was-
serstoff produziert wird. Die Gravitation kann unter bestimmten
Umständen ein Zusammenziehen dieses Heliumkerns bewirken. Dadurch steigt die Temperatur an, und die Zone der Wasserstoffver-
brennung verlagert sich langsam nach außen. Die äußeren Schichten
können dem Druck des heißen Gases nicht mehr standhalten. Der
Stern bläht sich auf, wird riesig und immer heißer. Was würde geschehen, wenn unsere Sonne zu einem »roten Riesen« umgewandelt
würde? Sie würde ihre Planeten stark beschädigen. Zunächst jene, die
auf der ihr nächstliegenden Bahn kreisen. So wird möglicherweise
unsere Erde in einigen Milliarden Jahren enorm überhitzt werden.
Die Ozeane werden dann zu kochen beginnen. Alles Leben wird unmöglich sein, der Erdball selbst eingeäschert werden.

An diesem Punkt kommt Davies auf die Möglichkeit zu sprechen, daß die Menschheit auch unter solch erschwerten Bedingungen
überlebt. Genauer spricht er von einer »Technik des Überlebens«.
Diese soll darin bestehen, daß der Mensch dem Informations- und
Ordnungskollaps, der ihm in allen apokalyptischen Szenarien droht,
mit einem Mehraufwand an Information entgegenwirkt. Das kann
durch Optimierung der »künstlichen Intelligenz«, durch den Einsatz
von Supercomputern, gewährleistet werden. In solche Geräte könnte
sogar – meint Davies – ein echtes Gefühlsleben hineinprogrammiert
werden (vgl. ebd., 182). Mit Hilfe solcher nach dem Bilde des vollendeten, perfekten Menschen gebauten Maschinen vermöchte die
Erdbevölkerung zunächst andere, der Sonne ferner liegende Planeten
zu kolonisieren (vgl. ebd., 174). Die Weltraum-Kolonisten wären
freilich nicht mehr gezwungen, die nötige Energie von der Erde zu
importieren. Sie könnten z. B. jene Energiequellen anzapfen, die in
den »schwarzen Löchern« noch schlummern.

Damit all das gut funktioniert, müßte auch eine *neuartige
Menschheit* erzeugt werden. Höherwertige, intelligentere Generationen müßten unter Einsatz einer perfektionierten Gentechnologie

gezüchtet werden. »Gehirne nach Maß« wären in der Lage, das Überleben auf anderen Planeten in erhöhtem Maß human zu gestalten (vgl. GmPh, 268). Eines würde aber auch für diese neue Menschengattung nicht machbar sein: Das Ende vollständig und für immer zu verhindern (vgl. ebd., 275). Das könnte – so Davies – nur ein »übernatürlicher Gott« leisten (ebd.).

3.1.3. Tipler: Physik der Unsterblichkeit

Der amerikanische Physiker Frank J. Tipler legt ein Weltende-modell vor, das eigentlich zum Optimismus Anlaß geben dürfte. Nach Tipler kann das Ende der vom Menschen initiierten Kultur vermieden werden. Außerdem besteht die Möglichkeit, daß es, auch wenn die Erde zerstört wird, für die Erdbevölkerung andere Orte des Überlebens, ja des faktisch endlosen Fortschritts, anders gesagt, der Unsterblichkeit, gibt.

Ein Grundpfeiler dieser Theorie liegt in einer Form des Pantheismus. Der Physiker hat wiederum keine Bedenken, Kompetenzgrenzen zu überschreiten, indem er erklärt: »Das Universum ist ... die Gesamtheit alles Existierenden ... Daher ist, falls Gott existiert, Er/Sie ... entweder das Universum oder ein Teil davon« (PhU, 26). Von hier aus argumentiert Tipler weiter: Da das Universum im Werden begriffen ist, so ist auch Gott ein *Werdender.* Daher existiert er »vor allem am Ende der Zeit« (ebd., 28). Deshalb deutet man seine im Wesentlichen futurische Beschaffenheit mit dem Namen »Omega-punkt« angemessen an. In diesem Omegapunkt vollzieht sich »die Vervollständigung aller endlichen Existenz« (ebd., 37). Das so vorgestellte Göttliche ist zwar unserer Welt durchaus immanent, ragt aber über den Untergang der Welt hinaus. Es kann dieses unsterblich machen, wie es schon sich selbst beim Urknall aus dem Nichts unsterblich erschaffen hat. Tipler nimmt also eine Selbsterschaffung des Göttlichen an.

Wie ist aber der Mensch einzuordnen? Er ist das Ebenbild des superintelligenten Omegapunktes. Des Denkens, des Rechnens, des Planens und des Simulierens fähig, zeigt sich sein *Gehirn* als eine perfekte Maschine, die sich selbst stets weiter zu perfektionieren vermag. Der Mensch ist dank seines Gehirns eine nicht nur intelligente, sondern auch freie und fühlende Maschine, die sich zudem als solche *reproduzieren* kann.

Die Supercomputer einer künftigen Generation reproduzieren

schon in gewisser Hinsicht das menschliche Gehirn. Mit Recht nenne man sie »künstliche Intelligenz«. Sie würden aber einmal ihrem Konstrukteur »in jeder Hinsicht überlegen« sein (ebd., 72). Wenn sie vielleicht einmal fähig sein werden, sich selbst zu reproduzieren, werden sie dem Durchschnittsmenschen nicht nur kognitiv, sondern auch ethisch überlegene Nachkommen zeugen, die dann u. U. auch ewig leben werden.

Wie sterbliche Wesen unsterblich gemacht werden können, versucht Tipler mithilfe von Erkenntnissen der heutigen *Chaosforschung* zu verdeutlichen. Bekanntlich erfährt unser Universum in allen seinen Bereichen Momente des Ordnungsabbaus, der Instabilität, der Turbulenz, der Fluktuation, d. h. chaotische Momente. Diese führen das von ihnen betroffene dynamische und deterministische System immer wieder an die Schwelle von Veränderungsmöglichkeiten. Sie führen es, bildhaft gesprochen, zu Verzweigungen, Bifurkationen, Scheidewegen. Hier werden neue Ordnungsmöglichkeiten erprobt, getestet, und eine davon wird im Gefolge des Selektionsgesetzes ausgewählt und verwirklicht.

Nun besitzen der Mensch und die ihm analoge künstliche Intelligenz die Macht, das Chaos selbst »dorthin zu bringen«, wo sie es haben wollen. Der dazu notwendige Energieaufwand ist wahrscheinlich gering. Und das ist gut so, weil die Energievorräte eines kollabierenden Kosmos immer weniger nutzbar sind. Glücklicherweise sind die »Kollabierungsgeschwindigkeiten« an den verschiedenen Stellen des Systems unterschiedlich. Ihre Unterschiedlichkeit ruft fruchtbare Spannungen zwischen den einzelnen Orten hervor, was freilich neue Energie erzeugt. Weil der Energiebestand zwischen hier und dort nicht mit der gleichen Geschwindigkeit sinkt, kann der Gesamtvorrat im System gesteigert werden. *So lassen sich Kräfte des Weiterlebens dem Sterbeprozeß selbst entnehmen.* Tipler schreibt: Berechnungen zeigen, »daß Leben genügend Energie erhalten kann, wenn es das Chaos in den richtungsabhängigen Kollabierungsgeschwindigkeiten nutzt. Daher muß ... Leben das Universum zwingen, sich in diese unwahrscheinliche Richtung zu bewegen« (ebd., 96).

Freilich können die Menschen und ihre Supercomputer diese Umstülpung des Zweiten Hauptsatzes der Thermodynamik, diese Umkehrung der Entropie, oder besser gesagt, diese Dienstbarmachung der Entropie nur von einem anderen Planeten aus in die Wege leiten. Die Erde müssen sie verlassen, bevor sie aufhört, bewohnbar zu sein.

Was die Erlangung und Sicherung der Unsterblichkeit selbst anbelangt, so erwartet sie Tipler von der Technik der *perfekten Simulation*, die er »Emulation« nennt. Indem ein Supercomputer Vorgänge der physikalischen Welt simuliert, ahmt er sie so realitätskonform wie nur möglich nach. Eine perfekte Simulation der Vorgänge, der Dinge oder gar der Personen kommt einer Verdoppelung gleich. (Eine Analogie dazu könnte vielleicht im Klonen von Individuen gesehen werden).

Nun garantiert der Omegapunkt der Welt mit ihrer Macht der Emulation, daß wir jenseits der Todesgrenze musterkonform reproduziert und vollendet werden. Ähnliches läßt er auch unsere weiteste und engste Umwelt erfahren. Das künftige Leben wird dem Muster des diesseitigen Lebens entsprechen, so daß wir tatsächlich von einer *Unsterblichmachung* des Sterblichen, auch der sterblichen Person, reden dürfen, oder gar biblisch von einer »Auferstehung des Fleisches«, d. h. des ganzen leiblich-seelisch-geistigen Menschen (vgl. ebd., 272–274. 286. 296). Daß der emulierte Mensch keine leibfreie Seele sein soll, zeigen Tiplers lyrische Beschreibungen der verewigten Sexualität (vgl. ebd., 257–314). Über den Standort des Bösen, des Übels oder der Sünde in dem gesamten Prozeß wird bei Tipler kaum etwas gesagt. Kommen wir nun zur theologischen Stellungnahme.

3.2. Theologisches zu den Themen: Weltende, Tod, Vollendung in Ewigkeit

Bereits religionsphänomenologisch läßt sich nachweisen, daß Menschen aller Kulturbereiche immer schon bei der Erfahrung des *individuellen Todes* angesetzt haben, um sich dann davon ausgehend auch ein entsprechendes Ende des Universums vorzustellen. Wie der Tod einer Person unvermeidbar ist und bereits mitten in ihrem Leben zu wirken beginnt (man denke nur an das Altern), so muß auch das Universum vergänglich sein.

Die Religionen akzeptieren zwar dieses unvermeidliche Faktum, entwerfen aber zugleich Modelle, wie das Totsein doch in eine Phase der *Lebenserneuerung* überführt werden könnte. Ich nenne nur folgende Modelle: Ewige Wiederkehr des Gleichen in verschiedenen Mythen, Unsterblichkeit der Seele nach ihrer »Befreiung« vom Leibe bei Plato, Reinkarnation im Hinduismus und im Buddhismus, Auferstehung der identischen Person in einer über Raum und Zeit erhabenen Sphäre des ewigen Lebens, so im Christentum.

Die große Frage, oder besser das große Geheimnis, liegt darin, inwieweit die jenseits des individuellen und des kosmischen Todes liegende Wirklichkeit mit der diesseitigen in *Kontinuität* steht oder nicht.

Was die Geschichte des Christentums anbelangt, so ist die *apokalyptische* Weltanschauung, die zur Zeit Jesu von Nazareth verbreitet war, nicht belanglos. Die Apokalyptiker leugneten jegliche ernstzunehmende Kontinuität zwischen dieser Welt und der kommenden, neuen Welt. Sie leugneten sie aufgrund der *Macht des Bösen*, welches die laufende Geschichte total verdorben habe. Deswegen wolle Gott diese Welt sehr bald beenden und von Grund auf zerstören, ja vernichten. Die neue Welt solle eine neue Schöpfung sein. In ihr werde die Gottesherrschaft nach der Vernichtung des Bösen ihre Vollendung erfahren.

Es fällt nun auf, daß die apokalyptischen Szenarien zur Zeit Jesu, in materieller Hinsicht, heutigen naturwissenschaftlichen Ende-Modellen ziemlich nahe kommen. Ich nenne nur das Motiv vom »Weltenbrand«. Der zweite Petrusbrief reproduziert diese Erwartung mit folgenden Worten (10–13): »Der Tag des Herrn wird aber kommen … Dann wird der Himmel prasselnd vergehen, die Elemente werden verbrannt und aufgelöst, die Erde und alles, was auf ihr ist, werden verschwinden … Dann erwarten wir … einen neuen Himmel und eine neue Erde, in denen die Gerechtigkeit wohnt«. Dieser radikale *Bruch* zwischen dem Diesseits und dem Jenseits hebt, wie wir sehen, den im Wesentlichen materiegebundenen Zug der neuen Welt nicht auf. Dazu werden erst die Anhänger einer späteren religiösen Gruppe, die der »Gnostiker« neigen. Ihnen zufolge entstand der Kosmos aus einer Katastrophe und muß ebenfalls durch eine Katastrophe beendet werden. Was dann kommen soll, hat aber einen völlig *vergeistigten* Charakter. Christliche Theologie reagiert hier nicht spiritualistisch, sie ist vielmehr auf die angestrebte Ganzheit des Menschen in Leib, Seele und Geist bedacht. Eine Verteufelung der vergänglichen Welt kommt für sie nicht in Frage.

3.2.1. Weltende

Wie verhält sich aber insgesamt der christliche Glaube zum Thema »Weltende?« Er integriert es mit großer Selbstverständlichkeit
als *Faktum*. Die Welt ist genauso vergänglich wie der einzelne
Mensch. Allerdings zeigt sich schon Jesus den verschiedenen Szenarien der Apokalyptik gegenüber eher kritisch. Zwar benutzt er gelegentlich das eine oder das andere davon (vgl. Mk 13), doch weigert er
sich dabei, z. B. räumliche oder zeitliche, geschweige denn physikalische Präzisierungen vorzunehmen. Niemand kann wissen, *wann* genau das Ende kommt; sicher ist nur, *daß* es kommt und daß es zeitlich
nahe ist. Es kommt aber vor allen Dingen darauf an, daß die restliche
Zeit zu gottgefälligen Handlungen genutzt wird.

Analog dazu dürfte wohl gesagt werden, daß die *naturwissenschaftlichen Ende-Modelle*, Wärmetod und Gravitationskollaps,
theologisch die Bedeutung einer solchen Mahnung haben können.
Was Davies und besonders Tipler bezüglich des menschlichen Strebens nach Unsterblichkeit und den Möglichkeiten zu deren Verwirklichung andeuten, so gibt es dazu christliche Parallelen, wenn auch
nicht der pantheistische Zug des letzteren und auch nicht die Annahme, Unsterblichkeit sei irgendwie machbar.

Gewiß holt Tipler ein Stück christlicher Glaubenslehre implizit
ein, wenn er nicht nur ein Weiterleben über den Tod hinaus, sondern
auch ein neues Leben in leib-seelisch-geistiger Ganzheit postuliert.
Doch gerade diese Auferstehungswirklichkeit betrachtet die Theologie als *reine Gottesgabe* jenseits jeder Automatik oder Machbarkeit.

Damit wir den Kern des christlichen Verständnisses vom Ende
noch besser erfassen können, müssen wir uns die biblisch zugrun-
deliegende Auffassung vom Tode kurz vergegenwärtigen.

3.2.2. Zum christlichen Todesverständnis

Wie schon erwähnt, setzen die Religionen eher anthropologisch
als kosmologisch an, wenn es darum geht, vom endenden Leben zu
reden. Auch die Bibel stellt unsere Erfahrung in den Vordergrund,
daß der Vorgang des Ablebens durch einen komplexen Prozeß des
Sterbens gleichsam vorweggenommen und vorbereitet wird. »Jeden
Tag sterben wir«, sagte der mittelalterliche Gläubige.

Dieses Bewußtsein von einem Sterben, das im Tod vollendet
wird, scheint mir im Rahmen einer Theologie der Natur mit dem

Entropie-Prozeß analogisierbar zu sein. Ja man dürfte wohl behaupten, der Sterbeprozeß bestehe in einer bestimmten Weise in Entropiezunahme. Diese Ansicht scheint mir nicht abwegig zu sein, wenn auch das, was in der Folge unseres biologischen Todes vor sich geht, eher Energie-Umwandlung als totaler Stillstand des Energieflusses ist.

Den *Übergang* des Sterbenden in den Todeszustand qualifiziert der Glaube, anders als der Platonismus oder der Buddhismus, nicht von vornherein positiv, etwa als Befreiung der Seele oder des wahren Selbst von der irdischen Gefangenschaft. Christlicher Glaube sieht auch die *dramatischen* und *schrecklichen* Momente des Ablebens. Todesangst ist legitim, das Bekämpfen der Vorboten des Todes ist Pflicht der Nächstenliebe und der gesunden Liebe zum Selbst. Denn Leben gilt als heilig, und zwar nicht erst in der Form des ewigen Lebens. Das Zeitliche ist dazu bestimmt, einst einer ewigen Fülle immer neuer Möglichkeiten teilhaftig zu werden. Doch verschleiert der positive Ausblick die Negativität des Todes nicht. Paulus nennt ihn sogar den »endzeitlichen Feind« (1 Kor 15, 26).

Das Sterben und der Tod des Menschen erhalten dann ihre *Analoga* in denjenigen des *Kosmos*. Auch sie werden in ihrer Negativität erfaßt, auch ihnen gebührt eine Kampfansage. Entscheidend ist aber, daß die Zeit, die bis zum Eintreten des planetarischen und kosmischen Todes übrig bleibt, sinnvoll genutzt und wertvoll gefüllt wird.

Wir haben feststellen können, mit welchem Nachdruck Davies und Tipler die Möglichkeit und die Wünschbarkeit einer Fortsetzung des menschlichen und sonstigen Lebens über die Todesgrenze hinaus vertreten. Davies zieht die Möglichkeit in Erwägung, daß der Geist den »Tod des Gehirns« überlebt (GmPh, 120), und das der Kern einer Person auch »losgelöst« von »leiblichen Verknüpfungen« weiter existieren kann. Er zögert nicht, dies mit einer »Software« zu vergleichen, die das Verschwinden der alten »Hardware« überleben und eine Auferstehung in neuer »Hardware« erfahren kann (vgl. ebd., 131). Tipler plädiert seinerseits für eine physikalisch und technisch »zu bewerkstelligende« Unsterblichkeit des prämortalen »Musters« einer Person. Künstliche Intelligenz soll auch zu diesem Zweck eingesetzt werden.

Theologisch läßt sich über ein solches Modell reden, um so mehr, als es bereits mehr oder weniger eindeutig mit theologischen Analogien arbeitet. Entscheidend für die christliche Lehre ist aber, was Paulus in 1 Kor 15, 53 mit Nachdruck behauptet: »*Dieses* Vergängliche muß sich mit Unvergänglichkeit bekleiden, und *dieses* Sterbliche mit Unsterblichkeit.« Das Wort »dieses« bringt die Identität des Subjekts zwischen hüben und drüben zum Ausdruck, anders gesagt, die Beständigkeit, die Kontinuität eines lebendigen Selbst.

Nun dehnt das Neue Testament diese Sichtweise des Menschen im übertragenen Sinn auch auf den Kosmos aus. Nach Röm 8, 22 liegt die »gesamte (außermenschliche) Schöpfung« in »Geburtswehen« und hofft auf eine neue Geburt, nach der sie von den Kräften der »Vergänglichkeit« und der »Sklaverei« (V. 20 f.) frei sein soll. In eine ähnliche Bedeutungsrichtung weist der biblische Topos von der Erschaffung eines neuen Himmels und einer neuen Erde, d. h. eines neuen Weltalls jenseits des Weltendes (Offb 21, 1).

In einem gesonderten Kapitel über Sterben, Tod und Ewigkeit wollen wir diese Gedanken später vertiefen. Hier soll noch abschließend der Vollendungsgedanke angesprochen werden.

3.2.3. Vollendung?

Die Katastrophen-Szenarien der Naturwissenschaft, ähnlich wie die religiöse Apokalyptik, legen die Plausibilität einer unvollendeten Welt-Symphonie nahe. Die bekannte Hypothese von einem »pulsierenden Universum« nimmt an, daß immer neue Universen entstehen werden, nachdem das gegenwärtige vollständig kollabiert und seine Raum-Zeit-Struktur verlorengegangen sein wird. Nach dieser Hypothese folgen immer neue Universen in quasi mechanischer Weise aufeinander. Keines der sukzessiv entstehenden Universen dürfte privilegiert sein. Was jedes von ihnen an Eigentümlichkeiten beinhaltet, fällt nicht ins Gewicht.

Ganz anders geht die christliche Geschichtstheologie von der Unaustauschbarkeit, ja der Einmaligkeit, unseres Universums aus. Dementsprechend beinhaltet diese Theologie auch den Glauben an die Vollendbarkeit und die Vollendungswürdigkeit des gegenwärtigen Kosmos. Allerdings geht es ihr um eine verheißene Vollendung und keineswegs um ein unentrinnbares, automatisches Geschehen. Ob der Mensch und sein Universum vollendet, optimal entfaltet werden oder aber die Endzeit verfehlen, hängt vom *Verhalten* des gegenwärtigen und zukünftigen Menschenkollektivs ab. Kurzum, die christliche Botschaft macht den Menschen, nicht zuletzt den wissenschaftlich und technisch hochentwickelten und des ambivalenten Fortschritts mächtigen Menschen, *verantwortlich*, oder zumindest mitverantwortlich, für den Ausgang seiner Geschichte. Der Mensch hat die Wahl, die noch übriggebliebenen Jahrhunderte oder Jahrmillionen konstruktiv oder destruktiv, ethisch verantwortlich oder unverantwortlich auszufüllen. Von seinem Verhalten hängt zu einem guten Teil ebenfalls die Qualität jener Existenz ab, die jenseits der Todes- bzw. Endgrenze entstehen soll. Diesem Bewußtsein entspricht das theologische Thema des Weltgerichtes (vgl. Mt 25, 31–46), das, wohl verstanden, einem *Selbstgericht* der Menschen über sich gleichkommt.

Soviel zur theologischen Betrachtung des Weltendes. Sie integriert, materiell gesehen, vieles von den naturwissenschaftlichen Modellen, geht aber in der formalen Auslegung über sie hinaus.

4. Zufall und Notwendigkeit

4.1. Naturwissenschaftliches Verständnis

Für dieses Thema empfiehlt es sich zunächst, Jacques Monods Gedanken als Grundlage zu wählen, schon wegen des großen Aufsehens, das sein Buch *Zufall und Notwendigkeit* auch in Deutschland erregt hat. Die deutsche Übersetzung von *Le hasard et la nécessité* ist 1982 bereits in der fünften Auflage erschienen. Ergänzen möchte ich Monods Ausführungen um die kritische Zustimmung Manfred Eigens, der schließlich seinerseits von Erich Jantsch Kritik erfahren hat.

Im Wesentlichen ging es in dieser Debatte um die Entstehung des Lebens und der Menschengattung im Laufe der Evolution. In der theologischen Stellungnahme werde ich zunächst die philosophische Problematik des Begriffspaares »Zufall und Notwendigkeit« erörtern und erst dann das eigentlich Theologische einbringen.

4.1.1 Zufall und Notwendigkeit bei der Entstehung des Lebens und des Menschen

Jacques Monod war Molekularbiologe. Seine Forschungen liefen ganz gewiß im Fahrwasser Darwins, nur ging er die Evolutionsproblematik von der Untersuchung der mikroskopischen DNA-Strukturen her an und nicht, wie Darwin, von der Beobachtung der Tierarten. Dabei arbeitete er zwangsläufig mit Hypothesen und Postulaten, denn die beiden behandelten Entstehungsereignisse entziehen sich per definitionem jeder direkten Nachprüfung.

Recht überzeugend postuliert Monod zunächst, daß der materielle Kosmos vor dem ersten Auftauchen von *Lebewesen* keine günstigen Voraussetzungen für diesen Vorgang mitgebracht haben dürfte, keine Gegebenheiten, aus denen sich das Leben mit Notwendigkeit hätte ableiten können. Alles spricht dafür, daß das Leben völlig überraschend, kontingent und zufällig seinen Ursprung nahm. Monod kennzeichnet diesen Vorgang mit dem französischen Wort

»gratuité« bzw. »gratuit«, das auch »umsonst«, »freiwillig«, »unentgeldlich«, »beliebig«, »gnadenhaft« oder das, was völlig zwanglos geschenkt wird, besagen kann.

Es stellt sich aber sofort die Frage, in welchem genauen Sinn Monod von Zufall sprechen will. Er führt diesbezüglich eine interessante Unterscheidung ein, wobei Zufall von Zufall begrifflich sauber abgesetzt wird. Einerseits gibt es den rein *mechanischen*, technischen und punktuellen Zufall wie z. B. beim Roulettespiel. Er beruht auf der »praktischen Unmöglichkeit, den Wurf ... der Kugel mit hinreichender Genauigkeit zu lenken« (ZN, 107). Aus diesem Grunde gilt das Roulette als Hasardspiel, als Glücksspiel. Die Unberechenbarkeit der Roulettekugeln ist jedoch nicht in der Natur ihrer Bewegungen begründet. Sie ist einfach auf die *Unkenntnis* der Bewegungsgesetze, mehr noch auf das menschliche Unvermögen, sie exakt zu berechnen, zurückzuführen. Dieser Zufall hat nach Monod nichts »Wesensmäßiges«. Deshalb kann er für die Beschreibung der evolutionären Mutationen, die zum Leben führten, nicht herangezogen werden.

Welcher Begriff kommt dann dafür in Frage? Einer, der auf reale, den Dingen selbst innewohnende Ursachen und Ursachenketten zurückzuführen ist. Er ist insofern wesensmäßig und bewirkt Wesentliches. Er besteht in einer *absoluten Koinzidenz* von sehr verschiedenen, voneinander zunächst einmal unabhängigen Ursachen. Nichts läßt sie mit Notwendigkeit interagieren. Nichts spricht von vornherein dafür, daß diese Ursachen sich begegnen, aufeinandertreffen und etwas Gemeinsames bewirken (vgl. ebd.). Hier zögert der Agnostiker Monod nicht, die theologische Analogie des »Wunders« einzuflechten. Wie ein Wunder für die Religion keine zwingende Ursache hat, so stellt auch der Zufall der ersten Lebewesen einen Fall totaler Indeterminiertheit dar. Im Hintergrund steht wahrscheinlich die entsprechende Erkenntnis der Quantenmechanik, die zur Relativierung der Kausalität führt.

Gemäß dieses zweiten, als »wesensmäßig« bezeichneten Zufallsbegriffs erklärt Monod bildhaft, daß die Entstehung des Lebens wie auch des Menschen, sich einem »blinden Selektionsspiel« (ebd., 124; vgl. 36) der molekularen Evolution verdankt. Das Leben entstand, aber weder das Leben noch der Mensch *mußten* entstehen. Kritisch können wir vermerken, daß Monod durch den reichlichen Gebrauch von Bildern wie »Glücksspiel« (ebd., 129), »Lotterie« (ebd., 112. 124) den Vorzug seiner sorgfältigen Begriffsunterscheidung weitgehend verspielt. Auf jeden Fall leistet er damit Mißverständnissen Vorschub.

Andererseits liegt ihm nichts ferner, als eine totale Ungebundenheit des leben- und menschenschaffenden Zufalls zu behaupten. Jener Zufall, den er wirklich meint, ist ein gezähmter Glücksfall. Dieser Zufall wird – so schreibt er – gleich nach der großen Mutation durch einen »Invarianzmechanismus eingefangen, konserviert und reproduziert und so in Ordnung, Regel, Notwendigkeit verwandelt« (ebd., 95). Anders gesagt: Das Überraschende, das Einmalige, das Unableitbare, das gar nicht zum Dasein Vorherbestimmte wird darin integriert, was normal, voraussehbar, mit Notwendigkeit und Gesetzmäßigkeit vor sich geht. Freilich verändert das auf diese Weise Integrierte den Lauf der integrierenden Prozesse radikal. Eine Welt mit Leben und mit Menschen ist eine völlig andere Welt als eine leb- und menschenlose. Dadurch, daß diese Zufallsprodukte von Invarianzmechanismen, d. h. von fortbeständigen Vorgängen, eingefangen werden, beginnt eine Geschichte der Korrelation und der Komplementarität zwischen den beiden Prinzipien Zufall *und* Notwendigkeit.

4.1.2. Ergänzung der Theorie J. Monods durch M. Eigen

Mit Recht sagt M. Eigen, daß sein französischer Kollege eigentlich Darwins Werk konsequent weitergeführt und im Bereich der Molekularbiologie zur Geltung gebracht hat. In der Tat hatte bereits Darwins Theorie der Zufallsmutationen das Reich der Notwendigkeit und des Determinismus erschüttert. Monod hat dies noch verstärkt.

Nun will Eigen, bei aller Zustimmung zu Monod, hervorheben, daß weder das Erscheinen des ersten Lebewesens, noch des ersten Menschen auf den Zufall *allein* zurückgeführt werden kann. Neben dem Zufall haben dazu höchstwahrscheinlich ganz bestimmte selektive Vorgänge beigetragen. Diese haben viele Mutationsmöglichkeiten im molekularen Bereich ausgeschieden, gleichsam »ausgesiebt«, um *nur einer* davon freien Lauf zu lassen. Eigen stellt fest: »Die zufällige Mutation ist einem Ausleseprozeß unterworfen, und dieser trifft keineswegs eine ›willkürliche‹ Entscheidung. Der Selektion liegt vielmehr ein physikalisch klar formulierbares Bewertungsprinzip zugrunde« (Vorwort zur ZN, 13).

Durch die Hervorhebung dieses eindeutigen Bewertungsprin-

83

zips, das den Selektionsvorgang *einsichtig* macht und regelt, unterscheidet sich Eigen von Monod, der, mehr oder weniger betont, von einem »*blinden* Selektionsspiel« spricht.

Eigen geht aber noch weiter. Für ihn ist das Selektionsgeschehen geradezu die Konkretisierung der Notwendigkeit angesichts des Zufalls. Er schreibt: »So sehr die individuelle Form« der ersten Lebewesen »ihren Ursprung dem Zufall verdankt, so sehr ist der Prozeß der Auslese und Evolution unabwendbare Notwendigkeit« (ebd., 15).

Man hat wohl den Eindruck, daß es bei Eigen einen der Monodschen Position entgegengesetzten Pendelschlag gibt. Die Korrelation zwischen Zufall und Notwendigkeit wird zwar festgehalten, aber darin der Einfluß der Notwendigkeit herausgehoben. Das sehe ich auch durch die von Eigen aufgestellte These bestätigt: »Naturgesetze *steuern* den Zufall«. Das heißt, die Evolution zum Leben hat gewiß den Charakter eines Spiels, aber dieses wird nicht ohne Regeln gespielt. Genau an dieser Stelle meldet der Biologe Erich Jantsch seine Kritik an mit der Frage: Wird man der wahren Dynamik des Lebens gerecht, wenn man meint, »daß sich zufällige Prozesse in einem Netz streng vorgegebener ›Spielregeln‹ fangen lassen?« (Jantsch, 33).

Ich persönlich habe nicht den Eindruck, daß Eigen durch die Hintertür irgendeinen Determinismus wieder einschmuggeln möchte. Denn er schreibt den Mutationssprung vom Unbelebten zum Leben nach wie vor dem – wie er sagt – *schöpferischen* Zufall zu (vgl. Das Spiel, 222). Er verdeutlicht diese seine Meinung mit dem Beispiel der amerikanischen Biochemiker H. C. Urey und S. L. Miller, die einige der wichtigsten Biomoleküle, die wahrscheinlich zum chemischen Aufbau des ersten Lebewesens beitrugen, im Labor künstlich herstellen konnten. Ihre Forschungsergebnisse beurteilt Eigen wie folgt: Es werde in der Zukunft möglich sein, *jedes* Lebewesen aus seinem *natürlichen* Erbmaterial in irgendeiner Weise *künstlich* zu reproduzieren. Die Gentechnologie könne es schaffen. Dennoch werde es der Wissenschaft nie gelingen, *alle* Eigenschaften eines natürlich entstandenen Lebewesens künstlich zu reproduzieren (vgl. ebd., 206). Die Differenz zwischen dem Laborerzeugnis und dem natürlich entstandenen ersten Lebewesen liegt – nach Eigen – darin, daß ersterem »ein wesentliches Charakteristikum fehlt: der ›schöpferische‹ Zufall« (ebd., 222). Im Labor kann man nur deterministisch vorgehen: »Alles folgt strikt kausal aus den Anfangsbedingungen« (ebd.). Der Zufall ist hier einfach nicht vorgesehen. Insbesondere nicht jener einmalige Zufall, der einst zum Erzeugen des ersten Lebewesens oder des ersten

Menschen maßgeblich beigetragen hat, und der dabei sehr verschiedene Ursachenketten zu einer singulären Koinzidenz gebracht hat. Vielleicht können wir diese Theorie sogar auf die Urknall-Hypothese übertragen. Auch der Urknall war höchstwahrscheinlich ein zufälliges Ereignis. Ihm gingen wohl keine Naturgesetze voraus. Solche »gab es« ja noch nicht. Möglicherweise verdankte sich die Urexplosion der Urmaterie einer Koinzidenz von uns nicht bekannten Ursachen.

4.2. Notwendigkeit und Zufall in philosophischer und theologischer Sicht

Unser Thema hat bereits vor der Entstehung der empirischen Naturwissenschaften viele Philosophen beschäftigt. Ihre Gedanken sind teilweise von Theologen übernommen worden. Deswegen empfiehlt es sich, sie kurz darzulegen.

4.2.1. Notwendigkeit und Zufall in der Philosophie

An erster Stelle ist wohl *Aristoteles* zu nennen. Nach ihm ist das *Wesen* eines Dinges mit Notwendigkeit und gleichsam von innen her bestimmt. Das, wodurch ein Ding ist, was es ist, verdankt es keinem fremden, äußeren Faktor, der sein Wesen beliebig festlegt. Das Wesentliche ist dem Ding *immanent*. Was ihm nun von außen her zustößt oder zufällt, kann folglich nur unwesentlich sein. Es berührt das Ding oberflächlich, wie dies das lateinische Wort »contingere« bzw. »contingens« gut zum Ausdruck bringt. Das Kontingente, das Zufällige, verändert das Ding in seinem Inneren gar nicht.

Wie definiert Aristoteles aber den Zufall? Wir stellen, vielleicht erstaunt, fest: Seine Definition entspricht dem Monodschen Begriff von der »absoluten Koinzidenz«. Dem Philosophen zufolge stellt sich Zufall dort ein, wo es zu einem unvorhersehbaren Zusammenwirken mehrerer Ursachenketten kommt (vgl. Konrad, RGG³ 6, 1938). Dieses Zusammenspiel mag im Kosmos allerlei Unordnung stiften, das Wesen der Dinge vermag es jedoch mit Gewißheit nicht zu beeinflussen.

Im übrigen gibt Aristoteles dem Zufall den Status der *Gesetzlosigkeit*. Somit setzt er ihn von den großen Bewegungen der Natur, die ja durch Gesetze *determiniert* sind, nochmals ab. Im Grunde sei der Zufall auch in diesem Sinne eine zu vernachlässigende Größe. Vielleicht besitze er gar keine Wirklichkeit, sondern nur einen Schein davon.

Unter den Philosophen der Neuzeit folgten Spinoza, Hobbes und Hume diesem aristotelischen Ansatz, aber auch ein Naturwissenschaftler wie *Laplace,* dessen strenger Determinismus allgemein bekannt ist. Diese Denker meinten: Das, was zufällig geschieht, bezeichnet man nur deshalb als etwas Wirkliches, weil man seine Ursachen *noch nicht kennt.* Je mehr der Wissenschaftler von den Naturgesetzen entdeckt, um so weniger Zufälliges gibt es für ihn. Laplace nahm an, in der Zukunft werde der Mensch alle Gesetzmäßigkeiten erfassen und damit jeglichem Zufall-Schein den Boden entziehen. So werde man auch alles Künftige aus der Gegenwart exakt ableiten und voraussagen können.

Was lehrte nun *Kant,* dieser für das naturwissenschaftliche Denken so wichtige Philosoph? Er nannte die Natur »das Reich der Notwendigkeit« schlechthin. Die Natur sei jener »Zusammenhang der Erscheinungen«, der »nach notwendigen Regeln« zustande komme (vgl. KrV, B 263). Das ist aber nur eine Seite der Medaille. Die andere ist mit dem Menschen als einem Freiheitswesen gegeben. Muß denn der Mensch als *Freiheitswesen* vielleicht als die einzige Ausnahme von der allgemeinen Notwendigkeitsregel der Natur angesehen werden? Oder sind seine von jeder Nötigung unabhängigen Handlungen insgeheim doch determiniert? Wie kann er dann aber sittlich verantwortlich sein? Der Meinung guter Kant-Kenner zufolge vermochte der Philosoph sein Menschenbild mit seinem Naturverständnis an diesem Punkt nicht in Einklang zu bringen.

Nach dieser Skizze der Notwendigkeits-Philosophien will ich nun einen Blick auf die Gegenseite werfen, die dem Zufall eine reale Existenz und eine entscheidende Rolle in der Selbstentfaltung der Natur zugeschrieben hat.

Bereits unter den alten Griechen widersprach *Epikur* der aristotelischen These. Er kümmerte sich kaum noch um das innere Wesen der Dinge. Sein Interesse galt vielmehr der Entstehung der Atome und deren Entwicklung. Wie hat der materielle Kosmos seinen Anfang genommen? Nach Epikur geschah das so, daß einige Uratome von ihrer ursprünglich geraden Fallinie abgewichen sind. Sie haben mit ihrem allgemeinen Bewegungsgesetz gebrochen. Diesem atomaren »Seitensprung« ist aber nichts Geringeres als das Zustandekommen des Kosmos samt seinen Ordnungen zu verdanken (vgl. Kern, HPhG, 1030). So kann man sagen: Am Anfang war der Zufall. Interessanterweise war es im christlichen Mittelalter ein Theologe, der gewiß kein Epikuräer war, nämlich *Thomas von Aquin*, der den Zufall seinerseits rehabilitierte. Er setzte, anders als Epikur, bei der Unterscheidung zwischen Gott und den Geschöpfen an. Er lehrte, Gott allein sei notwendig da und könne folglich mit Notwendigkeit handeln, wenn er wolle. Oft handle er aber frei, nicht einmal von einem inneren Zwang getrieben. So habe er auch den Menschen und davor schon das Leben frei erschaffen. Was nun die menschliche Kreatur anbelangt, so sei sie *nicht notwendig* da, existiere nicht notwendigerweise. Sie könnte durchaus, genauso wie die übrigen Kreaturen, auch nicht existieren. Wenn Menschen da sind, so verdanken sie ihr Dasein allein dem göttlichen Schöpferwillen.

Doch sei zugleich der Mensch Ebenbild des Schöpfers. So könne er *in Freiheit* handeln, auch wenn er sonst in seinem Sein und Tun vielen Notwendigkeiten unterworfen sei. Freie Handlungen des Menschen trügen aber auch den Charakter des Kontingenten und des Zufälligen.

Die epochale Bedeutung des Thomas von Aquin liegt darin, daß er das Prinzip *Kontingenz* mit dem Prinzip *Freiheit* verknüpfte. Der Mensch befolgt beide Prinzipien. Er folgt dem Pfad der Notwendigkeit, wo immer er als materiegebundenes, biologisches Naturwesen oder aber als Gegenstand göttlicher Vorherbestimmung handelt. Und er bringt Kontingentes in seine Welt, indem er, unabhängig von jedem äußeren und inneren Zwang, seine ureigenen Entscheidungen verwirklicht.

Schaut man vom Ebenbild auf das Urbild zurück und wagt man eine Analogie, dann darf man nach Thomas sicherlich auch von Gott sagen, daß er immer wieder über gegebene, bestehende Notwendigkeiten hinausgreift. Das tut er um so leichter, als er, anders als der Mensch, keiner Notwendigkeit unterworfen ist, vielmehr solche in der Welt erzeugt, wie er will. Doch weicht er oft von den von ihm geschaffenen Gesetzen ab und läßt Kontingenz bzw. Zufall, den Thomas »casus« nennt, walten.

Mit Thomas sind wir an die Grenze zwischen Naturphilosophie und Theologie gelangt. Im Folgenden soll die moderne Theologie selbst befragt werden.

4.2.2. Notwendigkeit und Zufall in theologischer Sicht

Moderne Theologie macht gern darauf aufmerksam, daß bereits die Bibel ein Wort benutzt, das Epikur ebenfalls gebrauchte, um zufällige Ereignisse zu bezeichnen, nämlich das Wort »autómaton«. Dieses Wörtchen meint in der griechischen Version der Bibel Ereignisse, die von einer allgemeinen Regel abweichen, z. B. einen Feuerherd, der sich *von selbst* entzündet (Weish 17, 6), ein Tor, das sich von selbst öffnet (Apg 12, 10), die Erde, die Gott erschuf, damit sie »von selbst ihre Frucht« bringt (Mt 4, 28; vgl. Gen 1, 11).

Das sind alles Momente der fortgesetzten Schöpfung, kraft derer der Schöpfer kreatürlichen *Eigengesetzlichkeiten* freien Lauf gibt. Hierbei kommt es aber zu recht verschiedenen Fällen von Koinzidenz zwischen göttlichen und geschöpflichen Ursachenketten. Eine saubere Trennung zwischen ihnen hält die Theologie für unnötig. Die Denkfigur, daß Natur und Menschheit nach einem variablen Zusammenspiel von Notwendigkeit und Zufall funktionieren, scheint ihr, von den Glaubensquellen her, zulässig.

Gewiß hat die Theologie den Zufall lange Zeit eher mit Mißtrauen betrachtet. Denn oft wurde er als blinder Zufall, als Fatum, verstanden, als Unbestimmtheit, die Zielverlust und Willkür herbeiführt. Viel weniger hat man seine *positive* Funktion bedacht, z. B. als *Spiel-Raum* oder als »Feldfaktor des schöpferischen Selbst- und Anderswerdens«; so der Theologe Walter Kern (LThK² 10, 1409). Gewiß werden Materie, Leben und Mensch das, was sie sind, unter Rahmenbedingungen, die weitgehend gesetzmäßig und mit Notwendigkeit bestimmt und geordnet sind. Doch lassen diese Rahmenbedingungen ein *Feld* für Spontaneität, Improvisation, »Erfindung« und, was den Menschen anbelangt, für Kreativität bestehen. Dank des Spiel-Raumes dieser Felder kann es überhaupt nur zu Veränderungen kommen, wie sie bereits in den großen Mutationssprüngen zur Biosphäre und zur Hominisation vorgezeichnet sind.

Ich stimme Walter Kern gern zu, wenn er erklärt: »Auch und gerade der Christ braucht den Zufall nicht wegzudisputieren; er darf und muß ihn umfaßt sehen vom Vorsehungswillen Gottes« (ebd.).

Diese Nennung der Vorsehung im Kontext des Zufälligen erinnert uns freilich an die Evangelien, in denen das *Kommen Gottes* als ein von uns nicht vorhersehbares, überraschendes, bald erhofftes, bald befürchtetes Ereignis beschrieben wird. Ähnliches lehrt auch Thomas von Aquin, wenn er den Begriff *aktuelle Gnade* einbringt.

Diese besteht in einer Gabe, die dem Glaubenden, auch dem Nicht-Glaubenden, buchstäblich »zu-fällt«. Thomas sagt, sie sei »gratis«, d. h. unentgeltlich und unberechenbar gegeben, geschenkt. Solche »Gnadenzufälle« entscheiden nicht selten über völlig neue Möglichkeiten und Wege des religiösen und profanen Lebens. Ein Faradebeispiel wäre die »Konversion« oder eine wissenschaftliche Intuition.

Ein anderer moderner Theologe, Wolfhart Pannenberg, stellt seinerseits ähnliche Überlegungen in seiner Theologie der Geschichte an. Dabei verbindet er, in Anlehnung an C. F. von Weizsäcker, Natur- und Menschheitsgeschichte.

Für Pannenberg ist das Kontingente oder das Zufällige geradezu *konstitutiv* für jede Art von Geschichte. Geschichte entsteht dadurch, daß einer laufenden, vorliegenden, faßbaren, bekannten Ereignisreihe immer wieder etwas zufällt, das noch nicht da gewesen ist. Freilich ist Geschichte auch stets ein Stück Fortsetzung des bereits Gelaufenen und Laufenden. Also entwickelt sie sich bis zu einem gewissen Maß mit *Notwendigkeit*. Doch würde eine bloße Fortsetzung des Vergangenen den Namen Geschichte nicht verdienen. Dazu ist das Neue und das immer wieder Zu-fallende unerläßlich. Der Zufall kann also geschichtstheoretisch gesehen nicht als bloßer Schein abgetan werden (vgl. Kont u Ng, 37).

Diese Sicht der Dinge überträgt Pannenberg auch auf die *Erschaffung* der Welt selbst. Seiner Ansicht nach muß man hier philosophisch ansetzen und mit der Möglichkeit eines ungebrochenen *Nichts* rechnen. Denn Sein mußte ja nicht zwangsläufig entstehen! Hinsichtlich eines möglichen Nichtseins konstituiert das Sein der Welt eine *absolute Neuheit*. Sagen wir dasselbe mit zeitanalogen Begriffen: Wo »bisher« nichts anderes als nur Gott war, *wird* nun ein Universum. Das Entstehen des Universums kann von nichts Vorhandenem abgeleitet werden.

Wäre Gott das vorhandene Urding, so könnten wir denken, daß das Sein und das Universum aus ihm mit Notwendigkeit herausfließen, daß sie Gott gleichsam »entgleiten«. Nach biblischem Verständnis geschieht die Schöpfung anders. Sie verdankt sich einem *Wort*, und zwar einem Wort, das unterscheidet. Pannenberg sagt: »Gott unterscheidet die Welt von sich selbst, indem sein Handeln durch nichts Vorhandenes bedingt, also zufällig ist, zufällig auch im weiteren Fortgang des Geschehens im Verhältnis zum schon Bestehenden« (ebd., 63).

Pannenberg zögert also nicht, den Zufall in das göttliche Tun selbst hineinzutragen. Dadurch nimmt er Abschied von einer langen Tradition, die Gott vorab das *Gesetzmäßige*, das Unveränderbare, das Notwendige und das durch seine Allmacht Determinierte zuschreibt. Dieser alternative Gottesbegriff läßt Gott das Korrelationsspiel von Notwendigkeit und Zufall mitspielen.

Ebenfalls betont Pannenberg, daß die Schöpfung, insbesondere wie sie sich fortsetzt, kein Reich des *reinen* Zufalls ist. Dafür nimmt er als Beispiel die Naturgesetze. Gewiß wurden die meisten Naturgesetze an einem *kontingenten* Geschehen entdeckt. Man denke nur an Archimedes, an Galilei oder an Fleming, den Entdecker des Penizillins. Doch bedeutet die Zufälligkeit der Entdeckung der Naturgesetze keineswegs, daß sie von sich aus nicht mit Notwendigkeit wirken. Sie nehmen einen determinierenden Einfluß auf die Geschichte der Natur und der Menschheit, auch wenn sie immer wieder Raum für Instabilitäten, Turbulenzen und Chaos lassen.

Auf das schöpferische Wirken Gottes übertragen bedeutet das Folgendes: Gott *bindet sich* an die Naturgesetze, die er als eigenständige Größen der Naturwelt ermöglicht hat. Pannenberg schreibt: »Gott hat sich durch sein kontingentes Handeln an bestimmte Gesetze gebunden und wirkt in dem durch ihn gezogenen Rahmen« (ebd., 63). Das Neue tritt in einen gesetzlich geregelten Zusammenhang ein, »überformt« das Vorhandene, und wandelt es ab, aber zerstört es nie (vgl. ebd., 70).

Hier fällt mir ein Satz Jacques Monods ein, in dem er feststellt, der Zufall werde durch den Mechanismus der Invarianz »eingefangen, konserviert und reproduziert, und so in Ordnung, Regel, Notwendigkeit verwandelt« (ZN, 95). Also bleibt der schöpferische Zufall zumindest in seinen Wirkungen nicht blind und nicht ohne Ordnung.

5. Chaos und Ordnung

5.1. Zur Bedeutung der Chaos-Theorie

Wir gehen kaum fehl in der Annahme, daß die Beschäftigung mit der Chaostheorie zu einer der jüngsten und fruchtbarsten Forschungsrichtungen der Naturwissenschaften gehört. Gekennzeichnet ist sie nicht zuletzt durch ihre *Universalität*. Fragt man danach, wo heute das Phänomen »Chaos« erkundet wird, so lautet die Antwort: In der Physik, der Mathematik, der Chemie, der Thermodynamik, der Biologie, der Medizin, der Psychologie, der Soziologie, aber auch in den Betriebswissenschaften, den bildenden Künsten und der Musik. So sehr ist »Chaos« in aller Munde, so sehr ist es zu einer Modeerscheinung geworden, daß sein Mißbrauch sich ebenfalls rasch verbreitet. So hatte das Nachrichtenmagazin *Der Spiegel* meiner Meinung nach recht daran getan, im Herbst 1993 die Alarmglocke zu läuten. In einer bissig ironischen Serie sprach der Spiegel-Journalist Peter Brügge von »Ausbreitung und Mißbrauch einer neuen Welterklärung«, von »Mythos aus dem Computer« und von »Kult um das Chaos« und prangerte auch die »Vermarktung« eines Schlagwortes, »Schwärmerei« und »pseudo-religiöse Spekulationen« um das Chaos an (vgl. Der Spiegel 39–41, 1993).

Gewiß wäre es reizvoll, den Medienrummel um das Chaos einer psychoanalytischen Prüfung zu unterziehen, zumal dieses Stichwort *obskure* Bereiche des Unterbewußtseins mit anzusprechen scheint. Schon seine Bedeutung in der Umgangssprache mag in diese Richtung weisen: Durcheinander, Bruch mit dem Bestehenden, außer Kontrolle geratene Bewegungen, Anarchie, alles Dinge, die verunsichern und zugleich faszinieren.

Vom Gesichtspunkt der seriösen Naturwissenschaften muß darauf hingewiesen werden, daß ein so prominenter Vertreter der *modernen* Physik wie Werner Heisenberg die insgesamt negative Bewertung chaotischer Phänomene mit seiner eigenen Hochschätzung der Symmetrie, der Harmonie, der regulären Körper Platos und letztlich der »zentralen Ordnung« in Verbindung setzte. Obwohl seine Quantenmechanik der Funktion indeterminierter Vorgänge einen wichtigen Raum zuschreibt und obwohl die von Heisenberg hervorgehobene »Unschärferelation« zu einer erheblichen Relativierung der Beobachtungsexaktheit beiträgt, bleibt für ihn »Ordnung« die maßgebliche Größe. So erklärt er, die Wirksamkeit der zentralen Ordnung zeige sich u. a. darin, »daß wir das Geordnete als das Gute, das Verwirrte und Chaotische als schlecht empfinden« (TG, 252).

Kein Wunder also, daß sich die Chaostheorie zunächst nicht im Fahrwasser der modernen Physik, sondern der *klassischen Physik* entwickelte, also weniger im Hinblick auf den mikroskopischen, subatomaren Bereich, als im Hinblick auf den makroskopischen Bereich dynamischer Systeme, die unserer Sinneserfahrung zugänglich sind. Und auch in diesem Bereich spielen gerade die *deterministischen* Systeme eine vorrangige, chaosrelevante Rolle. Es läßt sich nachweisen, daß deterministische Systeme besonders chaosempfindlich sind, daß ausgerechnet das streng Geordnete immer wieder Unordnung erzeugt. Das legt der Ausdruck »deterministisches Chaos« nahe.

Nennen wir einige Beispiele. Das Verhalten eines Gases in einem Behälter, der Planeten um die Sonne, des Wassers in einem Bach ist grundsätzlich und weitgehend vorbestimmt. Dasselbe gilt für das Wetter, für elektrische Stromkreise, für den Blutkreislauf in einem Organismus und für elastische Körper. Das sind alles dynamische und deterministische Systeme, sofern sie durch mannigfaltige Ursache- und Wirkungsverhältnisse bestimmt sind. Diese Verhältnisse sind zumeist *linear*, d.h. gleichsam geradlinig und nicht unterbrochen.

Nun wird das Verhalten eines solchen Systems *chaotisch* in dem Moment, in dem es die ruhige, geordnete Bahn der linear wirkenden Ursachen teilweise oder ganz verläßt, um dem Impuls verschiedener Interaktionen und Rückkoppelungen zu folgen. Oft unter der Einwirkung eines fremden, benachbarten Systems erfahren diese Vorgänge Unterbrechungen, Sprünge und Verzweigungen. Sie werden *nichtlinear*. Insgesamt bleibt das so affizierte System deterministisch, doch nicht mehr so, daß die Beobachter dessen Verhalten langfristig und exakt voraussagen könnten. So läßt sich Chaos grob beschreiben. Eine Definition im strengen Sinne ist jedoch nicht möglich.

Das Chaos setzt im betroffenen System völlig neue *Anfangsbedingungen,* die zunächst nur geringfügige Änderungen mit sich bringen. Mit der Zeit lösen sie aber große Umwälzungen aus. Auf diese Weise *erneuert* sich das System weitgehend von innen her. Es wird neu geordnet dank des Chaos. Denn das Chaos löst nicht nur bestehende Strukturen und Mechanismen auf, es bringt sie nicht nur gleichsam durcheinander, sondern es entdeckt und testet in der kritischen Phase noch nie dagewesene Ordnungsmöglichkeiten. Eine davon wird selektiert und verwirklicht. Daß solche Vorgänge eine nicht geringe Bedeutung für die *Evolution* der Materie, der Lebewesen und des Geistes selbst besitzt, liegt auf der Hand. Die Chaostheorie wird heute immer mehr zum Bestandteil der Evolutionstheorie.

Nach einigen Jahren des Selbststudiums in diesem Bereich und im Gespräch mit einem bedeutenden Chaos-Forscher, Otto Rössler aus Tübingen, sowie mit einer Reihe von Physikern bin ich heute der Überzeugung, daß die wohlverstandene Chaostheorie auch für die Theologie, vor allem die Schöpfungstheologie, eine echte Herausforderung darstellt. Um dies darzulegen, möchte ich zunächst einige wichtige Etappen der naturwissenschaftlichen Theoriebildung umreißen. Dann sollen philosophische und theologische Analogien dazu eingebracht werden.

5.2. Zur Genese naturwissenschaftlicher Chaos-Theorien

An erster Stelle sollten wir uns zwei Vorläufer der Chaostheorien vergegenwärtigen: James Clark Maxwell und Henri Poincaré.

5.2.1. Maxwells »schwache Kausalität«

J. C. Maxwell (1831 – 1879) untersuchte das Verhalten von Gasmolekülen in einem Behälter, der Temperaturschwankungen ausgesetzt wurde. Diese Moleküle befinden sich in ununterbrochener und weitgehend ungeordneter Bewegung, so daß sie ständig aufeinander und gegen die Wände des Behälters prallen. Das Bild des Billardspiels liegt nahe, sofern die Bewegungen der Moleküle teilweise vom *Zufall* regiert werden – nur teilweise, nicht ausschließlich. Denn das, was zufällig geschieht, läßt die Bildung von *Bewegungsmustern* zu. Das heißt: Mitten im hektischen Hin- und Hertreiben der Gasmoleküle zeichnen sich Konturen einer im Werden begriffen Ordnung ab. Allerdings erlauben solche Muster nicht, daß die Vorgänge ganz exakt gemessen werden. Nur durchschnittliche, d. h. *statistische*

Meßwerte sind möglich. Daher ist das zukünftige Verhalten des gegebenen deterministischen Systems nur mit Wahrscheinlichkeit voraussagbar.

Beim Herbeiführen der Unordnung und des Zufalls im System
kommt *äußeren Faktoren* eine beträchtliche Rolle zu. Der Physiker
I. Stewart beschreibt den Vorgang recht plastisch: Der Beobachter ist
gerade dabei, das Bewegungsmuster der Gasmoleküle zu erforschen.
Da »kommt ein neues Molekül von außen hineingesaust, stürzt in
ihre nett organisierte Gruppe und macht das Muster kaputt«. Und
ehe der Beobachter das neue Muster ausfindig machen kann,
»kommt wieder ein neues Molekül daher« und noch eines, usw.
(Stewart, 59).

Egal ob nun der Unruhestifter von außen oder aber von innen
kommt, Maxwell hält die Tatsache fest: Es handelt sich um etwas
Geringfügiges, Kleines, Schwaches. Dieses winzige Etwas trägt aber
in einer derartigen Weise zur Veränderung der *Anfangsbedingungen*
bei, daß sich daraus langfristig eine sehr weitreichende Umwandlung
des Gesamtsystems ergibt. Eine solche – wie Otto Rössler sagt –
»sensitive Abhängigkeit« des Systems von jenen neuen Anfangsbedingungen nannte Maxwell »schwache Kausalität«. Damit meinte er:
Eine schwache Ursache zeitigt starke Wirkungen (vgl. Endophysik,
55).

Es darf wohl gesagt werden, daß dieser Satz ein neu entdecktes
Naturgesetz formuliert, ein Gesetz, das das deterministische Chaos,
also die Unordnung mitten in der Ordnung regelt. So entfällt das
Vorurteil, daß Unordnung ein Synonym für *Gesetzlosigkeit* sein
muß (vgl. Stewart, 60). Sicherlich beruht das Gesetz des Chaos nicht
auf punktuell exakten Messungen, vielmehr auf *statistischen* Durch-
schnittswerten für die Gesamtheit des beobachteten Systems. Nichts-
destoweniger liegt ein echtes Gesetz vor.

5.2.2. Poincarés Dreikörpersysteme

Der französische Mathematiker Henri Poincaré (1854 – 1912)
beschäftigte sich mit der Mechanik der Zwei-, Drei- und Mehrkörpersysteme im Bereich der Planeten. Ein System, das nur aus zwei
Körpern besteht, verdient nach Poincaré die Bezeichnung »abge-
schlossenes System«. Denn diese Körper üben *nur aufeinander*
Wechselwirkungen aus, sie bleiben gleichsam »unter sich« und sind
nach außen hin abgeschirmt. In den Augen des Mathematikers stel-

len solche Systeme Idealfälle der Messung und der Berechnung dar.
So läßt sich z. B. die Umdrehungsbahn eines Planeten um seine Sonne mit beliebiger Genauigkeit bestimmen. Kleinere Störungen können in die Rechnungen mit einbezogen und somit neutralisiert werden. In der Tat vermochten Astronomen auf diese Weise z. B.
Sonnenfinsternisse auf mehrere Jahrhunderte hinaus zuverlässig
vorherzusagen (vgl. PrCh, 80).

Ganz anders verhält es sich mit Drei- und *Mehrkörpersystemen*.
Diese lassen sich nicht mehr idealisieren und mit einem hohen Grad
an Exaktheit berechnen. Denn schon der dritte Körper wirkt sich als
ein ziemlich unberechenbarer Störfaktor aus. Bereits die »dritte
Stimme« redet gleichsam so dazwischen, daß ein monotones Frage-
und Antwortspiel zwischen den beiden anderen unmöglich wird. Es
gibt keine problemlose *Linearität* mehr zwischen dieser bestimmten
Ursache und jener zu ihr gehörigen Wirkung. Das einfache »Hin und
Her« oder »Hin und Zurück« des Zweikörpersystems wird unmöglich gemacht. Das System wird ab dem dritten Körper nicht-linear
und komplex oder, wie wir heute sagen, chaotisch. Warum ist das so?

Poincarés Berechnungen ergaben, »daß die geringfügige Anziehung durch die Schwerkraft eines dritten Körpers einen Planeten dazu bringen könnte, auf seiner Bahn wie betrunken im Zickzack her-
umzutorkeln und sogar völlig aus dem Sonnensystem fortzufliegen«
(Briggs – Peat, 36). Poincaré schreibt dazu: »Eine solche kleine Ursache, die für uns unmeßbar bleibt, bewirkt einen beträchtlichen Effekt, den wir unbedingt bemerken müssen, und dann sagen wir, daß
dieser Effekt vom Zufall abhänge« (W u M, 56).

Poincaré redet von einem Effekt, der im Rahmen komplexer
Mehrkörpersysteme zumindest *so aussieht* wie Zufall. Läßt sich
nun derartiges ausschließlich in der materiellen Welt beobachten?
Oder etwa auch in der Welt des Geistes, der Gedanken, der Ideen oder
gar der Gefühle? Interessanterweise bringt Poincaré selbst seine ganz
persönliche Erfahrung ins Spiel. Er erzählt von einer schlaflosen
Nacht, in der ihn zahllose Ideen überfielen. Er schreibt: »Ich fühlte
sie aufeinanderstoßen, bis sich Paare von ihnen zusammenschlossen
und sozusagen eine stabile Kombination erzeugten.« (zitiert in
Briggs – Peat, 294). Dabei erlebte der Mathematiker so etwas wie
»Zwei-Ideen-Systeme«, die ihn an Zweikörpersysteme erinnern
konnten, aber dann auch eine ähnliche Störung solcher Paarungen,
wie das bei Drei- und Mehrkörpersystemen der Fall war. Es entstand
Unordnung, nicht mehr zu bewältigende Komplexität der Gedanken,

bis schließlich eine Intuition neue Ordnung schuf, eine Intuition, die den Anschein eines Zufalls hatte. Man sieht: Chaos leitet auch im Bewußtsein eines Mathematikers das Finden neuer Erkenntnisse ein.

5.2.3. Edward Lorenz: Schmetterlingseffekt und Attraktor

Der US-amerikanische Meteorologe Edward Lorenz machte 1961 bei einem Computerexperiment mit der Wettervorhersage eine aufregende Entdeckung. Lorenz ging von der Voraussetzung aus, daß eine annähernd genaue Angabe (input) immer ein annähernd genaues Rechenergebnis (output) erzeugt. Da eine solche Beinahe-Exaktheit genügen sollte, gab er die Zahlen einer bereits erfolgten Vorhersage so ein, daß er dabei die drei letzten von den sechs vorliegenden Dezimalstellen einfach wegließ. Das führte aber zu einem völlig unerwarteten Ergebnis. Die »kleine Diskrepanz in der vierten Stelle hinter dem Komma« wurde nach mehrfacher Wiederholung, Iteration »ungeheuerlich vergrößert« (Gleick, 26). Lorenz stand plötzlich vor Simulationen »zweier ganz verschiedener Wettersysteme« (Briggs – Peat, 96). Er mußte feststellen: »Wenn eine wirkliche Atmosphäre sich so verhält ... so muß jede langfristige Wettervorhersage unmöglich sein« (Gleick, 26).

Lorenz folgerte: Das Wetter auf unserem Planeten verhält sich wohl *nichtlinear*, denn es beinhaltet sehr komplexe Rückkopplungen und Vernetzungen. Deshalb ist das Wetter gegenüber den wechselnden Anfangsbedingungen extrem empfindlich (vgl. Briggs – Peat, 99).

Der berühmt gewordene *Schmetterlingseffekt* veranschaulicht diese Erkenntnis: Schon das Flattern eines Schmetterlings in Hongkong löst Luftbewegungen aus, die dann in New York ein Gewitter verursachen können (vgl. ebd., 97). Denn diese anfänglich fast unbemerkbare Dynamik wird durch iterative Vorgänge, durch Wiederholungen verstärkt und verbindet sich mit anderen Luftbewegungen, die kein Meteorologe in ihrer Gesamtheit berechnen kann.

Doch obgleich dem Wettersystem dieses Schicksal widerfährt, hört es nicht auf, ein deterministisches System zu sein. Analog zu den Mustern in den hektischen Bewegungen der Gasmoleküle, entsteht auch hier eine ordnungsträchtige Funktion. Lorenz bringt dies mit dem mathematischen Gebilde des *Attraktors* zum Ausdruck: Der Name evoziert »Anziehung«. Was damit gemeint ist, erfüllt drei Funktionen. Erstens »ortet« der Attraktor gleichsam den Übergang

des Systems von der vorliegenden Ordnung ins Chaos. Zweitens
»zügelt« er die chaotischen Vorgänge. Diese sind nämlich, wie man
es in vielen anderen Bereichen verifiziert hat, steuerbar und manipu-
lierbar. Es gibt vermutlich sogar so etwas wie eine Selbstregulierung
solcher Vorgänge. Drittens bestimmt der Attraktor einen *Spielraum,*
innerhalb dessen recht verschiedene Veränderungen und Kräftekom-
binationen möglich und selektierbar sind.

Dank des Lorenz-Attraktors bewahrt die sonst langfristig nicht
vorhersagbare Wetterentwicklung auf unserem Planeten eine gewisse Stabilität. Das System bleibt *global* stabil, wenn es auch *lokal* in-
stabil wird (vgl. Briggs – Peat, 106). Ein umfassendes Ordnungsgefüge beheimatet eine ganze Palette von örtlichen Turbulenzen.
Damit haben wir ein weiteres Prinzip der Chaostheorie genannt.

5.2.4. Prigogine: Turbulenz als Faktor der Evolution

Der belgische Thermodynamiker russischer Herkunft, Ilya
Prigogine, hat 1977 für seine Forschungen den Nobelpreis für
Chemie erhalten. Was seine Theorien auszeichnet, ist zunächst ein-
mal eine ausdrückliche und konsequente Verwendung der Chaos-
Terminologie.

Prigogine unterscheidet in seiner Thermodynamik zwischen
einem passiven und einem aktiven Chaos. *Passives Chaos* bedeutet
einen Zustand maximaler *Entropie,* einen Zustand, in dem »alle Elemente so intim vermischt sind, daß keine Organisation« möglich ist
(Briggs – Peat, 202). Eine solche perfekte Mischung läßt es nicht
mehr zu, daß sich Wärmeenergie in Bewegungsenergie umsetzt. Es
entfällt die fruchtbare Spannung zwischen ungleichen Energiezu-
ständen. Es herrscht ein ereignisloses *Gleichgewicht.* Prigogine nennt
dieses gelegentlich eine »strukturlose Suppe«.

Das *aktive Chaos* zeichnet sich dagegen durch thermodynami-
sche Zustände und Vorgänge aus, die weit weg vom Gleichgewicht
liegen. Hier wird noch fremde Energie aufgenommen, so daß pro-
duktive Differenzen entstehen, und dies oft in Form von *Turbulenzen.* Was dabei geschieht, läßt sich mit den Wirbeln in einem Bach
vergleichen, der ständig auf Steine stößt. Turbulenz ist in zweifacher
Weise aktiv. Einerseits zerstört sie den ruhigen Energiefluß, stiftet
Unruhe und läßt der Unordnung freien Lauf. Andererseits verursachen die Turbulenzen *Verzweigungen,* »Bifurkationen«, in laufenden
Prozessen. An der Verzweigungsstelle häuft sich eine Menge mög-

licher Muster für die weitere Entwicklung des Systems. Zunächst irrt das System hin und her, es »driftet« ab auf der Suche nach neuen Wegen. Dann wird einer der vielen Wege selektiert, verstärkt und für den weiteren Ablauf freigegeben. Damit ist ein sehr dynamisches Gleichgewicht der Kräfte, das sogenannte »Fließgleichgewicht«, gegeben, das bis zum Auftreten eines neuen Chaos andauert.

Auf diese Weise wird trotz zunehmender *Entropie* stets weitere *Evolution* möglich. Man könnte fast das Schlagwort wagen: Je chaosaktiver, um so evolutionsfähiger. Denn es handelt sich hierbei um offene Systeme, die zwar viel Energie verbrauchen und verstreuen, »dissipieren«, aber zugleich ihrer Umgebung immer frische Energie entnehmen, die zum Erzeugen jeweils neuer Formen notwendig ist. Freilich kann ein solcher Wettlauf zwischen der energietötenden Entropie und der energieintensiven Evolution nicht unendlich andauern. Das letzte Wort behält der Wärmetod. Bis dahin aber, d. h. vermutlich noch Jahrmillionen lang, vermag sich die Natur auf eine immer höhere Komplexität hin zu entwickeln, nicht zuletzt dank des aktiven Chaos.

Dieser Theorie Prigogines kommt die Theorie Otto Rösslers in manchen Punkten nahe. Der Tübinger Physiker (dem ich persönlich eine Einführung in die Grundzüge der Chaostheorie verdanke) begegnete dem Chaos in der Erforschung der Eigenschaften *elastischer* Körper. Das sind Körper, welche Manipulationen wie Dehnen, Strekken, Falten, Biegen, Herumziehen, Kneten oder Verknoten unterzogen werden können, ohne daß sie dabei bestimmte Eigenschaften verlieren.

Rössler experimentierte mit einer Knetmaschine. Er trug in die geknetete Masse verschiedene leicht erkennbare Punkte ein und beobachtete dann deren Verlagerung während des Knetvorgangs. Am Anfang lagen die Punkte einander nahe, dann entfernten sie sich zunehmend voneinander. Es galt aber auch das Umgekehrte. Nicht nur das Mischen, sondern auch das *Entmischen* der Masse ergab Punkte-Muster, leicht identifizierbare Konstellationen. Rössler schrieb die entsprechenden Gleichungen auf und bildete sie in einem *Attraktor* ab. Dieser Attraktor erklärt das Verhalten der elastischen Körper, ähnlich wie der Lorenz-Attraktor das Verhalten der Klimafluktuationen erklärt: Die lokale Instabilität der Punkte koexistiert mit ihrem Verbleiben in einem global statischen System.

Unsere besondere Aufmerksamkeit verdient Rössler auch deshalb, weil er das beim Mischen und Entmischen beobachtete chaotische Verhalten der einzelnen Massepunkte auf eine *naturphilosophi-sche* Theorie zurückführte. Er entdeckte, daß bereits ein vor Sokrates wirkender griechischer Philosoph, Anaxagoras, den Urzustand des Kosmos als eine »perfekte Mischung« angesehen hatte. Anaxagoras lehrte: »Alles war einst in allem, die Dinge lagen gleichmäßig inein-ander« (Endophysik, 17), ähnlich wie beim passiven Chaos Prigo-gines also in einem Zustand ereignisloser Undifferenziertheit. Mit dieser Urmasse konfrontiert sich nun, dem Philosophen zufolge, *der Geist*, griechisch »noûs« genannt. Der Geist ist zu fein, »um misch-bar zu sein« (ebd.). Der perfekten Mischung zumindest in dieser Weise transzendent, vermag der Geist um so mehr eine *Entmischung* einzuleiten und voranzutreiben. Er verursacht eine Umherbewegung der elastischen Urmasse, die dann immer mehr zur Aussonderung der einzelnen Dinge und Gruppen führt. Der Kosmos erhält Ord-nung. Entwicklung und Naturgeschichte werden möglich. Rössler übersetzt und zitiert ein diesbezügliches Fragment des Anaxagoras: Der Geist »geht mit keinem Ding eine Mischung ein, sondern bleibt allein bei sich ... Denn er ist das feinste und reinste von allen Dingen. Er hat volles Wissen über alles und besitzt die größte Stärke. Auch alles Belebte (Beseelte), das Große wie das Kleine, wird vom Geist beherrscht. Der Geist übernahm die Herrschaft über die gesamte Herumbewegung ..., so daß ihr Beginn in Gang gesetzt wurde« (ebd., 31).

Wie man sieht, handelt es sich hier erneut um ein Zusammen-sein von *Transzendenz und Immanenz*. Derjenige, der kosmische Entmischungsprozesse ermöglicht, bewirkt sein Werk »von innen her«. Das erinnert an die biblische Gestalt der schöpfungsbestim-menden Weisheit, die in der Welt ist, oder an das Wort Gottes, durch das laut Joh 1 alles geworden ist und das selber in die Welt gekom-men ist.

Diese, wieder einmal von einem Naturwissenschaftler geschlage-ne, interdisziplinäre Brücke kann uns dazu dienen, nunmehr zu einer philosophisch-theologischen Interpretation des Begriffspaares Chaos und Ordnung überzugehen.

5.3. Philosophische und theologische Reflexion

5.3.1. Philosophiegeschichtliches

Um den naturwissenschaftlichen Chaosbegriff, der auf die griechische Antike zurückgeht und erst heute naturwissenschaftlich nutzbar gemacht wird, zu verstehen, müssen wir noch weiter zurückgreifen, nämlich bis zu seiner *mythologischen* Vorlage.

Das Hauptwort »cháos« leitet sich höchstwahrscheinlich vom Zeitwort »chaíno« ab, das soviel besagt wie »sich öffnen«, »auseinanderklaffen«, »gähnen«. Hesiod, der ein Werk über die Entstehung der Götter schrieb (Theogonie), nannte u. a. den weiten Weltraum, in dem die Titanen wohnen und miteinander kämpfen, »cháos«. Aber mit diesem Namen bedachte er auch eine sehr fruchtbare, gebärfreudige Gottheit. Aus ihr sind die Erdgöttin, der Liebesgott, dann auch die schwarze Nacht und der helle Tag, also zwei antithetische Wirklichkeiten, hervorgegangen. Die Gottheit Chaos selbst stellt keinen Gegensatz zu einer Ordnungsgottheit dar. Vielmehr verkörpert sie eine ursprüngliche Fülle, aus der alles hervorgehen kann.

Von dieser mythischen Sicht der Dinge setzen sich die großen griechischen Philosophen entschieden ab. Sie entgöttlichen das Chaos. Anaxagoras benutzt zwar in den uns bekannten Fragmenten seiner Schriften den Begriff des Chaos nicht, setzt ihn jedoch sinngemäß seiner perfekten Mischung gleich. Plato macht aus dem Chaos den regellosen, unruhigen Urstoff, den der Baumeister der Welt »in die Ordnung hinüberführt« (Timaios, 29d). Für Aristoteles beinhaltet Chaos den Bereich aller Möglichkeiten, die noch nicht verwirklicht wurden.

Halten wir von diesem kleinen Überblick nur Folgendes fest: Weder der griechische Mythos noch die griechische Naturphilosophie machen das Chaos systematisch zum absoluten Gegensatz von Ordnung. Die große Ausnahme bildet Plato. Sein Dualismus beruht zwar nicht auf einem kämpferischen Mythos, wie etwa jenem babylonischen Schöpfungsmythos, in dem der Schöpfergott den Chaosdrachen besiegt, tötet und seinen Leichnam zu Bestandteilen des Kosmos verarbeitet. Dennoch stellen für ihn Unordnung und Ordnung einen absoluten Gegensatz dar. Unordnung ist dabei dem Göttlichen ebenso fremd, wie Ordnung dem Göttlichen nahe ist. Dieser Tradition wird eine beträchtliche Strömung der christlichen Theologie folgen. Wie sieht es aber in der Bibel aus?

5.3.2. Zum biblischen Befund

Die griechische Version der Bibel kennt das Wort »cháos« kaum und verwendet es nicht in Bezug auf den Kosmos. Sinngemäß aber kommt der Bilderkomplex des Buches Genesis, Wasser, Finsternis und Tohúwabohú, einem Ursprungschaos, wie es etwa bei Anaxagoras zu finden ist, ziemlich nahe. Der Urzustand des Kosmos wird wie folgt veranschaulicht: »Die Erde war noch tohúwabohú (d. h. wüst und wirr), Finsternis lag auf der Urtiefe, und Gottessturm bewegte sich über der Wasseroberfläche« (Gen 1,2). Auf diesen Zustand trifft das schöpferische Wort: »Es werde Licht« (Gen 1,3).

Doch halten wir zunächst die bemerkenswerte Gegenwart des »Gottessturmes« mitten im Chaotischen fest. Das hebräische Wort dafür kann sowohl eine heftige Luftbewegung, die von Gott verursacht wird, als auch den Schöpfergeist Gottes selbst bezeichnen. Wie auch immer übersetzt, trägt das Symbol keine Spur von einem *Gegeneinander*, wohl aber von einem *Miteinander* von Gottessturm bzw. -geist und dem chaosähnlichen Urzustand.

Gewiß greift eine aus einer anderen Tradition stammende Genesis-Stelle (Gen 7,17.24), und nur sie, die Wassersymbolik auf, um die Sintflutstrafe für die Bosheit der Menschheit zu kennzeichnen. Doch wird dadurch der gestaltlose Urzustand insgesamt nicht als negativ qualifiziert. Das Chaos ist *neutral*, und der Schöpfer weiß damit immer wieder etwas anzufangen.

Ich betone »immer wieder«. Denn die symbolische Erzählung vom Weltanfang im Buch Genesis will, laut neuerer Bibelwissenschaft, *Urgeschichte* anbieten. Dabei besagt das Wörtchen »Ur« nicht einfach *Ur-Altes*, also die fernste Vergangenheit der Welterschaffung, sondern auch, vermutlich sogar vor allem, das, was für den Kosmos und den Menschen *ur-typisch* ist; das, was immer und überall erfahren werden kann; das, was bleibende Grundzüge des dynamischen Gesamtsystems Welt ausmacht. Aus all dem kann man schließen: Das Zusammensein des Chaos und eines schaffend-ordnenden Gottestuns besitzt für den Weltprozeß bleibende Relevanz. So hat die fortgesetzte Schöpfung selbst einen ständigen und konstruktiven Chaos-Bezug. Diese Meinung habe ich aufgrund bibelwissenschaftlicher Erkenntnisse gewonnen und stelle sie immer wieder zur Diskussion.

5.3.3. Der Chaos-Gedanke in der modernen Theologie

Gern gebe ich zu: Nicht alle Theologen denken so chaos-freundlich. Einer der größten evangelischen Theologen unseres Jahrhunderts, Karl Barth, vertritt z. B. eine radikale Ablehnung all dessen, was irgendwie mit Unordnung in der Schöpfung Gottes zu tun hat. Dafür will ich gleich einige frappierende Beispiele anführen.

Doch auch der noch größere Theologe der christlichen Antike, Augustinus, vertrat schon einen ähnlichen Standpunkt. Stark beeinflußt von Plato und von den Neuplatonikern, thematisierte er mit Vorliebe den Aspekt »Ordnung« in der Schöpfung. Für Plato war die Ordnung, die »táxis«, etwas zutiefst Gutes und Göttliches. Es gab für ihn eigentlich nur gute Ordnung. Alles, was sich gegen diese richtete, etwa die bloße Ordnungslosigkeit, die »ataxía«, erschien ihm zumindest als wertlos, wenn nicht als gottwidrig.

Ähnlich dachte Augustinus, der die Schöpfung definierte als »eine Anordnung von ähnlichen und unähnlichen Dingen, die jedem von ihnen seinen Platz zuteilt« (De civ. Dei XIX, 13). Der späte Augustinus-Schüler Thomas von Aquin definiert seinerseits die Schöpfungswirklichkeit als eine »determinierte Beziehung der Teile zueinander« (In XI Met 12 a).

Karl Barth tritt in Augustinus' Fußstapfen, wenn er in letzter Konsequenz das Chaos als Gott zuwider verwirft. Barth hebt in der Genesis-Erzählung von der Welterschaffung die Stelle 1, 4–6 hervor. Hier heißt es, der Schöpfer habe das Licht von der Finsternis und Wassermengen von Wassermengen getrennt. Dieses Trennen und Scheiden bedeutet – so Barth – »Ordnung schaffen«. Und er fügt hinzu: »Es geht zugleich um die Aufrichtung einer unübersteigbaren Grenze« und »einer unaufhebbaren Hierarchie« (KD III/1, 137). Indem Barth den Akzent auf Unübersteigbares und Unaufhebbares setzt, und vor allem indem er hier den eigentlich textfremden Begriff der Hierarchie einführt, fixiert er ein *statisches* Weltbild. Diesem Weltbild entspricht eine regelrechte »Ordnungstheologie«, in der das Chaos nur negativ bestimmt wird. Chaos ist – nach Barth – ein »Welt-Zustand, über den das Wort Gottes nicht gesprochen ist«, der Bereich einer »von Gott verneinten und verworfenen Welt« (KD IX/1, 119), alles, »was Gott als Schöpfer nicht wählte, nicht wollte« (KD III/3, 84). »Hier hat der Teufel seinen Ort ... die Welt der Dämonen ... die Sünde ... das Übel ... der Tod« (ebd.).

Ich halte eine derart scharfe Polarisierung eines bösen Chaos und einer guten Ordnung für biblisch unbegründet. Sie tendiert außerdem zu einer Remythologisierung der Schöpfungswirklichkeit und zur Radikalisierung des platonischen Ansatzes. Barth zeigt sich hier meines Erachtens sogar noch dualistischer als Plato selbst. Sah Plato die Möglichkeit einer Überführung des chaotischen in einen geordneten Zustand, setzt Barth dagegen eine totale Unvereinbarkeit zwischen beiden voraus.

Jürgen Moltmann, ein Schüler Barths, rang sich seinerseits zu dem Gedanken an das Chaos als ein *kreatives* Entwicklungsmoment durch, vermutlich unter dem Einfluß der naturwissenschaftlichen Chaostheorie. Mehr noch, er zögerte nicht, das Chaos mit dem Wirken des Gottesgeistes in Verbindung zu setzen (vgl. Der Geist, 240. 288). Der bereits zitierte Theologe Pannenberg geht noch weiter in der positiven Wertung, indem er das Chaos im Umfeld des geschichtskonstitutiven Zufalls, der »Geschehenskontingenz«, ansiedelt (vgl. Ganoczy, Chaos, 140–150). Er tut das ebenfalls im Rahmen seines Dialogs mit der modernen Physik.

5.3.4. Chaos-Analogien in der Bibel

In der Logik meiner Methode, die jede theologische Stellungnahme zu einem interdisziplinär relevanten Thema *biblisch* zu fundieren sucht, habe ich in der gesamten Bibel nach Chaos-Analogien gesucht. Was ich gefunden habe, möchte ich darlegen und zur Diskussion stellen. Dabei will ich nicht wiederholen, was bereits als Interpretation des urgeschichtlichen Dreiersymbols Wasser – Finsternis – Tohúwabohú eingebracht worden ist.

5.3.4.1. Erfahrung des Göttlichen

An vielen Stellen, an denen die Bibel die Erfahrung Gottes anspricht, kommt eine Bipolarität zum Ausdruck. Das Göttliche läßt sich in einer Spannung zwischen Unruhe und Ruhe, Qual und Freude, Aufgewühltheit und innerem Frieden erfahren. Die Propheten nehmen z. B. die Gegenwart Jahwes selten von vornherein als eine ordnende, stabilisierende, befriedigende Kraft wahr. Oftmals überfällt er sie, wühlt sie innerlich auf, schleudert sie aus gewohnten Bahnen heraus. Eine Zeit des Unterwegsseins, des Suchens, des Herumtastens, des Experimentierens geht dabei dem Erreichen einer, womöglich nur vorübergehenden, Ruhe- und Ordnungsphase voraus. Der Exodus, der Auszug der Juden aus Ägypten, dieses große Befreiungsereignis, wird ebenfalls in solchen Bildern nachgezeichnet. Und die Symbolik der Gotteserscheinungen, der *Theophanien?* Sie benutzt bezeichnenderweise ein sehr realistisches, physikalisches Bildmaterial: Feuer, Flamme, Rauch, Nebel, Wolke, Sturm, Blitz, Beben, Rauschen – alles Phänomene, die die heutige Physik als chaotisch identifiziert. Gott wird also im Chaos greifbar. Elemente des Chaotischen, nicht des Geordneten, offenbaren seine Präsenz.

Wenn man dies bedenkt, sieht man den radikalen Unterschied zwischen der Theologie Platos und der der Bibel. Für Plato ist das Göttliche mit dem ruhenden Ureinen identisch und manifestiert sich in der *Harmonie* oder in den sogenannten »regulären Körpern«. Das, was die euklidische Geometrie mit einem System von Geraden, Quadraten, Dreiecken und Kugeln auch als Sinnbild des Geistigen, des Ideellen und des Vollkommenen zum Ausdruck bringt, liegt auf derselben Ebene.

Dagegen benutzt die Bibel, wenn man so sprechen kann, eher eine *fraktale Geometrie,* in der Naturphänomene, die von den Platonikern als »formlos« abgetan wurden, eine entscheidende, übernatürliche Bedeutung bekommen können: Berge, Bäume, Wolkenmassen, Wassermassen, Wirbel, usw.

5.3.4.2. Gottes Geist mit seiner Weisheit

Wenn wir nun jenseits dieser Symbolik nach den Trägern der Selbstoffenbarung Gottes fragen, so finden wir zwei Größen oder Gestalten vor, die Weisheit und den Geist Gottes. Beide werden gelegentlich sogar personifiziert. Im hebräischen Original sind beide Namen *weiblich.* So zögern, wie bereits erwähnt, heutige Theologen nicht, von Frau Weisheit und von heiliger »Geistin« zu sprechen.

Die *Weisheit* stellt eher das direkt von Gott ausgehende *Ordnungsprinzip* dar. Sie zeigt sich schöpferisch und aufklärerisch. Sie bewirkt Einsicht und rationalisierte Lebenskunst. Ähnlich wie der noûs des Anaxagoras, beherrscht sie den Kosmos, indem sie – wie es heißt – das All »durchwaltet« (Weish 8, 1) oder indem sie sich als »Meisterin aller Dinge« erweist (Weish 7, 21). Sie ist »eingeweiht in das Wissen Gottes« und bestimmt seine Werke (Weish 8, 4). Ihre Natur ist durch und durch geistig und nicht mit der Materie vermischt. Dennoch geht sie in die stoffliche Welt ein. Einem Textzeugnis zufolge »spielte« die Weisheit vor Gott »allezeit«, aber fand ihre

Freude vor allem darin, daß sie »bei den Menschen« und somit in Materiennähe sein konnte (Spr 8, 30 f.).

Diese letztgenannten Symbole zeigen, daß die Bibel die Weisheit Gottes ganz und gar *relational* deutet. Die Weisheit bezieht sich auf Gott und zugleich auf die Menschen. Darin unterscheidet sie sich vom noûs des Anaxagoras. Die Kosmos-Beziehung der Weisheit zeigt sich weitgehend darin, daß sie die Dinge zusammenhält und, analog zum »Attraktor« der Chaostheorie, global stabilisiert.

Religionsgeschichtlich sind noch zwei Feststellungen wichtig. Die biblische Weisheit, auch das habe ich bereits erwähnt, weist einige analoge Züge mit der ägyptischen Ordnungsgöttin Maat, einer Tochter des Sonnengottes, auf. Andererseits wird sie im Prolog des Johannesevangeliums in der Gestalt des Logos, der »im Anfang war« und durch den alles geworden ist (1, 2 f.), mit Christus selbst identifiziert. Solche Ansätze ermöglichten Teilhard de Chardin, vom »kosmischen Christus« zu sprechen.

Nun steht neben der Weisheit die andere Vermittlergestalt, der Geist bzw. »die Geistin« Gottes. Diese Gestalt ist ebenfalls mehrseitig relational. Nicht selten tritt sie mit der Weisheit eng verbunden auf den Plan (vgl. Weish 7, 22–24). Aber ihre ureigene Funktion unterscheidet sich erheblich von der ordnenden Rolle der Weisheit. Der Gottesgeist zeigt sich *stürmisch* und wie ein Wirbelwind. Er versetzt Propheten in Verzückung (Num 11, 25), so daß sie außer sich gerieten. Andere Menschen macht er schwindlig und wie betrunken, berauscht (Jes 19, 14; vgl. Apg 2, 13).

In dieser Weise zeigt der Gottesgeist seine schöpferische und erneuernde Kraft. Der Psalmist betet: »Sendest du deinen Geist, so werden sie alle erschaffen und du erneuerst das Antlitz der Erde« (Ps 104, 30). Das mutet wie »fortgesetzte Schöpfung« an. Eine einmalige Aufgipfelung der lebensstiftenden Kraft des Gottesgeistes läßt sich schließlich in der *Auferweckung* der Toten erkennen (vgl. Röm 1, 3 f.; 8, 10 f.).

Was die Urgemeinde anbelangt, müssen wir an das *Pfingstereignis* erinnern (Apg 2, 1–13): »Da kam plötzlich vom Himmel her ein Brausen, wie wenn ein heftiger Sturm daherfährt ... Alle wurden mit dem Heiligen Geist erfüllt und begannen, in fremden Sprachen zu reden«. Solche Komplexität überrascht die Außenstehenden, so daß sie erklären: Die Leute da sind sicher »betrunken« (Apg 2, 13).

Ich glaube, daß diese kurzen Hinweise ausreichen können, um auf eine gewisse Analogie zwischen dem Begriffspaar Chaos und

Ordnung und der Korrelation Geist und Weisheit Gottes zu schließen. Theologisch haben wir es hier auf jeden Fall mit einem sehr dynamischen Gottesbild zu tun.

5.3.4.3. Zur Wirkkraft des Geringsten

Maxwell, Poincaré, Lorenz und andere Chaostheoretiker haben das Prinzip geprägt: Eine kleine Ursache zeitigt große Wirkungen. Anders gesagt: Auf eine zunächst kaum bemerkbare Veränderung in den Anfangsbedingungen reagiert das dynamische System extrem empfindlich.

Ein Analogon dazu liefern gewiß die Entstehung und Entwicklung des *Christentums*. Es gab bereits in Israel das Bewußtsein, nicht wegen Größe und Macht, sondern wegen Kleinheit und Geringsein erwählt zu sein (vgl. Dtn 7,7 f.). Was dann bei der Entstehung des Christentums geschah, kann irgendwie mit einem chaotischen Anstoß verglichen werden. Es wurden neue Anfangsbedingungen von einem einzelnen, Jesus, und einer sich um diesen scharenden, machtlosen Gruppe gesetzt; daraus entstand eine Weltreligion.

Die Reformatoren Franz von Assisi, Luther und Calvin haben das Prinzip jeweils auf ihre Weise durchexerziert. Luther nannte seine am Evangelium orientierte Erneuerungsbewegung »selige Unruhe«. Heute geben Vertreter der großen Konfessionen zu, daß ohne diese anfangs nur geringfügig wirksame Persönlichkeit z.B. das gut vier Jahrhunderte später einberufene II. Vatikanische Reformkonzil nicht möglich gewesen wäre.

Jesus selbst hat dem Geringsten seiner Brüder eine für das Weltgericht entscheidende Bedeutung gegeben (vgl. Mt 25,40.45). Man dürfte auch sagen: Jesus lebte, wirkte und starb als ein Geringster im »deterministischen System« seiner engeren Heimat, und gerade so wurde er mit der Zeit zu einer »weltgeschichtlichen Persönlichkeit« (Hegel). Seine Zeitgenossen mochten in ihm einen »Chaoten« sehen. Aber sein Beispiel zeigt zugleich, wie sehr weltgeschichtliche Chaoten später nicht selten als Stifter neuer Ordnungen rehabilitiert werden.

5.3.4.4. Unvoraussagbarkeit und Eschatologie

Laut Chaostheorie kann das Verhalten eines durch Zufall und Chaos affizierten, deterministischen Systems für längere Zeit exakt nicht vorausgesagt werden. Am Ende wird dieses Systemverhalten möglicherweise allen Prognosen spotten.

Die Theologie rechnet in ähnlicher Weise mit einer *offenen* Zukunft. Wenn sie ihre Eschatologie, d. h. ihre Rede von den »letzten« bzw. »letztgültigen« Dingen, entwickelt, zeigt sie sich der im voraus nicht bestimmbaren Komplexität der zu erwartenden Ereignisse bewußt, und dies sowohl im Hinblick auf die individuelle als auch die kollektive Lebensgeschichte. Die Geschichte des Heils bzw. des Unheils in der Welt verläuft nicht linear. Die Nichtlinearität dieser Geschichte verunmöglicht hundertprozentig sichere Prophezeiungen. So lehnte schon Jesus den Anspruch der Apokalyptiker ab, das Weltende samt Datum und Ort vorausberechnen zu können: »Jenen Tag und jene Stunde kennt niemand« (Mk 13, 32).

Noch weniger ist freilich im Voraus eine eschatologische Definition jenes neuen Lebens denkbar, das jenseits der Todesgrenze erhofft wird.

5.3.4.5. Wahrheitsfindung im Kontext eines kirchlichen Chaos

Wenn wir die ursprüngliche Ausformulierung des für die christliche Religion fundamentalen Christusglaubens und des entsprechenden Credos beobachten, so finden wir zunächst ein weitgehend chaosähnliches Aufeinanderprallen von Lehrmeinungen vor. Ähnlich wie die Gasmoleküle Maxwells im Behälter, ähnlich wie die Komponenten des Mehrkörpersystems oder der Ideenwirbel bei Poincaré, störten sich theologische Thesen, rechtgläubige wie irrgläubige, gegenseitig, bis schließlich ein einheitliches Credo formuliert werden konnte.

Bis zur Verkündigung des für alle Kirchengemeinschaften heute noch maßgeblichen Glaubensbekenntnisses von Nizäa und Konstantinopel mußten vier Jahrhunderte verstreichen. Und daß dieses Credo in unserer Gegenwart immer wieder neu interpretiert wird, weil die Menschen daran eben stets neue Anfragen richten, zeigt, wie wenig ein *Dogma* eine in jeder Hinsicht endgültige *Ordnung* oder ein total geschlossenes System darstellen kann.

Das ist gut so, belebt das theologische Fragen und macht die Wahrheitssuche in der Kirche zum Analogon der naturwissenschaftlichen Forschung. Dabei können das Dogma oder das einheitliche Glaubensbekenntnis – in der Sprache der naturwissenschaftlichen Theorien – gleichsam die Funktion eines Attraktors erfüllen, eines geistigen Attraktors, der einen Spielraum für neue Einsichten und Interpretationen des Glaubensgutes offen läßt, der eine globale Stabilität gewährleistet, aber lokalen Instabilitäten freien Lauf läßt.

6. Geist und Gehirn versus leib-seelische Ganzheit des Menschen

6.1. Schwierigkeiten des interdisziplinären Gesprächs

Wer sich mit dem sogenannten »Leib-Seele-Problem« in interdisziplinärer Absicht befaßt, begegnet bald erheblichen Schwierigkeiten. Der Naturwissenschaftler und der Theologe verstehen unter denselben Begriffen nämlich nicht immer dieselben Dinge. Außerdem reagieren sie nicht ganz frei von Vorurteilen und reduktionistischen Tendenzen. Um in die Verwirrung etwas Klarheit zu bringen, möchte ich eingangs einige Schwierigkeiten beider Seiten ansprechen.

6.1.1. Auf naturwissenschaftlicher Seite

1. Wenn man die einschlägigen Schriften von Naturwissenschaftlern liest, findet man bei ihnen die Begriffe »Geist«, »Intelligenz«, »Bewußtsein«, »Selbstbewußtsein« und »Seele« vor. Jedoch werden diese Begriffe nur selten definiert. Oft benutzen die Verfasser sie als Synonyme. In nicht wenigen Fällen kommt bei ihnen diesbezüglich auch eine gewisse Skepsis zum Ausdruck. Paul Davies, der als Physiker seitenlang von »Seele« spricht, erklärt zugleich, dieser Begriff sei »hoffnungslos ungenau« (GmPh, 109). Dann fügt er hinzu: »Da die Grenzen zwischen Seele und Geist bisher immer als eher fließend angesehen wurden«, sollen sie auch weiterhin als »austauschbar behandelt werden« (ebd., 110). Gerhard Vollmer verzichtet seinerseits völlig darauf, irgendeine etymologische Untersuchung anzustellen. Denn die Etymologie setze – ihm zufolge – bei einer Begriffsgeschichte, also bei Vergangenem, ein, die für »die aktuelle Bedeutung« eines Wortes eher »irreführende Hinweise« gebe, so daß sie »zur Aufklärung der Leib-Seele-Problematik« nichts beitragen könne (Evol Erk, 141). Vollmer meint ferner, eine »explizite Definition von Seele, Geist und Bewußtsein« sei auch »nicht erforderlich«, »die intuitive Vorstellung des Lesers« reiche meistens aus (ebd., 142). Daß der philosophische und theologische Gesprächspartner auf ge-

naue Begriffsbestimmungen viel Wert legt, wird hier nicht in Betracht gezogen. Ich nenne noch ein anderes Beispiel.

Bei Konrad Lorenz finden wir einen eigenartigen Gebrauch von »Seele« und »Geist«. In seinem Buch *Der Abbau des Menschlichen* bestimmt er den *Geist* als einen »sozialen Effekt« (ebd., 70). Denn nur in einer konkreten Menschengruppe vermag ein Individuum die drei wesentlichen Komponenten des Geistes zu entwickeln, nämlich das begriffliche Denken, die syntaktische Sprache und das vererbbare Wissen. Vom so beschriebenen Geist, der – wie man sieht – fast ausschließlich kognitive und soziale Fähigkeiten beinhaltet, unterscheidet Lorenz die *Seele* als das Vermögen des »subjektiven Erlebens«, der Innerlichkeit und des Gefühls. Er stellt daraufhin für den zivilisierten, technokratisch beeinflußten Menschen die Diagnose, daß sein Geist zum »Widersacher« seiner »Seele« geworden ist (ebd., 148). Das heißt z. B., die rationalen Leistungen des Geistes führen zu einem »Wärmetod des Gefühls« (AT, 39).

2. Bei aller Sprachverwirrung scheint sich doch ein Konsens darin durchzusetzen, daß die Leib-Seele-Problematik zunehmend vom zentralen Nervensystem, d. h. dem *Gehirn*, her angegangen wird. Ob dabei das Geistige oder das Seelische auf Funktionen der Neuronen *reduziert* werden, oder aber das Geistige und Seelische vom Zentralnervensystem als dessen Organ und Interaktionspartner *unterschieden* wird, auf jeden Fall steht das Gehirn im Mittelpunkt der Debatte. In diesem Zusammenhang werden schließlich auch die psychosomatischen Krankheiten bzw. Therapien erörtert.

3. Was nun die Themen »Bewußtsein« und »Selbstbewußtsein« anbelangt, so spielt in der naturwissenschaftlichen Debatte die Psychoanalyse Freudscher Prägung eine erstaunlich geringe Rolle. Zwar liest man viel über das Bewußtsein, kaum aber etwas über das Unterbewußtsein. Der Grund für diese Nichtbeachtung wäre eine Untersuchung wert.

Wenden wir uns nun den Schwierigkeiten zu, die auf theologischer Seite entstehen.

6.1.2. Auf theologischer Seite

1. Anders als für die meisten Naturwissenschaftler ist für den Theologen der Begriff *tierische Seele* oder der kognitiv befrachtete englische Begriff »animal mind« ziemlich problembeladen. Es gibt zwar alte Versuche, den Wesensunterschied zwischen Tier und

Mensch zu formulieren, wie z. B. den biblischen Satz von der Gottebenbildlichkeit des Menschen oder die philosophische Formel »animal rationale«. Heute spielt außerdem die Unterscheidung zwischen »umweltgebundenem Tier« und »weltoffenem Menschen« in der Theologie eine unübersehbare Rolle. Doch keiner dieser Versuche scheint mir in hinreichendem Maße einer Bestimmung des Verhältnisses von *Gehirn* und Geist Rechnung zu tragen.

2. Zweitens sind unsere Theologien stark belastet durch ein fast schizophrenes Bemühen, zwei grundverschiedene anthropologische Traditionen miteinander zu vereinbaren. Die eine geht auf Plato zurück und sieht im Leib und in der Seele zwei Substanzen, zwei Größen oder Dinge oder Bestandteile, die nur im zeitlichen, irdischen Dasein miteinander verbunden sind. Sie trennen sich aber im Moment des Todes voneinander. Dann verwest der Leib, d. h. der Körper; nur die Seele lebt leibfrei weiter, um auf eine schwer definierbare Wiedervereinigung mit dem Leib bei der Auferweckung der Toten zu warten. Mit welchem Körper die Seele des Auferstandenen vereint werden und was für eine Wartezeit sie nach dem Ende von Raum und Zeit, »nach« dem Tode, erfahren soll, kann eine platonisch geprägte Theologie nicht in hinreichend logischer Weise erklären.

Auf der anderen Seite hat die *biblische* Anthropologie für die Theologie eine entscheidende Bedeutung. Für sie bildet der Mensch eine leib-seelisch-geistige Ganzheit. Leib, Seele und Geist sind nicht drei voneinander vollständig isolierbare oder trennbare Größen. Vielmehr stellen sie drei Aspekte, Momente, Dimensionen des *einen* menschlichen Wesens dar, das übrigens laut Bibel in einem gewissen Maße den Tieren verwandt ist. Diese anthropologische Tradition ist nicht dualistisch wie die platonische und sie vertritt auch ein völlig anderes Todesverständnis. Demnach lebt und stirbt immer der ganze Mensch. Am Tod ist auch das seelisch-geistige Moment eines Individuums beteiligt. Der große katholische Theologe Karl Rahner wagte deshalb einmal den Satz, es sterbe auch die Seele, weshalb er in eine unbequeme Situation gerät, wenn es darum geht, das Auferstehungsereignis zu erklären. Die jüdische Bibel zog es sogar jahrhundertelang vor der Zeit Jesu vor, gar nicht darüber zu reden und die Verstorbenen in einem undefinierbaren Totenreich anzusiedeln. Das Neue Testament verkündet die Auferweckung des ganzen Menschen und lehrt, daß der Tod ihn in seiner persönlichen Identität nicht anzutasten vermag. Paulus schreibt: »*Dieses* Sterbliche soll mit Unsterblichkeit bekleidet werden« (1 Kor 15,53). Es handelt sich hier also nicht um eine Trennung und eine Wiedervereinigung von Leib und Seele, sondern um die *Verwandlung* des diesseitigen Daseins in ein jenseitiges.

Nun muß ich gestehen, daß diese Tradition mit der platonisch geprägten in der offiziellen Theologie der Kirche heute noch *koexistiert*, ohne damit in befriedigender Weise in Übereinstimmung gebracht worden zu sein. Man möge nur die einschlägigen Texte des vor einigen Jahren von Rom herausgegebenen Katechismus der Katholischen Kirche lesen (vgl. KKK, 997–1001). In diesem Zusammenhang wird für uns die Frage reizvoll sein, wie die Naturwissenschaftler einerseits auf die These von der Unsterblichkeit der Seele, und wie sie andererseits auf die Lehre von der leib-seelisch-geistigen Auferstehung reagieren.

3. Eine dritte Schwierigkeit ergibt sich für den Theologen aus der *Vieldeutigkeit des Geistbegriffs*, den er bald von dieser, bald von jener Überlieferung übernimmt und verwendet. Die Bibel überliefert die Vorstellung einer von Gott kommenden Kraft. Die griechische Philosophie bietet ihren kosmologischen Geistbegriff an sowie die Idee einer »Welt-Seele«. Das christliche Mittelalter prägte die Lehre von der Geistseele. Descartes erblickte den Geist im denkenden *Subjekt*. Kant assoziierte Geist mit *Vernunft*. Für Hegel beinhaltete Geist den *Inbegriff* alles Wirklichen, das sich in der Geschichte dialektisch entfaltet. Philosophierende Physiker der Gegenwart verbinden das Geistige gern mit der »künstlichen Intelligenz«. Und schließlich kann man auch beim Theologen nicht immer wissen, was er genau mit dem Geistbegriff in einem Gespräch über die Leib-Seele-Problematik meint. Halten wir hier inne. Die Aufzählung all dieser Schwierigkeiten kann von Nutzen sein, wenn wir nun die zusammenhängenden Theorien beider Seiten anhören.

6.2. Naturwissenschaftliche Erklärungshypothesen des Verhältnisses von Leib und Seele

6.2.1. Identitätstheorie und Behaviorismus

Eine heutzutage recht verbreitete Theorie bezeichnet sich als *Identitätstheorie*. Sie versteht den Geist als eine »Funktion des Gehirns, die freilich »erst auf einer gewissen Organisationshöhe« auftritt. »Seelische, geistige Bewußtseinszustände sind Zustände von Neuronen«. Diese Sätze habe ich einem Beitrag Gerhard Vollmers entnommen (Evol Erk, 146). Eine solche Position, die faktisch Geist und Gehirn gleichsetzt, kann unter Umständen eine Radikalisierung erfahren, z. B. in der Form des »materialistischen Monismus«. Demnach gibt es eigentlich keinen Geist oder keine Seele als eigenständigen Teil des Menschen. Es gibt nur Materie, die sich auf einer sehr hohen Komplexitätsstufe als »Geist« verhält.

Eine andere Theorie, welche die geistigen Eigentümlichkeiten des Menschen in seinem Verhalten gänzlich auf materielle, genauer energetische, Faktoren reduziert, vertritt der *Behaviorismus*. Der Behaviorismus (vom englischen Wort behavior = Verhalten), basiert auf der These, daß alles geistige und seelische Verhalten eines Subjekts durch Reize, die von außen kommen, bestimmt und restlos determiniert wird. Menschliches Verhalten, ähnlich wie alles tierische, reagiert mechanisch auf die äußeren Reize (vgl. GmPh, 114). Auch diese Lehre stellt also einen Reduktionismus dar. Nur das physikalische Moment wird hier als kausaler Faktor festgehalten. Das psychische Moment gilt als dessen Wirkung.

6.2.2. Der Interaktionismus

Eine zweite Theorie vertritt die Überzeugung, daß der Mensch zwar nicht wie im platonischen Dualismus in einen leiblichen und einen seelischen Bestandteil zu zerreißen ist, aber doch zwei voneinander unterscheidbare Komponenten in sich vereinigt, die miteinander *interagieren*. Hans Sachsse, ein Vertreter dieser Theorie, sagt, daß der Geist *innerhalb* unseres Bewußtseins, aber zugleich mehr und etwas anderes sei als unser Bewußtsein allein. Sosehr man Bewußtseinszustände eindeutig auf Gehirnfunktionen zurückführen kann, so wenig vermögen wir nachzuweisen, woher der Geist kommt und – so Sachsse – »wohin er uns noch führen wird« (Wie entsteht der Geist?, in: Böhme, 182). Sachsse tritt für eine Transzendenz des Geistes ein.

Ähnliches lesen wir bei dem Mediziner Hoimar von Ditfurth. Er erklärt, daß sich »das Seelische« im Menschen »aus den Gesetzen unserer materiellen Wirklichkeit auf keinerlei Weise ableiten läßt« (Wir sind ..., 275). Das *Seelische* »könnte dadurch zustande kommen, daß die Evolution es fertiggebracht hat, unser Gehirn auf einen Entwicklungsstand zu bringen, der in ihm einen ersten Reflex des

Geistes einer jenseitigen Wirklichkeit entstehen läßt« (ebd.). Was diese »jenseitige Wirklichkeit« sein mag, sagt Ditfurth nicht. Er bringt aber für sie die Analogie des Lichtes auf, das gespiegelt wird. Der Spiegel erzeugt nicht das Licht, aber das Licht kann ohne Spiegelung nicht wahrgenommen werden. Ähnlich erzeugt das Gehirn den Gedanken nicht, aber ohne das Gehirn kann nicht gedacht werden (vgl. ebd., 264 f.).

Dieser Analogie kommt eine andere, die Paul Davies in Anlehnung an den US-amerikanischen Forscher J. A. Fodor (vgl. GmPh, 298) geltend macht, nahe: Wie in einem Computer alles auf eine Interaktion zwischen Software und Hardware ankommt, so funktioniert auch die Wechselbeziehung zwischen Geist und Gehirn (vgl. ebd., 116–118). Dabei gehört der Geist zu einer höheren *Dimension* der Wirklichkeit, die sogar strenge Raum-Zeit-Bedingungen übersteigen kann und höher ist, als er in der quantentheoretischen Erkenntnislehre heute eingestuft wird (vgl. ebd., 112 f.). In dieser höheren Dimension bearbeiten die geistigen Fähigkeiten des Menschen Informationen, schaffen Organisationspläne, und stellen *Beziehungen* in aller Freiheit her. Der Geist ist von sich aus relational, so daß er sich in einem auf die anderen Menschen hin offenen *Selbst* zu konkretisieren vermag. Das personale Selbst ist seinerseits aus seinem physikalisch-biologischen Träger, etwa dem Gehirn, nicht restlos erklärbar (vgl. ebd., 121–134). Vielmehr hat das Selbst z. B. eines Quantenphysikers die Fähigkeit, materielle, subatomare Zustände zu beeinflussen. Davies denkt zwar interaktionistisch, geht aber zugleich weit über sein Fachgebiet hinaus, indem er die Möglichkeit erwägt, daß der Geist bzw. die Seele bzw. das Selbst den Tod des Gehirnes überlebt (vgl. ebd., 120. 134). Ja, er hält in diesem Zusammenhang auch die Auferstehung des ganzen Menschen für akzeptabel (ebd., 131), wobei es zu einer näher nicht bestimmbaren neuen Wechselwirkung zwischen Geist und Gehirn kommen dürfte.

Einer der prominentesten Vertreter des Interaktionismus, J. C. Eccles, der 1979 ein Buch mit dem vielsagenden Titel *The Human Mystery* (deutsch: *Das Rätsel Mensch*) geschrieben hat, versucht zu bestimmen, wie der Geist das Gehirn aktualisiert. In dieser Absicht geht Eccles davon aus, daß die sogenannte »kategoriale« Hälfte der Großhirnrinde, d. h. jene, die für geistige, sprachliche, kommunikative Verhaltensweisen zuständig ist, von sich aus nur eine *potentielle Offenheit* und eine Disponibilität für diese bereitstellt. Das Hinzutreten des »sich seiner selbst bewußten Geists« ist erforderlich, damit diese Offenheit bzw. Disponibilität aktualisiert wird (vgl. Interaktion, 125–194; Bosshard, 72). Eine solche von dem »sich seiner selbst bewußten« Geist vollzogene Aktualisierung der Neuronen ist freilich für viele spontane Funktionen des Körpers nicht nötig. Doch für das kognitive und kommunikative Handeln, mehr noch für Willensentscheidungen, ist sie unerläßlich. Eccles sieht in der zeitlichen Verzögerung, die sich zwischen der Wahrnehmung und der entsprechenden Willensentscheidung beobachten läßt, einen Beweis seiner Theorie.

6.2.3. Zur evolutionären Erkenntnistheorie

Für die Interaktionstheorie ist weder eine materialistische Reduktion des Geistes auf das Gehirn, noch eine idealistische Reduktion des Gehirns auf Geist, noch eine dualistische Zweiteilung von Leib und Seele wissenschaftlich verantwortbar. Die angenommene Interaktion zwischen beiden Momenten des einen Menschen hebt ihre Verwobenheit nicht auf. Geist und Gehirn sind sozusagen *ineinander* verschränkt, oder, wenn man es philosophischer formulieren will: Der organtranszendente Geist ist nur in seiner Gehirnimmanenz empirisch greifbar.

Dieses Ineinandersein beider Momente, ihre wesentliche Verbundenheit bei aller Unterschiedlichkeit führt die »evolutionäre Erkenntnistheorie« auf den *Hominisationsprozeß* zurück. Dabei macht sie freilich auch die materielle Vorgeschichte dieses großen Mutationsprozesses geltend. Ich will dazu die wichtigsten Gedanken Konrad Lorenz', der diese Theorie vertrat, skizzieren.

In dem Moment, in dem Materie belebt wird, entsteht für das Lebewesen die Notwendigkeit, sein Dasein fortwährend zu sichern. Dazu benötigt es die Fähigkeit der *Wahrnehmung* und die entsprechenden Sinnesorgane. Diese müssen sich aber an die sich ändernden Umweltbedingungen immer wieder *anpassen*. Dabei werden sie vom zentralen Nervensystem gesteuert, das sich selber weiterentwickeln muß, um mit den immer komplexeren Herausforderungen der Umwelt Schritt halten zu können. So entsteht das *Gehirn* und wird selbst immer komplexer. Auf einer relativ hohen Entwicklungsstufe erscheint das Gehirn mit *Bewußtsein*, dann mit Selbstbewußtsein als Voraussetzung weiterer Evolution, bis hin zum kulturschaffenden Menschen.

Man könnte dieser »evolutionären Erkenntnistheorie« eine gewisse Unklarheit in der Bestimmung dessen, was im Prozeß Ursache und was Wirkung ist, vorwerfen. Allerdings scheint mir die Ansicht konsensfähig zu sein, daß die Hominisation mit dem Erscheinen des *Selbstbewußtseins* zusammenfällt. Hier liegt auch die sonst präzise nicht nachzuzeichnende Grenze zwischen Tier und Mensch. Man könnte sagen: In einem zu Selbstbewußtsein fähigen Gehirn spiegelt sich vorzüglich der Geist. Hinzuzurechnen wäre freilich noch der Faktor Willensfreiheit.

Reizvoll wäre es, an diesem Punkt ein in höchstmöglichem Maß entwickeltes Tiergehirn mit einem Menschengehirn zu vergleichen, und dies nicht einfach in einer punktuellen Funktionsanalyse, sondern aus einer *lebensgeschichtlichen* Perspektive, die auch Lernprozesse und Reifung des Charakters umfassen müßte. Das führte hier aber zu weit. Möglich scheint mir allerdings eine kurze Skizze von der funktionellen Komplexität des menschlichen Gehirns. Eine solche Skizze kann greifbar machen, wie weit gerade dieses Gehirn das Organ der vollen persönlichen Existenz und der entsprechenden Lebensgeschichte zu sein vermag.

6.2.4. Das menschliche Gehirn als Organ personaler Geistigkeit

Den oberen Teil des sogenannten Großhirns bildet die haubenförmige Großhirnrinde, der »Neokortex«, an dessen Basis sich Gewebe befinden, die für die Beschaffenheit der Persönlichkeit entscheidende Bedeutung besitzen. Werden sie verletzt, kann sich der Charakter des Subjekts erheblich, bis in seine sittlichen Verhaltensweisen, verändern. Hier liegt auch der Sitz des Bewußtseins und des Selbstbewußtseins (vgl. dazu Spatz, Menschwerdung, 32–55; Bosshard, 64–78).

Weitere Teile des Gehirns, der Hirnstamm und das Rückenmark, stellen vor allem die unwillkürlichen Vorgänge wie Atmung und Blutkreislauf sicher. Das Kleinhirn ist für die Körpermotorik in allen Bereichen zuständig. Das Zwischenhirn steuert die angeborenen Verhaltensweisen, die Paarungsinstinkte und ähnliche Spontanreaktionen. Diese Teile des Gehirns ähneln den Strukturen des hochentwickkelten Tiergehirns.

Dagegen sind die typisch menschlichen Funktionen in der Großhirnrinde beheimatet. Die Arbeitsteilung zwischen ihren beiden Hälften oder »Hemisphären« illustriert vorzüglich die Komplexität einer Person. Die linke Hälfte heißt die »kategoriale«, weil sie verbale, begriffliche und arithmetische Funktionen erfüllt. Die rechte Hemisphäre heißt »repräsentational«. Hier lassen sich räumliche, zeitliche, bildende und musikalische Assoziationen orten. Zwischen beiden Hälften laufen intensive *Interaktionen* ab, wobei aber der kategorialen Hemisphäre eine dominante Stellung zukommt. Dieser Komplementarität von links und rechts entspricht das Ergänzungsverhältnis zwischen Vernunft und Gefühl, Erkennen und Wollen, analytischem und intuitivem Denken, Logik und Kreativität. Die Frage, ob alle diese Eigenschaften des menschlichen Gehirns einmal von der *künstlichen* Intelligenz übernommen werden können oder nicht, läßt sich heute nicht entscheiden. Allerdings würde die bloße Summe dieser Funktionen nicht ausreichen, um eine Person vollständig zu definieren. Addiert man alles, was ein Menschengehirn leistet, so ergibt sich daraus höchstwahrscheinlich noch keine einmalige Persönlichkeit. Was ein solches Artefakt darstellen würde, kann empirisch nicht ermittelt werden. Denn wir haben nur Menschengehirne als Untersuchungsgegenstände, die schon Persönlichkeit entwickelt haben, d. h. die durch das Bewußtsein ihres Ichs und durch die entsprechende Lebensgeschichte geprägt sind. Gewiß bildet, laut Interaktionstheorie, das geistige Selbstbewußtsein eines Menschen mit seinem organischen Körper eine *unlösbare* Einheit. Aber es geht nicht in diesen auf. Es stellt einen unableitbaren Mehrwert dar.

6.3. Ansätze eines theologischen Menschenbildes

6.3.1. Zum biblischen Menschenbild

Das Menschenbild der Bibel hat unbestreitbar antike, vorwissenschaftliche, philosophisch kaum reflektierte Züge. Wenn ich es aber doch wage, diese alte Anthropologie vorzustellen, so deshalb, weil sie eine *radikale Absage an den Dualismus* beinhaltet, d. h. an die Vorstellung, daß Leib und Seele zwei Substanzen oder zwei miteinander im Gegensatz stehende Größen sind. Auch wird das Leibliche, das »Fleischliche«, im Vergleich mit dem Seelischen und Geistigen nicht abgewertet. Der Körper ist kein Gefängnis der Seele, aus dem erst der Tod als der beste Freund des Menschen befreien kann. Und das Selbst läßt sich nicht einfach mit der unsterblichen Seele gleichsetzen.

117

Insgesamt erinnert das biblische Menschenbild an ein modernes, auch naturwissenschaftlich tragbares, und zwar dadurch, daß es den Menschen als ein *unteilbares Ganzes* versteht. Die Begriffe »Leib«, »Seele«, »Geist«, »Herz« – sagen wir es noch einmal – bezeichnen Momente, Aspekte, gleichsam Dimensionen dieses Ganzen. Ein und derselbe Mensch tritt bald als »Fleisch« oder als »Leib«, bald als »beseeltes Lebewesen«, bald als ermächtigter »Geist«, bald als »Herz« in Erscheinung. Ich will diese Aspekte etwas erläutern.

6.3.1.1. Der Mensch als tierverwandtes, sinnliches, hinfälliges Wesen

Die hebräische Bibel verwendet den Begriff »Fleisch«, im Original »basár«, sehr oft, wenn sie einen Menschen oder eine Menschengruppe meint. Dominierend ist dabei die Tatsache der erfahrbaren *Körperlichkeit*, folglich die Gebundenheit an die Materie. Das erinnert an den Namen »Adam«, der sich vom Wort »adamáh«, »Erde«, herleitet. Der Mensch ist also ein »Erdmensch«. Seine Herkunft aus dem Stofflichen wird damit betont. »Fleisch«, »basár«, verweist außerdem auf eine vom Blutkreislauf durchströmte Muskelmasse, auf einen aus vielen Organen bestehenden Organismus und u. U. auf Geschlechtsorgane. Von da her ist dieses Wort gut geeignet, die geschlechtliche Vereinigung zwischen Mann und Frau auszudrücken. Man denke nur an Gen 2, 24: »Der Mann bindet sich an seine Frau, und sie werden ein (einziges) Fleisch«.

Wohlgemerkt, der Mensch teilt alle hier aufgeführten Eigenschaften mit den *Tieren*. Nur das »Ein-Fleisch-Werden« von Mann und Frau hebt sich vielleicht durch seinen stark *relationalen* Zug vom Tierischen ab. Sonst aber umfaßt die Bibel beide Arten mit demselben Ausdruck »alles Fleisch« (vgl. Gen 6, 17; 9, 16 f.). Als solche sind sämtliche Lebewesen sinnlich, hinfällig, sterblich und schwach. Doch liegt darin kein Grund für eine systematische Abwertung dieser Daseinsweise. Das II. Vatikanische Konzil hat bei diesem Befund ansetzen können, um von der »leiblichen Würde« des Menschen zu sprechen. Ich zitiere nur einen Satz des Konzils: »Das leibliche Leben darf also der Mensch nicht geringachten; er muß im Gegenteil seinen Leib als von Gott geschaffen und zur Auferweckung ... bestimmt für gut und der Ehre würdig halten« (GS 14,1; vgl. Ganoczy, Schöpfung, 45 f.).

6.3.1.2. Der Mensch als atmendes und begehrendes Lebewesen

Nach dem Physischen und Physiologischen betrachten wir nun das Biologische des Menschen, wie es diese altertümliche Anthropologie festhält. Genauso wie das Wort »Fleisch«, »basár«, kann auch das Wort »naéphaeš« (griechisch »psyché«, lateinisch »anima«) den gesamten Menschen bezeichnen. Dieses Wort wird am häufigsten gebraucht, wenn vom Menschen die Rede ist. Seine deutsche Übersetzung mit »Seele« ist sehr fragwürdig. Denn »Seele« besagt für uns heute etwas eindeutig Geistiges, Spirituelles oder Kognitives, im platonischen Denkkontext sogar eine vom Leib abtrennbare, immaterielle Substanz. Tatsächlich bedeutet »naéphaeš« etwas erheblich anderes: zunächst das *Organ* der Kehle und die biologische Funktion der Atmung, wie sie bei den Landtieren und beim Menschen zu beobachten ist (vgl. Jer 2, 24; 15, 9). Wenn ein Lebewesen stirbt, atmet es endgültig aus (z. B. Gen 35, 18).

Solange der Rhythmus des Ein- und Ausatmens andauert, lebt dieses Wesen. So kann dieses Wort ganz einfach mit »Leber« übersetzt werden.

Nach alttestamentlichem Verständnis gibt Gott selbst dem Menschen und den Tieren den »Lebensodem« ein (vgl. Gen 2, 7.19). Deshalb trifft für beide Arten der Sammelbegriff »lebendiges Wesen«, »Lebewesen«, im Hebräischen »naéphaeš hajjá« zu. Alle Lebewesen erfahren aufgrund solcher Begabung *Begehren.* Sie begehren und verlangen nach Luft, Speise, Trank, Geschlechtspartnern (vgl. Gen 34, 2 f.), Freunden und auch nach Gott (vgl. Ps 42, 2 f.). Aber sie *leiden* auch aus demselben Grund, wenn ihre existentiellen Bedürfnisse unbefriedigt bleiben (vgl. Ijob 19, 2). Mitgefühl und Liebe gehören ebenfalls mit in den Kontext von »naéphaeš«.

Interessanterweise ist aber auch die *Unterscheidung* des Menschen vom Tier im Umkreis dieses Begriffs beheimatet. Zumindest läßt sich das Symbol von Gen 2, 7 so interpretieren: »Da formte Gott ... den Menschen aus Erde ... und blies in seine Nase den Lebensatem«. Es handelt sich hier um eine Art des Nasenkusses, der in alten Kulturen als Zeichen von besonderer Vertrautheit, Freundschaft und Intimität gegeben wird. Daß der Schöpfer dem Menschen den Lebensatem auf diese eminent *relationale* Weise eingibt, verweist auf die Würde dieses von ihm privilegierten Lebewesens. Nicht die Vernunft, nicht die intellektuelle Seele, nicht der Geist definiert den Menschen in seiner Überlegenheit über die Tierwelt, vielmehr

119

sein besonderer Bezug zu Gott, seine unverwechselbare, wenn auch biologisch betonte, Beziehung zum Schöpfer.

Von da her versteht sich auch, daß naéphaeš als *Pronomen* für eine Person gebraucht werden kann. Sogar die Verstorbenen erhalten diese Bezeichnung, worin sich eine vage Andeutung der Unzerstörbarkeit ihrer Identität sogar mitten in der Totenwelt verbirgt (vgl. Ps 16, 10; 30, 4; 49, 16).

6.3.1.3. Der Mensch als ermächtigtes Wesen

Der dritte anthropologische Hauptbegriff ist »Geist«, hebräisch »ruach«, griechisch »pneuma«, lateinisch »spiritus«. Auch dieses Wort besitzt eine materielle Bedeutung, wo es z. B. eine heftige, stürmische Luftbewegung, Wind und meteorologische Turbulenz besagt. Es bezeichnet oft eine Kraft, eine *Energie*, die direkt oder indirekt von Gott herkommend, im Kosmos wirksam ist; vornehmlich natürlich die schöpferische Kraft des Gottesgeistes. Hierbei sind die Grenzen zwischen Materialität und Immaterialität ebenso fließend wie etwa aus quantentheoretischer Sicht diejenigen der Elementarteilchen oder der energetischen *Felder*.

Dennoch trägt der biblische Geistbegriff größtenteils ähnliche Bedeutungsinhalte wie unsere heutigen Versuche, im weitgehend organbestimmten Menschen das wiederzugeben, was an ihm überorganisch oder organtranszendent ist. Allerdings geht die Bibel den menschlichen Geist nicht primär von dessen rationalen, kognitiven, wahrnehmenden, bewußtseinsmäßigen Funktionen an. Vielmehr steht der Aspekt von Befähigung, Fähigkeit, Mächtigkeit und Macht im Vordergrund. Z. B. erscheinen die Propheten in diesem Denkkontext als Männer und Frauen des »Geistes«, ebenso die Charismatiker (vgl. Num 24, 2 f.; Hos 9, 7; Apg 2, 17–21). Der von Gott begabte und ermächtigte Mensch folgt anderen Impulsen als der Mensch, der rein »fleischlich« handelt. So ist das berühmte Jesuswort zu verstehen: »Der Geist ist willig, aber das Fleisch ist schwach« (Mk 14, 38).

6.3.1.4. Das Menschenherz als Sitz der Vernunft

Unsere Skizze des biblischen Menschenbildes bliebe unvollständig, würden wir den Begriff »Herz« auslassen. Es mag uns überraschen, daß sich dieses Wort in den meisten Fällen nicht auf die Gefühle bezieht, sondern »intellektuelle, rationale« Funktionen bezeichnet (Wolff, 77). Was wir also heute dem *Gehirn* zuschreiben, sieht die Bibel im Herzen des Menschen vor sich gehen (vgl. 1 Sam 25, 37), vor allem das Verstehen, das Einsehen, das Denken, das Sich-Erinnern oder, um einen wissenschaftlichen Terminus einzuflechten, die Verarbeitung von Informationen. Einige dieser Aspekte faßt das alte Buch der Sprüche gut zusammen: »Das Herz des Verständigen sucht Erkenntnis« (Spr 15, 14).

Dieser Grundbegriff kommt bedeutungsmäßig unserem modernen *Bewußtsein* nahe (vgl. Spr 7, 3; Jes 65, 17; 2 Kor 3, 2 f.), oder auch jenem »sich seiner selbst bewußten Geist«, der, der Interaktionstheorie zufolge, für die Aktivierung der Gehirnfähigkeiten zuständig ist.

Als Herz reflektiert der Mensch über seine eigenen Gedanken und Gefühle, so daß hier auch die Aspekte »Selbstbewußtsein« und sich lebensgeschichtlich entfaltende »Persönlichkeit« mitschwingen (vgl. Ps 44, 22; Spr 15, 11). Dazu gehört freilich auch der Aspekt *Wille*, der aus dem Menschen ein Wesen macht, das sich vor Gott und seinen Mitmenschen verantworten muß.

Daß auch mit »Herz« etwas zutiefst Relationales gemeint ist, ergibt sich aus der Einsicht, daß Gott, analog verstanden, ebenfalls ein Herz hat. Aber auch in Gottes Herzen sind die Verstandesfunktionen die primären. Dort organisieren sich die Pläne und die Beschlüsse des Schöpfers (vgl. Ps 33, 11; Jes 63, 4; Jer 7, 31). Auf jeden Fall steht das Herz Gottes in Beziehung zu den Menschenherzen, und so entsteht die Beziehungsgröße des Bundes, d. h. der Partnerschaft zwischen Jahwe und Israel.

6.3.1.5. Fazit

1. Vor dem Hintergrund des Gesagten erscheint unsere interdisziplinär reflektierte Leib-Seele-Problematik womöglich in neuem Licht. Gewiß ist das »Gehirn« kein anthropologischer Schlüsselbegriff der Bibel. Dennoch kommt die Bedeutung von »Herz« dem nahe, was mit »Gehirn« gemeint ist. Auf jeden Fall handelt es sich aber um ein Organ, das den Knotenpunkt zwischen menschlicher Biologie und Psychologie bildet.

Dieser Befund erlaubt es mir zu behaupten: Bei aller Altertümlichkeit und theologischem Befrachtetsein kann das biblische Menschenbild die Sinnhaftigkeit eines Austausches zwischen naturwissenschaftlicher und theologischer Rede von Leib, Seele, Geist, Bewußtsein und Selbst erhärten. Also nicht nur eine philosophische

121

oder gar psychoanalytisch geprägte Anthropologie dürfte theologisch relevant sein, sondern vielleicht mehr als diese, eine physiologisch, biologisch und empirisch-psychologisch bestimmte. Denn diese setzt ebenfalls beim Organischen an.

2. Eine zweite Schlußfolgerung: Das Verhältnis Mensch – Tier könnte im Lichte der Bibel völlig unverkrampft diskutiert werden. Es geht ja nicht primär um einen theoretischen Beweis des ohnehin täglich verifizierbaren Faktums, daß nämlich der Mensch dem Tier wesentlich überlegen ist. Vielmehr werden hier Ansätze zu einem neuen Bewußtsein der Gemeinsamkeiten zwischen beiden Arten angeboten. Eine Einladung zum Bewußtmachen unserer *Mitgeschöpflichkeit* bis zur Anerkennung der Rechte der Tiere angesichts der Menschenrechte.

Daß die Bibel das Besondere am Menschen nicht von seiner leiblichen, seelischen und geistigen Struktur her angeht, sondern von seiner *Gottesbeziehung* und seiner Fähigkeit zur Religionsausübung, ist aufgrund ihrer theologischen Absicht legitim.

3. Wie der Mensch als Fleisch, Lebewesen, ermächtigtes Subjekt und »Herz« mit dem *Tod* konfrontiert wird, malt die Glaubensquelle in dramatischen Zügen aus. Darüber will ich später mehr sagen. Es genügt hier, auf eine mögliche Konvergenz zu verweisen zwischen dem, was die Bibel einerseits mit Leben bei Gott und mit der Auferstehung des »Fleisches« meint, und dem, was ein Physiker wie Paul Davies über die Beständigkeit der »Seele« bzw. des »Selbst« von seiner naturwissenschaftlichen Sichtweise her andeutet.

4. Das Hauptmerkmal der biblischen Anthropologie sehe ich in seiner *relationalen* Prägung. Der Mensch wird nicht bloß als individuelles Lebewesen betrachtet. Fast alles, was über ihn gesagt wird, besitzt eine *gemeinschaftliche* Dimension. Der Mensch sagt »Ich« in seinem Umgang mit dem dazugehörigen »Wir« und angesichts des analogen »Ichs« seines Gottes. Er wird, was er wird, dank dieser Beziehungen. Der Mensch erscheint hier als ein Wesen der Kommunikation. Das ist wichtig bereits im Hinblick auf eine moderne theologische Anthropologie, über die noch zu sprechen sein wird.

6.3.2. Theologische Anthropologie in der Gegenwart

Aus Zeitgründen werde ich in diesem Abschnitt nur die Theorien zweier Theologen exemplarisch vorstellen, nämlich diejenigen Karl Rahners und Niklas Bosshards. Beide haben einen Dialog mit verschiedenen Naturwissenschaftlern geführt, Bosshard noch intensiver als Rahner.

Rahner arbeitet mit dem Begriff »personale Geistseele« und behandelt diesen im Kontext der *Entstehung* der Menschheit und des Menschen. Vor allem befaßt er sich mit der Frage, wie die sich aus Personen zusammensetzende Menschengattung und schon das Kind im Mutterschoß das geworden sind, was sie sind. Das heißt, daß dieser Theologe von vornherein in genetischen, weitgehend evolutionären Kategorien denkt. Seine Beobachtungen befassen sich insbesondere mit der »Phylogenese«, d. h. der Entstehung der Arten, und mit der »Ontogenese«, d. h. der Entstehung eines einzelnen, menschlichen Individuums. Sofern Rahner bezüglich des Werdens der persönlichen Geistseele den kognitiven Aspekten den Vorrang gibt, kommt sein Ansatz der »evolutionären Erkenntnistheorie« ziemlich nahe.

In seiner Arbeit über das »Problem der Hominisation« (QD 12/13) spricht Rahner zunächst von der »Vorgeschichte« der Geistseele in der Geschichte der materiellen und biologischen Dinge. Bereits der unbelebten Materie ist eine – wie es heißt – »aktive Selbsttranszendenz« eigen (ebd., 61). Dieser Begriff erinnert stark an die naturwissenschaftliche Formel »Selbstorganisation der Materie« (E. Jantsch). Mit »aktiver Selbsttranszendenz« ist die Aktivierung der Fähigkeit und des Bestrebens gemeint, etwas mehr, etwas Höheres zu werden. Die Materie kann mehr als bloße Materie werden und dies weitgehend, wenn auch nicht ausschließlich, aus eigenen Kräften. Man könnte dies mit einer Ausbaufähigkeit auf höhere Stadien hin oder mit einer Potentialität bzw. *Disponibilität* vergleichen, wie Eccles es mit Blick auf das Gehirn getan hat. Eine solche Disponibilität der organischen Materie, mehr zu werden, ist keineswegs mit Passivität gleichzusetzen. Das gemeinte »Mehr*werden*« oder »Anders*werden*« vollzieht sich zu einem guten Teil in Eigentätigkeit und Eigengesetzlichkeit. Wieweit dabei auch der *Zufall* mitspielen mag, sagt Rahner nicht. Er scheint mir eher eine innere Zielgerichtetheit der Evolution zu vertreten. Demnach entwickelt sich die belebte Materie mit *Notwendigkeit* zur Stufe der Hominisation weiter. Der Mensch steht im Fadenkreuz der Evolution. Er erscheint als das Ergebnis der belebten Materie, die sich in ihrem Streben nach der Struktur »Geistseele« *überboten* hat. Ob eine solche Selbstüberbietung in eine andere Richtung verlaufen und z. B. auch eine bloße Tierseele erzeugen kann, darüber läßt sich Rahner nicht aus.

Entscheidend ist für Rahner, daß sowohl in der Phylogenese, wie in der Ontogenese ein »biologisches Substrat« zustande kommt, das ausreicht, die Entstehung der Geistseele zu ermöglichen (ebd., 79). Nun handelt es sich für den Theologen um ein von Gott eröffnetes Möglichwerden. Das heißt, Gott als Schöpfer schafft die persönliche Geistseele nicht in direkter Kausalität, sondern vielmehr dadurch, daß er für sie die Voraussetzungen schafft. Gott ist der Möglichkeitsschöpfer. So kommt es auf der Ebene der Verwirklichung immer zu einem *Zusammenwirken* eines biologischen und eines überbiologischen Faktors (vgl. ebd., 57 f.). Daraus folgt, daß jeder neue Mensch, jeder Embryo im Mutterschoß zugleich biologisch und »göttlich« verursacht wird. Das alles ermöglichende, schöpferische Tun begründet die einmalige Persönlichkeit jedes werdenden Menschen mit.

Daß dieser Prozeß mit der Entstehung und der Entwicklung eines komplexen Gehirns zu tun hat, unterstreicht Bosshard. Und da es sich für ihn dabei um einen vor allem »kognitiven Prozeß« handelt (Bosshard, 77), kann er die »evolutionäre Erkenntnistheorie« viel dezidierter vertreten als Rahner. *Erkennen und Menschwerden* binden sich in korrelativer Weise auf die Potentialitäten des Gehirnes zurück, welche bereits im ersten Daseinsmoment eines Menschen im Keim angelegt sind.

Freilich reicht das Erkennen-Können bzw. das tatsächliche Erkennen nicht aus, um aus einer menschlichen Geistseele eine persönliche Geistseele zu machen. Dazu trägt entscheidend der Faktor *Beziehung*, Relation bei. Der Mensch wird nur mit und durch die anderen Menschen zu einem Selbst. Die zwischenmenschlichen Beziehungen bewirken, daß ein Individuum sich als Person entfalten kann.

Bewußte, gewollte, kreativ mitgestaltete Beziehungen, wobei auch vom Nervensystem nicht ableitbare Verhaltensweisen mitspielen, wie z. B. Glauben und Hoffen, setzen den Menschen durch sein einmaliges Selbst von der Tierwelt radikal ab. Dazu ist freilich auch der frei anzunehmende oder abzulehnende *Gottesbezug* zu rechnen, wie ihn die Bibel vertritt.

Damit habe ich einen wichtigen Punkt der theologischen Geist-Seele-Theorie erreicht: Der Mensch als Mensch ist auch des moralisch *Bösen* fähig. Diese Fähigkeit gehört zu seiner Würde gerade als Geistwesen. Der Mensch sündigt geistig, wenn er sündigt. Nicht etwa »leiblich« oder »fleischlich« oder irgendwie »instinktiv«. Damit ein ethisch verwerfliches Tun entstehen kann, müssen Freiheit und Verantwortung gegeben sein. Wo z. B. eine Person ihren Instinkten bewußt, willkürlich und rücksichtslos freien Lauf gewährt und damit ihre Mitmenschen schädigt, ist dies ein geist-seelischer Akt. Daraus folgt, daß Verantwortlichkeit und Ethos unabdingbare Bestandteile der leib-seelisch-geistigen Einheit sind, wie die heutige Theologie sie versteht. Auch das macht den Menschen dem Tier überlegen.

7. Raumzeit versus Ewigkeit

7.1. Naturwissenschaftliche Erkenntnisse

7.1.1. Von Newton zu Einstein

Die Frage nach dem Raum und die Frage nach der Zeit wurden in den letzten drei Jahrhunderten von den entsprechenden Theorien Newtons bestimmt. Der Vater der klassischen Physik behandelte diese beiden Fragen unabhängig voneinander in zwei verschiedenen Kapiteln seiner »Prinzipien der Naturlehre«, die übrigens eine Natur*philosophie* sein will. Außerdem unterteilte Newton die Begriffe Raum und Zeit in jeweils zwei Bereiche. Er unterschied den *absoluten* Raum von den *relativen* Räumen und die absolute Zeit von der relativen Zeit. Dabei ging er jeweils von dem absoluten Begriff aus. Die Revolution, die Einstein in diesem Bereich der theoretischen Physik herbeigeführt hat, zieht den Verzicht auf jede philosophische Spekulation über absolute Formen von Raum und Zeit nach sich und weist diese in ihrer empirisch nachweisbaren Relativität auf.

Aber bleiben wir vorerst noch bei Newton. Was beinhaltet seine Theorie? Man kann grob sagen: An erster Stelle eine Lehre vom Weltall, vom *Welt-Raum*, dessen Unermeßlichkeit ihn fasziniert. Er ist sich der astronomischen Dimension dieses Universums voll bewußt. Ja, er betrachtet es als eine unendliche Größe (vgl. Optik, 121), in der Gott allgegenwärtig ist. Sofern er unendlich ist, übersteigt dieser Raum jegliche Sinneserfahrung. Er kann nur mathematisch beschrieben werden. Außerdem bildet er eine in sich »stets gleich« bleibende und »unbewegliche Größe«, die – das ist für Newton entscheidend – auf keinen »äußeren Gegenstand« bezogen ist (Prinzipien, 29). Das heißt: Er ist *nicht relativ* zu einer anderen Größe, also auch nicht zur Zeit. Auch in diesem Sinn verdient er das Prädikat »absolut«.

Als eine solche unendliche, unbewegliche, unveränderliche, in sich ruhende, nach außen hin beziehungslose Größe umfaßt aber der absolute Raum, vergleichbar mit einem Riesenbehälter, eine

Vielfalt von »relativen Räumen«. Die relativen Räume innerhalb des absoluten Raumes sind der Sinneserfahrung zugänglich, das heißt meßbar. Zwischen ihnen wirken »Fernkräfte«, die z. B. das Licht von einem Himmelskörper zum anderen tragen. Schließlich herrscht in dem so eingerichteten Weltall die Geometrie des Euklid mit seinen bekannten drei Dimensionen: Länge, Breite, Höhe.

Eine ähnliche Theorie stellt Newton für die *Zeit* auf: »Die absolute ... und mathematische Zeit verfließt an sich ... gleichförmig und ohne Beziehung auf irgendeinen äußeren Gegenstand« (ebd., 25). Diese Art von Zeit nennt Newton die wahre Zeit, aber im Sinne einer Wahrheit, die unserer Sinneserfahrung direkt nicht zugänglich ist. Sie hat mit der Alltagserfahrung nichts zu tun. Ich zitiere weiter: »Die relative, scheinbare und gewöhnliche Zeit ist dagegen ein fühlbares und äußerliches ... Maß der Dauer, dessen man sich gewöhnlich statt der wahren Zeit bedient, wie Stunde, Tag, Monat, Jahr« (ebd.).

Diese Theorien Newtons hat nun Einstein einer radikalen Kritik unterzogen. Einstein hält den Gebrauch des Absolutheitsprädikats in Bezug auf Raum und Zeit für nicht angemessen. Noch unangemessener erscheint ihm deren methodische Trennung. Er ist überzeugt davon, daß Raum und Zeit im wesentlichen *korrelative* Größen sind. Sie sind immer aufeinander bezogen. Diese gegenseitige Bezogenheit macht ihre *Relativität* aus.

Nach dieser Einführung will ich den gar nicht leichten Versuch unternehmen, wenigstens einige Grundzüge der speziellen und allgemeinen Relativitätstheorie Einsteins darzulegen.

7.1.2. Zur speziellen Relativitätstheorie

Weit entfernt von jeglichen statischen Raumvorstellungen, interessiert sich Einstein für *bewegte* Körper. Will man Eigenschaften solcher Körper räumlich *messen*, so muß man ihre Abhängigkeit *voneinander* berücksichtigen. Einstein erklärt, »zur Beschreibung eines Körpers« bedürfe man zumindest »eines zweiten Körpers«, oft aber mehrerer. »Die Bewegung eines Wagens wird auf den Erdboden bezogen, die eines Planeten auf die Totalität der sichtbaren Fixsterne« (Weltbild, 128). Solche bewegten Gegenstände bilden *Koordinatensysteme*.

Wenn auch einzelne Koordinatensysteme im Experiment oder im Modell von anderen Systemen notgedrungen isoliert werden müssen, verknüpfen sie sich in der Natur miteinander in engster Weise. Auf ihre Verwobenheit ist es zurückzuführen, daß eine exakte Gesamtmessung schwierig ist. Wo auch immer sie gemessen werden, sie unterliegen alle einem einzigen und universellen Maßstab, nämlich der Lichtgeschwindigkeit, die im Vakuum konstant bleibt (ca. 300 000 km/s).

Mit der in allen Teilen des Universums im Vakuum konstant bleibenden Lichtgeschwindigkeit ist eine gemeinsame Grundlage zur Messung sowohl für räumliche als auch für zeitliche Daten gegeben. Gewiß verbreitet sich das Licht nicht nur im leeren Raum, sondern auch über gasförmige Substanzen, wie die Luft, und wird gespiegelt durch feste und flüssige Körper. Diese reduzieren ihre Geschwindigkeit. Dennoch ist das Licht in seiner Bewegung auf keine Trägersubstanzen angewiesen, so daß die Lichtgeschwindigkeit doch, bei aller Variabilität der Verbreitung, die Richtgeschwindigkeit für andere Bewegungen bleiben kann. Deshalb konnte Einstein die Lichtgeschwindigkeit zur Grundlage seiner speziellen Relativitätstheorie der bewegten Koordinatensysteme machen.

Zur Beschreibung dieses Verhaltens des Urphänomens Licht benutzt Einstein die *Feldtheorie* Maxwells. Er stellt fest, daß sich das Licht über »wellenförmige Felder« mit konstanter Geschwindigkeit ausbreitet (vgl. AmspJ, 83). Diese Felder bilden eine recht eigenartige Wirklichkeit. Laut Pascal Jordan sind sie eine »nicht-materielle« Realität und als solche die gleichsam »außerhalb der Materie befindliche« Bedingung für alle physikalischen Vorgänge (vgl. Der Naturwissenschaftler, 125). Man könnte vielleicht sagen: Bevor Materie entsteht, ist schon das Feld vorhanden, das sie ermöglicht. Als eine Gesamtheit von Energiespannungen und Wirkungen stellt das Feld die Voraussetzung für das Ermöglichen jener materiellen Systeme dar, die wir als Raum erfahren. Nun bewegt sich das Licht – so Einstein – über »wellenförmige Felder«.

Entscheidend für die spezielle Relativitätstheorie ist, daß das Licht sich in diesem eigenartigen Bereich, den sich der Laie als jenseits von Raum und Zeit vorstellen mag, bewegt. Seine in Raum und Zeit entfaltete Geschwindigkeit erweist sich, wie gesagt, als der einzig mögliche *gemeinsame Maßstab* sowohl für den Raum als auch für die Zeit. Mehr noch: Sie bewirkt, daß jeder konkrete Raum *zeitrelativ* und jede konkrete Zeit *raumrelativ* ist. Das bedeutet, jeder Raum hat seine eigene Zeit. Und jeder Zeitablauf hat seinen eigenen Raum. Damit liegt der Sachverhalt des »Raum-Zeit-Kontinuums«

oder – in der Mehrzahl – der »Raum-Zeit-Kontinuen« vor. Diese finden jedoch nicht notwendigerweise gleichzeitig statt. Sie *können* zusammenfallen, aber auch divergieren.

Nehmen wir ein Beispiel für das faktische Zusammenfallen zweier unabhängiger Raum-Zeit-Kontinuen. Das eine besteht aus einem Leuchtturm an der Küste, der in periodischen, regelmäßigen Abständen Signale aussendet. Das andere Raum-Zeit-Kontinuum wird durch einen Schiffskapitän gebildet, der sich mit seinem Boot in relativ geringer Entfernung zum Leuchtturm befindet. So nimmt er die Signale praktisch im selben Moment wahr, in dem sie ausgesendet werden. Es herrscht eine *Quasi-Gleichzeitigkeit* zwischen dem sendenden und dem empfangenden Raum-Zeit-Kontinuum.

7.1.3. Zur allgemeinen Relativitätstheorie

Während die spezielle Relativitätstheorie das Raum-Zeit-Kontinuum erklärt und dabei mit dem Maßstab der Lichtgeschwindigkeit arbeitet, legt die allgemeine Relativitätstheorie das Prinzip der Raumkrümmung mit Hilfe des Gravitationsgesetzes dar.

Den Begriff *Raumkrümmung* oder *gekrümmter Raum* darf man nicht allzu wörtlich nehmen. Er beinhaltet nach Einstein zunächst einmal eine grundsätzliche Infragestellung der klassischen Geometrie von Euklid und Newton. »Die Gesetze, nach welchen sich die festen Körper im Raume anordnen lassen, stimmen nicht genau überein mit den Lagerungsgesetzen, welche die euklidische Geometrie den Körpern zuschreibt. Dies meint man, wenn man von ›Krümmung des Raumes‹ redet. Die Grundbegriffe ›Gerade‹, ›Ebene‹ usw. verlieren dadurch ihre exakte Bedeutung in der Physik« (Weltbild, 130).

Einstein denkt hier immer noch an bewegte Körper, die miteinander interagieren. Dabei sind ihre Bahnen und ihre Verhaltensweisen nicht einfach bestimmbar. Denn sie werden von einer Reihe äußerer Faktoren, vor allem aber von den verschiedenen *Gravitationsfeldern*, die in ihrer Nähe wirksam sind, beeinflußt. Auch ihre jeweilige Zeit steht unter solchen Einwirkungen. Der Gang, der ihnen innewohnenden Uhren wird dadurch modifiziert. Das beste Beispiel liefert dafür wiederum die Raumfahrt. Im Weltraum, wo die Erdgravitation abnimmt und womöglich andere Gravitationsfelder spürbar werden, gibt es eine andere Uhrzeit als auf der Erde. Wenn die in allen Himmelsrichtungen wirkenden Gravitationskräfte das Universum und seine Bestandteile so sehr relativieren, daß die *drei* Dimensionen des Euklid zu seiner objektiven Beschreibung nicht mehr ausreichen, dann versteht man, was die Formel von einer *Vier-Dimensionalität* des Raumes besagen will. Diese Formel addiert die drei klassischen Dimensionen der Länge, der Breite, der Höhe bzw. der Tiefe mit der vierten Dimension der dazu gehörenden Zeitlichkeit, die ihrerseits gravitationsabhängig ist.

An dieser Stelle könnte ein nachdenklicher Laie folgende Fragen aufwerfen: Wenn es im Universum völlig verschieden geartete Raum-Zeit-Kontinuen gibt und wenn diese doch aufeinander bezogen sind, kann man dann irgendwo und irgendwann *feste Punkte* bestimmen, von denen ausgehend man sinnvolle Höhen-, Breiten- oder Längenmessungen vornehmen kann? Ist dies nicht ein illusorisches Unterfangen? Denn wird nicht immer das, was für bestimmte Beobachter oben liegt, für andere unten liegen? Sind denn nicht alle Längen- und Breitenangaben ebenfalls zwei- oder sogar mehrdeutig? Werden unter diesem Blickwinkel nicht auch unsere gewohnten, liebgewonnenen »Dimensionen« durch die Einsteinsche Revolution tangiert?

In diesem Zusammenhang steht aber auch die Frage nach der *Unendlichkeit*. Gemeint ist eine Vorstellung von einer Sphäre, in der oder in die hinein sich alle Höhen-, Tiefen- und Entfernungsangaben gleichsam verlieren. Einstein hat lange Zeit überlegt, ob unser Universum räumlich unendlich sei. Unendlich etwa auch als materielles Spiegelbild jener »überlegenen Vernunft«, in der Einstein das Göttliche erkannte. Letztendlich hat er aber die Endlichkeitshypothese für wahrscheinlicher und nachweisbarer gehalten. Denn nur durch die Wechselwirkungen endlicher Massen läßt sich das allgemeine Gravitationsgesetz so verifizieren, wie es die allgemeine Relativitätstheorie verlangt. Einsteins Schlußfolgerung lautet: Die »Zurückführung der Trägheit auf Wechselwirkungen zwischen den Massen« ist »nur dann möglich«, wenn »die Welt räumlich endlich ist« (Weltbild, 126).

An diesen Punkt könnte der Theologe anknüpfen, um die nichträumlich bzw. überräumlich gedachte Unendlichkeit Gottes anzusprechen. In der religiösen Symbolik findet man bevorzugt bildhafte Vorstellungen, die Gott die Dimension der Höhe zuschreiben. Man denke nur an das Gebet »Ehre sei Gott in der Höhe!«. Genaugenommen ist damit keine räumliche Höhe gemeint, nichts quantitativ Meßbares, sondern etwas zutiefst Qualitatives: Das radikale *Anders-*

sein Gottes, das der Mensch begrifflich nie vollständig wird erfassen können und das gerade deshalb unseren Erkenntnisdrang immer neu herausfordert. Diesem entspricht im Bereich der Naturwissenschaften die absolute Unvoraussagbarkeit aller noch möglichen Erkenntnisse. Einstein dürfte wohl auch daran gedacht haben, als er die forschenden Wissenschaftler als die einzig wahrhaft religiösen Menschen bezeichnete.

7.1.4. Zur Zeitvorstellung

Wenn wir nun Näheres über die physikalische Zeitvorstellung sagen wollen, sind wir noch einmal genötigt, auf einen Gegensatz zwischen Newton und Einstein zu sprechen zu kommen. Denn wo Newton auf der absoluten Zeit bestand, hob Einstein die Zeitrelativität hervor.

Newton befand: »Die absolute, wahre und mathematische Zeit verfließt an sich ... gleichförmig ... ohne Beziehung auf irgendeinen äußeren Gegenstand ... Die relative, scheinbare und gewöhnliche Zeit« ist ein »Maß der Dauer, dessen man sich gewöhnlich anstelle der wahren Zeit bedient, wie Stunde, Tag, Monat, Jahr.« (Prinzipien, 25). Wir sehen es: Newton qualifiziert seine recht abstrakt anmutende absolute Zeit als die *wahre* Zeit, während er in der Uhrzeit etwas *Scheinbares* erblickt. Inwieweit die sogenannte wahre Zeit einen Gegenstand oder eine persönliche Existenz betrifft und inwieweit die meßbar ablaufenden Momente, Stunden, Tage usw. das messende Subjekt selbst unbedingt angehen, scheint Newton kaum zu interessieren. So zeigt sich der Vater der klassischen Physik weit entfernt von der psychologischen Zeittheorie des Kirchenvaters Augustinus, der die Zeit ganz an die *Seele* band, an das Subjekt, das sich erinnert, erwartet und hier und jetzt etwas erlebt. Die Zeit Newtons sowohl in ihrer absoluten als auch in ihrer relativen Form erscheint als restlos objektiv, weil ohne eigentliche Beziehung zu einem Subjekt.

Einstein versucht hingegen, auch dem gerecht zu werden, was er »subjektive Zeit« nennt. Demnach erfahre ich die Zeit, indem ich die körperlichen, räumlichen Objekte und den Erlebnisschatz der Gruppe, zu der ich gehöre, mit meiner »gedanklichen Konstruktion« von Vergangenheit, Gegenwart und Zukunft konfrontiere, in Beziehung setze. Diese subjektive Zeit tritt als solche in einen größeren Komplex ein, zu dem sowohl die Welt der Mitmenschen als auch die der Objekte gehört. Erst so entsteht die eigentlich »objektive Zeit«. Eine objektive Zeit, die freilich nichts Absolutes hat, vielmehr ganz und gar raumrelativ bleibt.

Nachdem Einstein in seiner Zeitvorstellung das subjektive und das objektive Element miteinander so verbunden hat, kann sein Leser im Grunde nur staunen, wenn er in einem Satz Vergangenheit, Gegenwart und Zukunft als bloße gedankliche Konstruktionen, ja sogar als »Illusion« bezeichnet (AmspJ, 74).

An diesem Punkt möchte ich auf ein Forscherpaar, den Thermodynamiker Ilya Prigogine und die Philosophin Isabelle Stengers, hinweisen. In ihrem Gemeinschaftswerk *Dialog mit der Natur* nehmen sie Stellung sowohl gegen die Zeit-Mechanik Newtons als auch gegen eine teilweise Bagatellisierung des tatsächlichen Zeitablaufs bei Einstein. Ihnen zufolge hat die Physik keinen Grund, »zeitlos« zu denken. Denn sie kann einerseits vom zweiten Hauptsatz der Thermodynamik nicht getrennt werden, andererseits hat sie auch Personen zum Beobachtungsobjekt. Nach dem Zweiten Hauptsatz nimmt die Entropie in geschlossenen Systemen, folglich auch im endlichen Universum, ständig zu. Dadurch wird den einzelnen Ereignissen eine *Richtung* eingeprägt, die nicht rückgängig gemacht werden kann. Die Zeit ist folglich ein *irreversibler* Vorgang. Sie ist unumkehrbar. Der Entropiesatz macht es unmöglich, daß sie zurückgedreht wird wie ein Film durch eine mechanische Umstellung der Drehrichtung.

Andererseits folgen Prigogine und Stengers dem Philosophen Bergson, der im Bewußtsein eines Subjektes eine Vielzahl von nebeneinanderlaufenden, »*erlebten* Zeiten« erkannte (vgl. Mélanges, 1340–1346). Nach dessen Vorstellung füllt sich unsere Lebensgeschichte gleichsam mit einmaligen Ereignisinhalten: Was einmal geschehen ist, kann nicht ungeschehen gemacht werden. Es konstituiert reale Lebensgeschichte.

Prigogine und Stengers halten es mit ihrem naturwissenschaftlichen Konzept für vereinbar, ebenfalls eine *Vielfalt* von Zeiten anzunehmen, die bei einem Ding und einer Person interagieren können. Sie schreiben: Die Physik erkennt heute an, »daß es die irreversible Zeit der Entwicklungen zum Gleichgewicht gibt, die rhythmische Zeit der Strukturen, deren Aktivität von den sie durchfließenden Strömen genährt wird, die sich verzweigende Zeit der Entwicklung durch Instabilitäten, ja sogar die mikroskopische Zeit … Jedes komplexe Wesen beinhaltet eine Vielfachheit von Zeiten, die alle durch subtile und komplexe Verbindungen miteinander verknüpft sind.« (DN, 286 f.).

133

Diese Komplexität der verschiedenen Zeiten scheint mir der Philosoph Georg Picht im Sinne einer *diachronen* und einer *synchronen* Dynamik zu interpretieren. Ähnlich wie Prigogine und Stengers sieht Picht den Zeitprozeß als eine asymmetrische, nach vorne offene Größe, die bis zum *Tode* des Individuums und des Universums andauert und verschiedene Räume nacheinander durchfließt (vgl. Picht I, 368–371). Mitten in diesem diachronen, durchlaufenden Prozeß dient die Gegenwart gleichsam als Katalysator der Zeitmodi. Sie konstituiert den Zeitraum, in dem sich Vergangenheit und Zukunft aufeinander beziehen. An diesem »Treffpunkt« begegnen sich die von der Vergangenheit verursachten Notwendigkeiten, die in der Zukunft enthaltenen Möglichkeiten und die in der Gegenwart waltenden Wirklichkeiten. Die zentrale Stellung der Gegenwart, in der alles zusammenströmt, privilegiert sie unter den Zeitdimensionen.

Ein Picht-Schüler, der Physiker und Philosoph A. M. Klaus Müller hebt seinerseits das synchrone Moment in der Vernetzung der Zeiten hervor. Er prägt die Vorstellung von einer »Verschränkung der Zeitmodi« (vgl. Müller, 210). Das heißt: Das einmal Geschehene und das nur Mögliche verdichten sich im Hier und Jetzt der raumzeitlichen Gegenwart. Sie treffen nicht nur aufeinander, sondern verschränken sich ineinander. Dies kann in verschiedenen Bereichen *erlebt* werden: Wissenschaft, Kunst und Religion.

Der *Physiker* erlebt etwas Ähnliches, indem er z. B. mit seinem Vorwissen im Hinterkopf Wahrscheinlichkeitsrechnungen und Voraussagen zu einem laufenden Experiment anstellt. Möglicherweise kommt ihm dabei eine Eingebung (man denke nur an Poincaré!), die die gesuchte und erwartete Lösung bringt. So vereinigen sich im Experiment alle drei Zeitmodi und füllen sich zunehmend mit Inhalten.

Und der *Künstler*? Ist er Musiker, so liegt ihm ein in der Vergangenheit entstandenes Stück eines Komponisten vor. Dessen Werk interpretiert er persönlich und bedient sich möglicherweise eines noch nicht dagewesenen Aufführungsstils. So kann seine Zuhörerschaft ihn und seine Interpretation in der Gegenwart des Konzerts erleben.

Daß eine analoge Verschränkung der Zeitmodi auch im religiösen Bereich, etwa in der Prophetie, in der Mystik und in der sakramentalen Praxis zu finden ist, gehört bereits in das theologische Kapitel.

7.2. Theologische Reflexion über unser Raum-Zeit-Kontinuum

7.2.1. Relativität und Relationalität

Einstein hat die Newtonsche Bezeichnung der absoluten Größen als »wahr« und der relativen als »scheinbar« nicht gelten lassen. Er mag sich gefragt haben: Sind denn der absolute Raum und die absolute Zeit deshalb wahr, weil sie »ohne Beziehung auf einen äußeren Gegenstand« existieren? Offenbart uns die Erfahrung nicht das Gegenteil? Nämlich, daß die »Wahrheit« von Raum und Zeit eben darin besteht, daß sie sich aufeinander beziehen? Muß man daraus nicht schließen, daß wir Raum und Zeit schon rein physikalisch nur als relative, oder besser als *korrelative*, Wirklichkeitsdimensionen erkennen?

Nun hat der Theologe keine Schwierigkeiten, die Einsteinsche Theorie anzunehmen. Er wird allerdings über diese hinausgehen und ihr einen zusätzlichen Relativitätsfaktor hinzufügen, nämlich den *Menschenbezug* von Raum und Zeit.

Von Hause aus ist der Theologe an der anthropologischen Dimension der verschiedenen Raum-Zeit-Kontinuen interessiert. Denn sein primärer Gesichtspunkt ist nicht kosmologisch bestimmt. Er betrachtet die Räume und Zeiten vor allem in ihrer Bedeutung für Personen und Gruppen und ihren Gottbezug. So dürfte wohl gesagt werden: Indem die Theologie die Relativitätstheorie aufnimmt, fügt sie dieser ihre eigene *Relationalitätstheorie* hinzu. Demnach erscheinen die jeweils raumrelative Zeit und der jeweils zeitrelative Raum als das dynamische Feld für menschliche und zwischenmenschliche Relationen.

Eine solche Sicht der Dinge findet meines Erachtens eine Analogie in der Erkenntnis Heisenbergs, daß das Subjekt des Beobachters konstitutiver Bestandteil eines in Raum und Zeit meßbaren Beobachtungsvorganges ist. Das Subjekt bringt in den sonst objektiven Verlauf des Experiments ein bestimmtes Maß an persönlicher Relationalität ein.

Viel entscheidender hebt freilich eine Theologie des Raum-Zeit-Kontinuums die Stellung der Person und der Gemeinschaft hervor. Man kann hierbei von einer perspektivischen Anthropozentrik sprechen.

7.2.2. Zur Anthropozentrik der theologischen Raum-Zeit-Theorie

1. Befragen wir die *mythischen* Traditionen, welche der jüdisch-christlichen Religion vorausgegangen sind und sie zum Teil beeinflußt haben, so finden wir den Glauben an Heilige Räume und Heilige Zeiten vor. Kultorte und Feste bestimmen das Leben erheblich. Sie richten sich oft nach Vorgaben der Naturwelt, doch markieren sie vor allem privilegierte Orte und Momente der Gottheitserfahrung einer bestimmten Menschengruppe. Die Selbsterfahrung dieser Gruppe stellt gleichsam die »Mitte« dar, aus der dann die umgebende Natur bis hin zum gesamten Universum gedeutet wird.

2. Auch die *Bibel* kennt Heilige Zeiten und Heilige Räume, die zur Heiligung des Menschen dienen. Aber sie bezeugt zugleich eine sehr profane Art der Raum- und Zeitdeutung. Was den Raum anbelangt, ist nochmals die Genesis zu nennen. In ihrem ersten Kapitel eröffnet sie eine kosmische Perspektive, in der dann der Mensch als Spitze der Geschöpfepyramide dargestellt wird. Das zweite Kapitel stellt einen symbolischen Garten vor. Dieser steht für die Erde, die der Mensch zu bebauen und zu bewahren hat, die Erde, die ganz zur Befriedigung von menschlichen Bedürfnissen bestellt wird. Der Raum erscheint hier also weitgehend als Lebensraum des Menschen, und zwar schon im rein profanen Sinn des Wortes.

Was die Zeit betrifft, so ist vermutlich jedem Bibelkenner folgender Text aus dem Buch Kohelet bekannt: »Alles hat seine Stunde. Für jedes Geschehen unter dem Himmel gibt es eine bestimmte Zeit. Eine Zeit zum Gebären und eine Zeit zum Sterben, eine Zeit zum Pflanzen und eine Zeit zum Abernten der Pflanzen ... eine Zeit zum Niederreißen und eine Zeit zum Bauen, eine Zeit zum Weinen ... und eine Zeit für den Tanz ... eine Zeit zum Umarmen und eine Zeit, die Umarmung zu lösen« (Koh 3, 1–5).

Die Zeit wird hier hauptsächlich als Menschenzeit verstanden. Der Grund dafür ist leicht zu erkennen. Für den biblischen Menschen geht es um das *Erleben* der Zeitmomente und um ihre inhaltliche *Füllung*. Nicht die Chronologie und die Topologie sind für ihn von existentieller Bedeutung, also nicht das Quantitative und das Meßbare. Vielmehr zählt das, was sich in diesem Rahmen ereignet, und das, was er darin erlebt. Es handelt sich um Erlebnisräume und Erlebniszeiten. Auch in dieser Hinsicht steht also der Mensch in der Mitte seines Raum-Zeit-Kontinuums, wobei dieses eine qualitative Bedeutung erhält. Es kann einen Wert oder einen Unwert beinhalten. Wertneutral ist es auf keinen Fall.

Prigogine ist dieser Auffassung in seiner thermodynamisch begründeten, aber anthropologisch ausgelegten Zeittheorie nahe gekommen. In seinen Augen besitzt jedes Geschehen der Natur einen *Einmaligkeitswert*, da der Prozeß, zu dem es beiträgt, unumkehrbar, irreversibel ist. Was geschehen ist, kann nicht ungeschehen gemacht werden, sonst wäre schon die Evolution nicht erklärbar, und auch nicht jene Selbstorganisation der Materie und des Geistes, welche die letzten Jahrmilliarden unserer Welt inhaltlich gefüllt hat. Ähnliches behauptet Prigogine von der menschlichen Person. Der Mensch wird dadurch zu einem Selbst, zu einer Person, daß er Raum und Zeit in einmaliger Weise erlebt. So hat jeder Mensch seine ureigene Lebensgeschichte.

Die Geschichtlichkeit menschlichen Daseins ist ebenfalls ein Hauptthema moderner Existenzphilosophie, wie sie sich etwa bei Heidegger findet. Aber bereits Augustinus dachte in diesem Bereich recht existentiell, indem er die drei Zeitmodi sogar auf den anthropologischen Bereich reduzierte. Grob schematisierend könnte man sagen: Für den Kirchenvater entsteht die Zeit in der *Psyche* des Einzelnen. Sie stellt vor allem eine psychologische Größe dar. Die drei Zeitdimensionen oder Zeitmodi Vergangenheit, Gegenwart und Zukunft entstehen in drei seelischen Akten des Menschen. Vergangenheit zeigt sich dort, wo ein Mensch sich erinnert, Zukunft dort, wo er etwas erwartet, Gegenwart, wo er gerade etwas erlebt.

Kein heutiger Theologe, der mit Naturwissenschaftlern im Dialog steht, macht freilich eine solch radikale Reduktion der Zeit auf das Anthropologische mit. Er erkennt die *objektive*, quantitative, meßbare, auf den Maßstab der Lichtgeschwindigkeit bezogene Zeit an, so auch die Uhrzeit, samt dem dazugehörigen Raum. Dennoch besteht seine Aufgabe vorrangig darin, die Bedeutung der *subjektiven* Zeit hervorzuheben. Bereits die Glaubensquelle veranlaßt ihn dazu. Insgesamt gilt für ihn, seine theologische Rede von Raum und Zeit durch keine Subjekt-Objekt-Spaltung zu belasten, vielmehr die Geschichtlichkeit sowohl des Menschen als auch der Natur in den Mittelpunkt seiner Betrachtungen zu setzen. Seine Anthropozentrik bleibt dabei eine Sache der *Perspektive*; sie wird nicht absolut gesetzt.

3. An dieser Stelle möchte ich eine besonders verhängnisvolle Absolutsetzung einer schöpfungstheologischen Anthropozentrik in Erinnerung rufen. Ich meine den Fall Galilei. Er hat die Beziehungen

zwischen naturwissenschaftlichem und theologischem Denken so nachhaltig belastet, daß heute nicht einmal wohlgemeinte Rehabilitierungserklärungen der römischen Behörde den verursachten Schaden auf Anhieb wiedergutmachen können.

Im Fall Galilei prallten zwei Thesen aufeinander: Die astrophysikalische Erkenntnis der *Heliozentrik* unseres Planetensystems und die von Rom dogmatistisch vertretene *Geozentrik*. Die Vorstellung, daß die Sonne um die Erde kreist und nicht die Erde um die Sonne, beruhte auf dem Postulat, der Wohnort der Menschheit, vor allem auch als Ort der Menschwerdung Gottes, müsse die physikalische Mitte des Universums bilden. Belegt wurde diese Forderung mit einigen aus ihrem symbolischen Kontext herausgerissenen Bibelzitaten. Dazu konnte nur eine Bibelauslegung führen, die wir heute auch in rein theologischer Methodik als vorwissenschaftlich bzw. als unwissenschaftlich beurteilen. Gegen diese objektiv irrige Entscheidung des damaligen Lehramtes vertritt die heutige Theologie eine rein perspektivische, formale und offene Anthropozentrik des Schöpfungsglaubens. Demnach bleibt der Mensch auch dann zentraler Adressat des Schöpfungs- und Erlösungswillens Gottes, wenn er an der Peripherie unseres Sonnensystems oder gar am Rand des Universums, sogar als Erzeugnis einer Zufallsmutation, sein Dasein fristet. Das Kleine ist oft groß in Gottes Augen. Und gerade das materiell Kleine kann geistig groß sein. Daraus könnte man schließen: Eine genuin christliche Theozentrik bewahrt die Anthropozentrik vor ihrer Neigung zur Maßlosigkeit, ohne daß das entgegengesetzte Extrem einer radikalen Kosmozentrik dazu herangezogen werden muß.

Bereits die Kenntnis der Relativitätstheorie sollte uns daran hindern, überall »Zentren« zu suchen, so als ob die euklidische Geometrie die allein seligmachende wäre. Noch mehr warnt uns die vor allem *qualitative* Auffassung von Raum und Zeit davor, die der Theologie auf Grundlage der Bibel eigentümlich ist. Für diese Auffassung ist die *quantitative*, physikalische Gegebenheit des Raum-Zeit-Kontinuums wohl die weiteste Heimat des Menschen. Darin lebend ist er allerdings für die Gestaltung seiner eigenen Lebenszeit und seines Lebensraumes vor dem Schöpfer verantwortlich.

7.2.3. Zur Geschichtlichkeit der Menschennatur

1. Bekanntlich hat es sich Einstein nicht leicht gemacht, bevor er sich dafür entschied, der Hypothese von einem räumlich *endlichen*

Universum die größere Wahrscheinlichkeit zuzusprechen. Er räumte jedoch ein, daß das Universum dann unendlich wäre, wenn die durchschnittliche Dichte der Materie im Weltraum, der immer größer wird, verschwinden würde. Die *steady-state*-Theorie, derzufolge im Weltraum immer neue Energie bzw. Materie entsteht, beruht ebenfalls auf einer Unendlichkeitshypothese, die übrigens auch die Zeitdimension umfaßt. Der Kosmos wäre demnach nicht nur räumlich unendlich, sondern auch zeitlich »ewig«. Gemäß einer religiös-philosophisch dimensionierten Konzeption wäre dann dieser raumzeitlich unendliche Kosmos wie das Spiegelbild der göttlichen Unendlichkeit, geschaffen zu deren ständigem Lob. (Wenn ich mich recht erinnere, hat Nikolaus Cusanus eine ähnliche Theorie entwickelt.) Daß die Entsprechung »unendliche Gottheit – unendliche Naturwelt« auch eine *pantheistische* Auslegung erfahren kann, liegt auf der Hand.

Nun scheint mir Einstein seine pantheistischen Neigungen redlich zu zügeln, indem er sich als Physiker dazu entschlossen hat, die räumliche Endlichkeit des Universums für wahrscheinlicher zu halten. Seine Argumentation lautet: Wenn die Gravitation als Wechselwirkung zwischen den beobachteten Massen anzusehen ist, dann kann die Welt räumlich nur endlich sein.

Für die Theorie einer *zeitlichen* Endlichkeit der Welt liefern die Urknall-Hypothese und der zweite Hauptsatz der Thermodynamik hinreichende Stützen. Beim Urknall sind Raum und Zeit erst entstanden. Sie werden wahrscheinlich auch ein Ende haben, entweder in der Art eines Wärmetodes oder eines Gravitationskollapses. Zwischen einem solchen Anfang und einem solchen Ende vollzieht sich die Geschichte der Natur.

»Geschichte«? Ist denn dieser Begriff nicht der Menschheit vorbehalten? Setzt »Geschichte« nicht eine Reihe von Ereignissen voraus, die vom Bewußtsein wahrgenommen werden, Ereignisse, die auch in Erinnerung gerufen werden können? C. F. von Weizsäcker zögert jedenfalls nicht, den Begriff weiter zu fassen und ihn auch für die materielle und biologische Evolution in Anspruch zu nehmen. Damit verleiht er dem von ihm verwendeten Ausdruck »Geschichte der Natur« eine qualitative Note. Die Natur folgt in ihrer Entwicklung nicht bloß einer mechanischen Chronologie innerhalb der dazu gehörenden Raumkoordinaten. Vielmehr erfährt sie *Fort- und Rückschritt*, Aufbau und Zerfall, Geburt und Tod. Sie beinhaltet auch einen Zusammenhang von verwirklichten und unterlassenen Möglichkeiten. Der Chaostheorie zufolge sucht sich sogar ein gegebener

Naturvorgang immer wieder neue Möglichkeiten zu seiner Verwirklichung. Kurzum: Wenn man dies berücksichtigt, darf man wohl den Begriff »Geschichte« – zumindest *analog* – auch für die Natur in Anspruch nehmen.

2. Wenn ich mich nun der *Bibel* zuwende, so ist es unvermeidlich, von Mensch und Natur in geschichtlichen Kategorien zu sprechen. Gewiß muß die alttestamentliche Vorstellung vom kosmischen *Raum* als archaisch, naiv und vorwissenschaftlich bezeichnet werden: Der Himmel als Überdachung von Welt und Unterwelt, das Stockwerkschema mit oberen und unteren Wassermassen, all das besitzt sicherlich keinen normativen Charakter. Hierbei behindert sogar das bildhafte Element die Klarheit der theologischen Aussage. Es stört uns heute z. B., Gott *nur* in der »Höhe« zu lokalisieren. Denn wir ahnen es mit Recht, daß Gottes Gottheit die euklidische Geometrie sprengen muß.

Mit dem biblischen *Zeit*-Begriff verhält es sich aber erheblich anders. Dieser Begriff kann auch mit dem modernen Denken weitgehend in Übereinstimmung gebracht werden. Wie mir scheint, kommt unserer modernen physikalischen Zeitmessung schon die Tatsache entgegen, daß das Buch Genesis die in anderen Religionen als Gottheit verehrten Himmelskörper einfach zum Anhaltspunkt für die Zeitberechnung macht. Unserem heutigen Gespür für die existentielle Bedeutsamkeit der Zeit und der Zeiten entspricht ganz besonders die Art und Weise, wie die Bibel die geschichtsträchtigen Beziehungen Gottes zu den Menschen darstellt.

Nehmen wir nur den Bundesgedanken als Beispiel. Indem Gott seinen Bund in vielfältiger Weise stiftet, schenkt, schafft, bietet er seinem jeweiligen Partner eine ganze Palette von oft ungeahnten Möglichkeiten an. Der menschliche Partner ist seinerseits *frei*, diese anzunehmen oder abzulehnen, sie zu verwirklichen oder beiseite zu lassen. Die Angebote Gottes haben nichts Zwingendes und nichts Schematisches. Sie kommen nicht mit regelmäßiger Notwendigkeit wieder. Gott erweist sich meist als zeitlich unberechenbar. Jesus hat ihn einmal mit einem Dieb verglichen, dessen Kommen in der Nacht nicht voraussagbar ist (vgl. Mt 24, 43).

Nun berichtet die Bibel von Momenten, in denen die Chance besonders groß ist, daß es zu einer *Gleichzeitigkeit* zwischen einem göttlichen Angebot kommt und der menschlichen Bereitschaft, dieses wahrzunehmen. Das Neue Testament nennt solche Momente »kairoi«, ein griechisches Wort, das soviel wie passende, willkommene

Zeit, gute Gelegenheit oder gar Glücksfall, rechter Augenblick bedeutet. Diese Zeit kann man erkennen und nutzen oder aber verken-
nen und verpassen. In den Evangelien erscheint die Wirkungszeit
Jesu als der Ort, wo sich die Zukunft und das ewige Schicksal der
Menschheit entscheiden. Das drückt schon seine Verkündigung aus:
»Die Zeit ist erfüllt, das Reich Gottes ist nahe. Kehrt um und glaubt
an das Evangelium« (Mk 1, 15).

Man könnte auch sagen, diese Botschaft, die zur Angleichung der
menschlichen Zeit an die »Zeit Gottes« aufruft, ist radikal zukunfts-
orientiert. Dadurch schafft sie buchstäblich Geschichte. Eine zeitliche
Bewegung, die stets Neues bringt und sich dadurch inhaltlich bestimmt. Der Begriff »kairoi« deutet an, daß der chronologisch gemes-
sene Zeitprozeß eine *qualitative* und existentielle Bedeutung erhalten kann. Das, was geschieht oder unterlassen wird, entscheidet
darüber, ob ein Fortschritt ermöglicht oder vereitelt wird. Durch diese Sicht der Dinge verwandelt sich das Raum-Zeit-Kontinuum der
von den Menschen bewohnten Erde in echte Geschichte, in der es
um das Heil oder das Unheil geht. Es ist eine Geschichte, die nach
vorne hin *nicht festgelegt* ist.

3. Was nun die Menschengeschichte bringt oder eben nicht
bringt, hat, nach biblischem Verständnis, Folgen für die Geschichte
der *Naturwelt*. Die Propheten assoziieren die Tierwelt mit dem end-
zeitlich verheißenen Frieden. Dramatischer läßt der Apostel Paulus
die nichtmenschlichen Kreaturen stöhnen und seufzen, solange sie
durch eine sich gottwidrig verhaltende Menschheit geknechtet sind.
Das bezeugt Röm 8, 19 ff. Hier wird aber auch der Aspekt einer für
den ganzen Kosmos gültigen »Hoffnung« mit angesprochen: »Auch
die (nichtmenschliche) Schöpfung soll von der Sklaverei und Ver-
lorenheit befreit werden zur Freiheit und Herrlichkeit der Kinder
Gottes«. Bis dahin liegt sie »in Geburtswehen«.

Heutige Bibelwissenschaftler sehen in diesen Worten einen Ausdruck der *Solidarität* den Mitgeschöpfen gegenüber, im Bösen wie im
Guten, also die Äußerung eines »ökologischen« Bewußtseins. Raum
und Zeit werden dabei von der Geschichte der Geschöpfe aus betrachtet, und zwar in ihrer Gespanntheit zwischen Angst und Hoffnung.
Und die Frage, ob die negative oder die positive Erwartung in Erfüllung geht, bleibt weitgehend offen. Sie bleibt insofern offen, als es
um eine *Verheißung* Gottes geht, auf die der Mensch zunächst einmal vertrauen soll.

4. Diese Offenheit des jüdisch-christlichen Geschichtsverständ-

nisses unter Raum-Zeit-Bedingungen, die wegen der Unbestimmtheit des menschlichen Verhaltens variabel sind, möchte ich als Spezifikum dieses Modells von Geschichte festhalten. Es unterscheidet sich von zyklischen, linearen und optimistischen Modellen.

Griechische und fernöstliche Mythologien neigen stark zu einem zyklischen Verständnis des kosmischen und zum Teil auch des menschlichen Geschehens. Man denke nur an Stichworte wie rhythmisches Kreisen der Jahreszeiten, ewige Wiederkehr des Gleichen, Reinkarnation, Seelenwanderung. Wenn es auch immer etwas Neues gibt, so doch nur innerhalb der kreisenden Mechanik des Kosmos, nur in dessen Ordnungsdynamik. Das Sprichwort »nichts Neues unter der Sonne«, »nil novi sub sole«, drückt erschöpfend diese Vorstellung aus.

Zweitens setzt sich das jüdisch-christliche Geschichtsverständnis auch von einer streng *linearen* Sicht der Dinge ab. Nach dieser wird jedes raumzeitliche Geschehen durch eine lückenlose Verkettung von Ursachen und Wirkungen geregelt. Das deterministische Weltbild von Laplace ist dafür ein gutes Beispiel. Laplace meinte nämlich, wir würden irgendwann einmal alle physikalischen Gesetze kennen und damit auch die Zukunft exakt voraussagen können. Die Geschichte von morgen und übermorgen wäre dann buchstäblich ableitbar.

Drittens unterscheidet sich das biblisch begründete Geschichtsverständnis im Bereich der Wertvorstellungen von einer einseitig *optimistischen* oder *pessimistischen* Beurteilung der Zukunft. Denn es wurzelt im Bewußtsein der Ambivalenz aller menschlichen Handlungen. Insofern der Mensch in der Mitte des Raum-Zeit-Kontinuums zumindest der Erde steht, hat er die Macht, *sowohl* das Kommende kreativ zu gestalten, *als auch* Errungenschaften der Evolution zunichte zu machen. Fortschritt und Rückschritt sind in gleicher Weise möglich. Sie zeigen sich oft sogar als miteinander verwoben.

Es sind heute nicht selten US-amerikanische Naturwissenschaftler, die aus ihren physikalischen, biologischen und systemtheoretischen Erkenntnissen Zeiten voraussehen, die nur besser werden können. Frank Tipler und Erich Jantsch gehören dazu. Meines Erachtens kann ihr Fortschrittsglaube aus den genannten Gründen von der Theologie nicht übernommen werden. Denn schon die Chaostheorie garantiert – soweit ich sehe – keineswegs, daß nach jeder Krise oder Turbulenz notwendigerweise die beste aller Möglichkeiten selektiert und verwirklicht wird.

7.2.4. Erfüllte Zeit und »Verschränkung der Zeitmodi«

Ich möchte den Gedanken, die Menschenzeit harre auf Erfüllung, wieder aufgreifen und sogar mit Blick auf eine bestimmte Mystik verfolgen.

1. An erster Stelle des Gedankenganges soll eine kurze phänomenologische Skizze der *Zeiterfahrung* in unseren Industriegesellschaften stehen. Sofern man den Bürger einer solchen Gesellschaft typisieren darf, läßt er sich kaum ohne seinen Terminkalender vorstellen. Der Terminkalender ist ihm ebenso wichtig wie seine Uhr. Diese beiden Meßinstrumente regeln seinen Alltag. Sie steuern Äußerungen, wie: »Ich habe keine Zeit«, »Ich habe viel Zeit verloren«, »Wir haben noch Zeit«, »Ich nehme mir dafür Zeit«, »Das Wochenende habe ich so und so verplant«, »Es ist höchste Zeit, daß ich einmal gar nichts tue« usw. Diesen Bürger nervt der Afrikaner, für den eine Stunde Verspätung nicht der Rede Wert ist. Und er staunt über den Franzosen aus der Provinz, der sich immer noch stundenlange Mahlzeiten gönnt. Man müßte doch die kostbare Zeit mit nützlicheren Dingen füllen können!

Weniger Ironie verdient freilich das immer noch bestehende Bedürfnis, die Zeit, die man hat, mit anderen zu teilen, also den Panzer des Individualismus zu brechen. Da werden *Begegnungen*, Feiern und Feste zu »Hoch-Zeiten« im buchstäblichen Sinne des Wortes erhoben. Man erinnert sich gemeinsam und schmiedet Pläne in Gemeinschaft. Das legitimiert u. U. einen verschwenderischen Umgang mit der Zeit.

Solche Oasen der Zeiterfüllung jenseits der alltäglichen Programmiertheit haben ihre Parallelen auch im Bereich des Raumes. Mitten in der von der Industriegesellschaft oft verlangten Mobilität gewinnen plötzlich Begriffe wie Heimat, Umwelt und »Wurzeln« neue Aktualität. So versuchen wir, wieder festen Boden unter die Füße zu bekommen.

2. Vielleicht genügt diese kurzgefaßte Phänomenologie der Zeiterfahrung, um folgendes Urteil zu wagen: Auch wo die technische Zivilisation von uns hauptsächlich ein nützliches Füllen unserer Zeit verlangt und dabei quantitativen Maßstäben unterwirft, erweist sich unser Bedürfnis nach *Sinngebung* als unausrottbar. Freilich kann man die Zeit, schon rein materiell und arbeitsmäßig, sinnvoll füllen. Und die Theologie wäre schlecht beraten, würde sie das nüchterne Wirtschaften mit Stunden und Minuten einfach ablehnen. Auch der

143

Ausspruch »Zeit ist Geld« ist aus der Sicht des Glaubens nicht per se verwerflich.

Doch ist schon das Phänomen des Zeitschenkens und -teilens Bestandteil einer höheren Dimension der Existenz, in der sich die »große« Sinnfrage stellt. In dieser Dimension gilt der Satz gerade nicht, das Nützliche sei schon sinnvoll genug. Fragmentarische Sinngebung reicht hier nicht mehr aus. Es geht um den *Sinn des Ganzen*, der mit dem Vergehen einer Lebensgeschichte nicht untergeht, der über die Todesgrenze hinausreicht. Den noch künftige Generationen gern in Erinnerung rufen, der (warum denn nicht?) Ewigkeitsrelevanz besitzt.

3. Eine Art, sich der großen Sinnfrage inmitten der vergehenden Zeit zu stellen, kann schon *empirisch-psychologisch* sein und mit Stichworten wie Muße, Stille, Sich-Loslassen, Sich-Entspannen, Meditation, Beschaulichkeit usw. angedeutet werden. Wer sich so verhält, hat gute Chancen, die einzelnen Erinnerungen aus seinem Leben zusammenzuführen und als Einheit zu erleben. Er konzentriert sie, indem er sich selbst geistig sammelt.

Diese Überlegung führt uns zum Thema der *Verschränkung der Zeitmodi*. Gemeint ist eine Art synthetische Erfahrung von Vergangenheit und Zukunft in der Wahrnehmung der Gegenwart. Dem Philosophen Georg Picht zufolge spielt die voll erlebte Gegenwart eine einigende Rolle. Geistige Konzentration führt vielfach dazu, daß die Jetzt-Zeit zum Versammlungsort dessen wird, was schon *verwirklicht* worden ist und dessen, was erst noch *möglich* ist. Das schon Geschehene findet im gelebten Augenblick Anschluß an das noch nicht Seiende, wobei diesem Zukünftigen eine besonders dynamisierende Funktion zukommt. Denn es läßt die Verwirklichung *neuer* Möglichkeiten erhoffen.

Eine solche dynamische Verschränkung der Momente erfährt vielleicht auch schon der forschende *Wissenschaftler*. Seine Arbeit wird zugleich von allen drei Zeitmodi bestimmt. Indem er den Gegenstand beobachtet, nimmt er dessen Faktizität zur Kenntnis, zugleich aber *untersucht* er ihn schon daraufhin, was an ihm noch nicht bekannt ist. Durch ein Aufeinandertreffen von Feststellung und Planung gewinnt die laufende Beobachtung den Wert einer synthetischen Verbindung von Zeitinhalten, die freilich zugleich raumrelativ sind. So geschieht Erkenntnisgewinn und -fortschritt hier und jetzt.

Auch die *Kunst* kennt die Verschränkung der Zeitmodi. Nehmen wir als Beispiel noch einmal die Aufführung eines musikalischen

Werkes. Der verstorbene Komponist ist präsent in der Gestalt seiner Partitur. Der gegenwärtig wirkende Musiker spielt nach dieser Partitur. Aber wenn er ein kreativer Künstler ist, tut er dies nicht bloß reproduzierend, sondern zugleich interpretierend. Seine Intuition und seine Imagination verwirklichen Möglichkeiten, die im Werk latent vorhanden sind. So erhält das Musikstück, während es gespielt wird, eine Offenheit für die Zukunft.

Ein drittes Beispiel könnte in der Feier eines *Sakramentes* gesehen werden, vor allem des Abendmahls, der Eucharistie. Es geht hierbei um eine zeichenhafte Handlung, die man *Symbol* nennt und die einen geistigen Inhalt veranschaulicht. Im Fall des Herrenmahles veranschaulicht das gemeinsame Speisen die geschwisterliche Einigung der Teilnehmer und Teilnehmerinnen, die dabei schon die Vollendung einer derartigen Kommunion in der Zukunft vorwegnehmen. Das Vorbild der Handlung ist freilich das überlieferte Abschiedsmahl Jesu mit seinen Jüngern. So vereint das hier und jetzt gefeierte Sakrament alle drei Zeitmodi. Thomas von Aquin sagte, das eine Zeichen sei im Hier und Jetzt zugleich Erinnerungszeichen, Darstellungszeichen und Zeichen einer Vorwegnahme. Es sei ein Symbol im buchstäblichen Sinne des griechischen Wortes »symballein«, das soviel wie »zusammenfügen« bedeutet. Das Sakrament will die drei unterschiedlichen Zeitpunkte der Verwirklichung ein und desselben Inhaltes zusammenfügen. Eine besondere Bedeutung kommt allerdings dem Antizipationscharakter des Geschehens zu. Im Glauben wird die Möglichkeit zukünftiger, ja jenseitiger und ewiger Erfüllung festgehalten.

Als letztes Beispiel will ich die *mystische* Gotteserfahrung erwähnen. Sie findet sich in allen Weltreligionen. Auch da strömen die Beziehungen, die der Glaubende als Gottesgabe bereits erlebt hat, und jene, die er erhofft, im gegenwärtigen Augenblick der Kontemplation zusammen. Aber nicht nur Zeiten vereinigen sich in einer solchen Gegenwart, sondern auch die entsprechenden *Räume*. Meister Eckart beschreibt in seinen Predigten, wie er das Ineinander von Gott, Seele und Naturwelt erfahren hat und wie relativ ihm örtliche Entfernungen im mystischen Welterleben erschienen. Dies will ich nur antippen, um den letzten Abschnitt dieser theologischen Reflexion über Raum und Zeit einzuleiten.

7.2.5. Ewigkeit als Verwirklichung immer neuer Möglichkeiten

Naturwissenschaftliches Denken beschränkt sich legitim auf Raum und Zeit. Allerdings postulieren bestimmte Hypothesen, vor allem die des Urknalls und der »schwarzen Löcher«, den Gedanken, daß unser Raum-Zeit-Kontinuum einmal entstanden ist und daß es unter bestimmten Bedingungen aufhören wird, raumzeitlich zu existieren.

Es bleibt dann einem weiterführenden, philosophisch ausgerichteten Nachdenken anheimgestellt, ob man jenseits von Raum und Zeit das Nichts oder eine Art des Seins, das von Raum und Zeit unabhängig ist, annimmt. Nimmt der philosophierende Physiker die transzendente Existenz eines solchen kosmosunabhängigen Seins an, so liegt es nahe, daß er es als ein geistiges qualifiziert. Bekanntlich haben bedeutende Vertreter der Quantentheorie einen ähnlichen Weg eingeschlagen.

Die Aussage des Theologen über den *ewigen Gott* scheint mir keineswegs in Widerspruch zum wissenschaftlich Denkbaren zu stehen. Ich spreche mit Absicht vom ewigen *Gott* und nicht einfach von Ewigkeit in abstracto. Denn die Glaubensquelle kennt nur zwei Formen des Ewigen: Jene, die die ureigene Seinsweise des Schöpfers ist, und jene, die dem Menschen über die Todesgrenze hinaus als Gottesgabe zuteil werden soll. Die Glaubensquelle spricht nur von *dem* Ewigen, der Raum und Zeit schafft, und vom Menschen, dessen Lebensgeschichte in einer ganz bestimmten Weise ver-ewigt wird.

Aber worin mag diese zeit- und raumtranszendente, geistige Seinsweise genau bestehen? Mythologien und Philosophien haben sich mit dieser Frage lange beschäftigt.

Immer schon stellte der *Mythos* ein sphärisches Gebilde dar, das alle Zeiten und Räume umschließt, wie etwa der Mutterschoß das werdende Leben. Diese Sphäre erweist sich insofern als göttlich, als sie das Vergehen nicht kennt und zugleich jedem Entstehen den nötigen Impuls gibt. Sie ist ein Reich des Bleibenden, des Identischen. Deswegen spiegelt sie sich innerhalb des Kosmos in der ständigen Wiederkehr des Gleichen, in Stabilitäten inmitten der Vergänglichkeit.

Die jüdische *Bibel* hat diese Vorstellung personalisiert und mit der Allgegenwart Jahwes verbunden. So lesen wir in Ps 139, 5–8: »Du umschließt mich von allen Seiten und legst deine Hand auf mich. Wohin könnte ich fliehen vor deinem Geist (!)? ... Steige ich hinauf

146

in den Himmel, so bist du dort; kette ich mich in der Unterwelt an, bist du zugegen«.

Hier stellt der Psalmist Gott als eine bergende Größe oder als ein Wesen dar, das als überdimensionaler Raum beschrieben wird, doch in allen Räumen und Zeiten der Menschenwelt *gleichzeitig präsent* sein kann.

Der Kirchenvater Augustinus hat diesen Gedanken an eine überzeitliche Gegenwärtigkeit vertieft, ohne seinen relationalen Charakter zu mindern. Das heißt, auch Augustinus wollte den ewigen Gott als ein *auf die Menschen bezogenes*, geistiges Wesen darstellen. So schlug er folgende Definition von Ewigkeit vor: »Praeterita et futura cum praesentibus … cuncta praesentia«. Zu deutsch: »Vergangenes und Zukünftiges, zusammen mit Gegenwärtigem … allesamt präsent«. Augustinus dachte dabei freilich an weltliche und geschichtliche Augenblicke, die sozusagen in der ewigen Präsenz Gottes miteinander verbunden und verschränkt werden. So verewigt die Ewigkeit Gottes die menschliche Raumzeitlichkeit. Dies ist ein geistiger und relationaler Vorgang.

Hinzu kommt noch ein *dynamischer* oder sogar vitaler Zug. Gott selbst wird als der *Lebendige* schlechthin betrachtet, seine Ewigkeit als ewiges Leben. An diesem sollen die Menschen jenseits der Todesgrenze teilhaben, partizipieren, aber auch bereits in privilegierten Momenten ihrer sterblichen Lebensgeschichte.

Ist aber diese Ewigkeit analog zum Leben, so gibt der mittelalterliche Ausdruck »nunc stans«, »stehendes Jetzt« eine eher mißverständliche Karikatur. Entgegen dem Mythos handelt es sich nicht um eine hypertrophe Stabilität, noch weniger um einen Zustand, in dem sich nichts ereignet, wo alles erstarrt und fixiert bleibt. Es entfällt auch das poetische Bild eines unaufhörlichen Harfenspiels vor Gott.

Um der seinsmäßigen und seinsmäßig überraumzeitlichen Dynamik einer Ewigkeit, die »Leben« heißt, zu entsprechen, haben moderne Theologen die Ewigkeit Gottes und des Menschen als *Verwirklichung immer neuer Möglichkeiten* zu bestimmen versucht. Diese Formel halte ich für überzeugend und in der Glaubensquelle begründet. Außerdem scheint sie mir nicht ohne Relevanz für unsere interdisziplinäre Arbeit zu sein.

Denn der Gedanke, daß Gott *Möglichkeitsschöpfer* ist und der eigengesetzlichen Selbstverwirklichung und Selbstorganisation seiner Geschöpfe freien Lauf gewährt, verlagert die Perspektive von

147

vornherein auf die Ebene des *Seins* und des *Geistes*. Diese Ebene ist weitgehend jenseits der Empirie. Zugleich aber fungiert sie als Grundlage für alles Empirische. Sie widerspricht diesem keineswegs. Denken wir nun das Sein nicht als abstraktes Absolutum, sondern als konkretes Ereignis, so stellt es eine dynamische Beziehung zwischen Möglichsein und Wirklichsein dar. Nach dieser Konzeption läßt sich Gott selbst ereignishaft denken, etwa als immer neu verwirklichte Liebe. Also läßt sich die Kategorie des Neuen auf ihn anwenden. So sprach schon Augustinus von der »aeterna novitas Dei«, d. h. von »Gottes ewigem Neusein«. Und das entspricht wiederum der Lebensanalogie, insbesondere in ihrer geistigen Variante.

Hier könnten wir folgende Fragen aufwerfen: Ist es denkbar, daß ein empirisch faßbares Raum-Zeit-Kontinuum verewigt wird? Oder gilt das Ewigsein nur für geistige Wirklichkeiten? Was ist dann aber von verewigten Personen zu halten, die doch nur raumzeitlich, sprich in leib-seelisch-geistiger Ganzheit das sind, was sie sind? Darauf können wir noch im Kontext der Sterblichkeit zurückkommen.

Hier sei abschließend nur vermerkt, daß die folgenden primitiven Vorstellungen wohl entfallen können: (a) Ewigkeit als nach hinten und vorne unendlich verlängerte Zeit, (b) Ewigkeit als absolute Zeitlosigkeit, (c) Ewigkeit als stehendes Jetzt. Dagegen halte ich »Ewigkeit als Verwirklichung immer neuer Möglichkeiten« für durchaus analogiefähig bezüglich dessen, was die Naturwissenschaften von den verschiedenen Raum-Zeit-Kontinuen, nicht zuletzt von den Lebewesen, aussagen.

8. Das sogenannte und das eigentliche Böse

8.1. Zur Begrifflichkeit

Es war wieder einmal Augustinus, der im Westen eine begriffliche Unterscheidung einführte, die uns heute noch erlaubt, von verschiedenen Arten des »Bösen« mit einem relativ hohen Maß an Präzision zu sprechen. Die augustinische Begrifflichkeit geht freilich auf Ansätze der altgriechischen Philosophie zurück. Sie gebraucht als Grundbegriff das lateinische Wort »malum«, das sowohl das einfache Übel, als auch das moralisch Verwerfliche bezeichnen kann. Es wird differenziert durch die drei Adjektive »physicum«, »morale«, »metaphysicum«.

1. Das *malum physicum* besteht in dem, was wir heute etwa »Naturübel« oder, philosophisch gesprochen, »das Negative« nennen. Es wird durch Naturgesetze verursacht und besitzt oft den Charakter des Notwendigen, ja des Nützlichen. Natürliches Übel liegt z. B. im Schmerzempfinden oder im Sterben vor. Beides ist unvermeidlich und beides erfüllt eine Funktion innerhalb der Gemeinschaft der Lebewesen. Deshalb bedarf beides keinerlei Rechtfertigung. Diese Art des »Bösen« ist immer zu irgend etwas nützlich. Das Schmerzempfinden dient zur Schärfung der Abwehrmechanismen. Das Sterben dient dazu, daß in einer stets von Überbevölkerung bedrohten Lebensgemeinschaft neuen Generationen Platz gemacht wird. Beide Phänomene spielen eine Rolle auch in der Anpassung einer Art an ihre Umwelt bzw. ihre Umwelten. In diese Kategorie ordnet die heutige Verhaltensforschung auch die *Aggression* ein, wie gleich noch auszuführen sein wird.

2. Das *malum morale* ist ausschließlich dem Menschen vorbehalten. Es trägt Bezeichnungen wie Verfehlung, Falschheit, Verbrechen, schuldhaftes Tun, Sünde. Es setzt das Wissen um eine ethisch verpflichtende Werteordnung und die freie Entscheidung, von dieser Werteordnung abzuweichen, voraus. Für moralisches Übel macht der Grundsatz der Gerechtigkeit die Personen verantwortlich, die es begehen.

Schwieriger ist die Bestimmung des damit verbundenen Schuldbegriffs. Allgemein dürfte aber gesagt werden, daß das Modell einer Kollektivschuld in den verschiedenen ethischen Systemen der Gegenwart immer seltener angenommen wird. Moralische Schuld gilt fast überall als persönliche Schuld.

Die *Naturwissenschaften* sehen von dieser zweiten Art des »malum«, ähnlich wie von der Gottesfrage, weitgehend ab. Nur auf einer weiteren Reflexionsstufe, auf der auch das interdisziplinäre Gespräch verläuft, stellt sich die eigentlich ethische Frage; nicht zuletzt im Bereich der Anwendung wissenschaftlicher und technischer Forschungsergebnisse.

3. Selbstverständlicher und vollständiger klammern die Naturwissenschaftler die dritte Art des »malum« aus, das »*metaphysische* *Übel*«. Augustinus selbst sah darin grundsätzlich eine »privatio essendi et boni«, zu deutsch ein »Fehlen von Sein und Gutsein«, anders gesagt, eine Minderung der Seins- und Daseinsqualität der Seienden. Im augustinischen Denken ist jedes Sein von sich aus ein »Gut«, d. h. etwas Wertvolles, noch vor jeder physischen oder ethischen Bestimmung. Wird dieses Gut angetastet, geschädigt, gemindert, zerstört, liegt metaphysisches Übel vor.

Was *verursacht* es? Der einzelne Mensch ist dazu schwerlich in der Lage. Denn die Verschlechterung des Seins, welches das vorzüglichste Gemeingut der Menschengattung ist, übersteigt die Macht des Individuums. So postuliert der Kirchenvater als Urheber der metaphysischen Zerstörung des Seins entweder den Teufel oder das gesamtmenschliche Kollektiv.

Es ließe sich fragen, ob z. B. heutige Naturschützer nicht geneigt sein könnten, sich auf diesen Ansatz, zumindest analog, zu berufen, um damit der zivilisierten Menschheit ihre Macht vor Augen zu führen, mit der sie sich und ihrer Umwelt unwiderruflichen Schaden zufügen kann.

8.2. Eine naturwissenschaftliche Theorie des Bösen

Das Buch von Konrad Lorenz über *Das sogenannte Böse* mit seinem Untertitel *Zur Naturgeschichte der Aggression* ist meines Wissens um die vierzig Mal aufgelegt worden. Das Thema des Werkes ist vor allem der *Kampftrieb* bei Tieren, der sich auf Artgenossen richtet. Doch berücksichtigt der Verfasser auch analoge Verhaltensformen beim Menschen. In seinen späteren Veröffentlichungen rückt dann der Mensch mehr und mehr in den Mittelpunkt. Sie tragen die vielsagenden Titel *Der Abbau des Menschlichen* (1988) und *Die acht Todsünden der zivilisierten Menschheit* (1973). Der Naturwissenschaftler verwendet hier reichlich theologische Analogien. Und das sogenannte Böse tritt gegenüber dem eigentlichen Bösen zunehmend in den Hintergrund.

8.2.1. Vom sogenannten zum eigentlichen Bösen

Wie geht Lorenz in seiner interdisziplinär ergänzten Verhaltensforschung vor? Er verbindet zwei Begriffe, die von sich aus zu recht verschiedenen Erkenntnisbereichen gehören, die Aggression und das Böse. Unter Aggression versteht er den bei allen Tieren feststellbaren, auf den Artgenossen gerichteten »Kampftrieb«, dessen Zweck die Ermittlung des Siegers ist, da von diesem die Zeugung der besseren Nachkommenschaft erwartet wird (vgl. Sog B, 33–66). Diesen Kampftrieb bezeichnet er als das »sogenannte Böse«. Warum tut er das? Aus welchem Grund gebraucht er eine solche, an sich gar nicht unproblematische Analogie? Soweit ich sehe, will er der in unserer westlichen Zivilisation sehr verbreiteten Neigung gleichsam pädagogisch entgegentreten, *menschliche Verhaltensweisen* auf Tiere zu projizieren. Diese Neigung führt uns dazu, etwa in einem bissigen Hund oder in einem Löwen, der seine Beute reißt, oder auch in der Schlange die Verkörperung des Bösen zu sehen. Gegen solche Fehlurteile richtet sich Lorenz, indem er das Wörtchen »sogenannt« einfügt.

Es bleibt aber nicht dabei. In seiner gesamten Untersuchung stellt Lorenz Vergleiche zwischen Tier und Mensch an, wobei er sorgfältig prüft, inwiefern bestimmte zoologische Phänomene auch anthropologische Relevanz besitzen. In dieser Weise geht Lorenz z. B. das Phänomen des Tötens an. Beim Tier, sagt er, wird der unterlegene Artgenosse, anders als beim Menschen, selten getötet, sondern nur zur Unterwerfung unter den Sieger gezwungen. Das dient zur Schaffung einer *Hierarchie*, ohne welche die für das Leben der Gruppe notwendige Ordnung nicht möglich wäre. Denn es überlebt die vergleichsweise besser hierarchisierte Population. Und da nur die Sieger, d. h. die kräftigsten Individuen zur Zeugung von Nachkommenschaft zugelassen werden, erhöht sich die genetische Qualität der betreffenden Gruppe. Somit bewirkt *diese* Art der Aggression etwas Konstruktives.

Nun folgt der Vergleich. Wir lesen: Diese Art der Aggression ist »Teil der system- und lebenserhaltenden Organisation aller Wesen, der zwar ... in Fehlfunktionen verfallen und Leben vernichten kann, der aber doch vom großen Geschehen des organischen Werdens zum Guten bestimmt ist« (ebd., 66). Dann verschiebt Lorenz das »sogenannte Böse« in Richtung auf das »eigentliche Böse« mit folgendem Beispiel: Die Ratten verhalten sich »innerhalb der geschlossenen Sippe sozial und friedfertig«, sie benehmen sich jedoch als »wahre Teufel« gegen jeden Artgenossen, »der nicht zur eigenen Partei gehört« (ebd., 319). Ein gewiß menschenähnliches Phänomen.

Diese Zitate mögen genügen, um die tierische Aggression in ihrer eigentümlichen *Ambivalenz* darzustellen. Zugleich werden *naturgesetzliche* Vorgänge genannt, die möglichen Fehlfunktionen und Maßlosigkeiten korrigierend entgegentreten, z. B. Tötungshemmung, ritualisierte Sexualität, Instinkt der Sympathie, Schutz der Jungtiere, auch unter Aufopferung des eigenen Lebens, Symbiose von Arten und Individuen, usw. Solche Naturgesetze des Zusammenlebens, der sozialen Existenz werden vom Menschen durch kulturgeschichtlich gewachsene, ethische Normen ergänzt. Und wir sind alle aufgerufen, diese zu befolgen, um das eigentliche Böse zu überwinden.

8.2.2. Das Böse im menschlichen Verhalten

Das menschliche Verhalten unterscheidet sich vom tierischen durch seine eigenartige geistige Prägung. Unsere Art ist – so Lorenz – durch eine »Fulguration« entstanden, durch die Fulguration jenes Geistes, den eben kein Tier haben kann. Der Menschengeist besteht nach Lorenz im begrifflichen Denken, in der syntaktischen Sprache und im vererbbaren Wissen (vgl. Abbau, 195). Das ist zugleich die Voraussetzung für den sog. *freien Willen.* Und die Korrelation dieses Wissens und dieses Willens hat u. a. zum Ziel, *Normen* zu erfinden und zu befolgen. Solche Normen sind *keine Naturgesetze.* Vielmehr überformen sie diese und unterwerfen sie ihrer eigenen Führung. Der wahrhaft »humane Mensch« ist ohne Ethik nicht denkbar.

Nun aber bewirkt »Geist« sowohl Positives als auch Negatives. Auch er ist ambivalent. Bald schafft er Gutes und fördert das Zusammenleben, bald transformiert er das »sogenannte Böse« in das

»eigentlich Böse«. Die positive Überlegenheit des Menschen über das Tier verbindet sich mit einer Reihe geistig verfeinerter Naturwidrigkeiten.

Lorenz zeigt schonungslos auf, wie z. B. die Naturvorgänge der Selektion und des Wettbewerbs vom Menschen immer wieder *pervertiert* werden und in pathologisches, krankhaftes Verhalten münden können.

Von sich aus zielt die *Selektion* auf die Optimierung auch der menschlichen Gemeinschaft ab. Würde sie auch bei uns in kontrollierter Natürlichkeit wirken, so könnten wir stets neue Fortschritte für unsere kollektive Menschwerdung und in Bezug auf unsere Humanität hin erfahren. Das wäre überall möglich, wo die Selektion ihre Funktion *langfristig* erfüllen könnte. Leider bringt es der Geist fertig, einer Art der Auswahl den Vorzug zu geben, die nur das *augenblicklich* Nützliche belohnt. So wird der Selektionsdruck künstlich erhöht, bis der Mensch ihn nicht mehr aushalten kann. Durch diese selektive Kurzsichtigkeit richtet sich die zivilisierte Menschheit selbst zugrunde (vgl. Abbau, 48. 229).

Von Natur aus zielt der *Wettbewerb* auf die Erfindung immer neuer Strategien, um ihn erfolgreich zu bestehen. Er fördert Kreativität und Entwicklung. Er bringt Spaß und Freude, z. B. im Sport. Exzessiv betrieben, erhöht aber die ansonsten förderliche Konkurrenz die kollektive Aggressivität (vgl. AT, 58). Dabei wächst ständig die Angst, »im Wettlauf überholt zu werden« (ebd., 35), bis hin zur Ausbildung von Neurosen, durch die schließlich der Sinn für die höheren Werte der Kultur auf der Strecke bleibt.

Pervertierte Selektion und verkehrter Wettbewerb machen nicht wenige Errungenschaften der Evolution einfach rückgängig. So läuft unsere Gattung Gefahr, sich »abwärts« zu entwickeln und auf eine eigenartige, tierische Stufe abzusinken, gewiß nicht auf die des gesunden Wildtieres, sondern auf die eines eher »viehischen« Lebewesens (ebd., 45). Auf dieses Niveau degradiert sich auch das Sexualverhalten. Isolierte Individuen trachten nach sofortiger Befriedigung ihres Triebes und lassen jenes komplexe Werberitual beiseite, das sich bei der Paarung »wilder« Tiere beobachten läßt (ebd., 46. 55).

Im *ontogenetischen* Bereich, d. h. im Verhalten einzelner Personen, zeigt sich die rückläufige Evolution darin, daß immer mehr Menschen ihr ganzes Leben lang *unreif* bleiben. Die Zahl infantiler Erwachsener mehrt sich in unserer Gesellschaft. Die Kultur solcher Menschen wird eintönig, glatt, seicht und fad (vgl. Abbau, 19).

Hinzu kommt noch eine Form des Bösen, welche sowohl das Kollektiv, als auch das Individuum bedroht: Der Bruch mit der Wechselseitigkeit von »Seele« und »Geist«. Unter *Seele* versteht Lorenz das subjektive Erleben, alles das, was ein ausgewogenes Innenleben und Zusammenleben möglich macht. Die Gefühle sind konstitutiv für die so verstandene Seele. Im *Geist* hingegen sieht Lorenz eher die Fähigkeit, begrifflich zu denken, syntaktisch zu sprechen und Wissensgut weiterzugeben.

Nun läßt sich in unseren Industriegesellschaften folgendes feststellen: Während das kognitive Verhalten des Geistes seine Funktionsschnelligkeit ständig steigert und die künstliche Intelligenz zunehmend in Anspruch nimmt, behält die Seele ihre *langsamere* Verarbeitungsgeschwindigkeit bei. Die Seele braucht Zeit, Zeit zur Reifung, zur Sammlung, zur Gewöhnung, zum Aufbau zwischenmenschlicher Beziehungen. Wo also der Geist der Seele sein Tempo aufzwingt und sie entsprechend manipuliert, geht so manches seelische Empfinden verloren. Lorenz bringt als Beispiel den »Wärmetod des Gefühls«, eine Art seelischer Entropie (vgl. AT, 82). Er schließt seine Diagnose mit folgender Mahnung: »Ob die Menschheit zu einer Gemeinschaft wahrhaft humaner Wesen werden wird oder zu einer straffen Organisation entmündigter Un-Menschen, hängt ausschließlich davon ab, ob wir uns von unseren *nichtrationalen Wertempfindungen* lenken lassen« (vgl. Abbau, 85). Wie diese nichtrationalen Wertempfindungen inhaltlich zu bestimmen wären, sagt Lorenz leider kaum.

Interessanterweise erblickt er aber den Kern des Bösen in einem *Teufelskreis der Habsucht*, der einerseits gemeinschaftsunfähig macht, und sich andererseits in verschiedenen Reduktionismen äußert (vgl. ebd., 127). Wer nur zu haben, zu besitzen sucht und zum schlichten Dasein unfähig wird, hört zunehmend auf, ein soziales Wesen zu sein. Das erinnert ein wenig an den augustinischen Definitionsversuch des »malum metaphysicum« als das »Fehlen von Sein und Gutsein«. Denn auch Lorenz meint etwas für das Menschsein des Menschen absolut Fundamentales. Zwar formuliert er diese Art des Übels nicht metaphysisch, geschweige denn im Rahmen einer Seinsphilosophie, wie das einst Augustinus tat. Doch meint er, ähnlich wie der Kirchenvater, eine zugleich *allgemeine und fundamentale* Belastung der menschlichen Art. Außerdem führt er das Böse auf ein ganz bestimmtes Verhalten bzw. Fehlverhalten des Geistes zurück.

Der Teufelskreis des Nur-Haben-Wollens weist eine besondere Erscheinungsform im Bereich der *Wissenschaften* auf, nämlich – wie Lorenz sagt – in der »ontologischen Reduktion«. Damit meint er eine absolute Konzentration des Wissenschaftlers auf sein eigenes Spezialgebiet unter Ausschluß anderer Erkenntnisweisen und -bereiche. Der Reduktionist will alles so »haben«, wie seine Disziplin es sieht. So geht er z. B. von Sätzen wie diesem aus: Der Mensch sei »nichts anderes als« ein Komplex physikalischer, chemischer und biologischer Vorgänge (ebd., 197). Wer so denkt, begeht den »größte[n] Verstoß gegen den Geist der Wahrheitssuche, den ein Forscher begehen kann« (ebd., 97 f.). Er macht sich der Verarmung des Wissens, folglich auch des Seins schuldig. Er setzt sein eigenes Wissen absolut. Das erinnert an die biblische Symbolik des mißbrauchten Erkenntnisbaumes mitten im Garten Eden.

8.2.3. Eine Therapie gegen das Böse?

Angesichts dieser schonungslosen, harten Diagnose unserer Zivilisationskrankheiten erwartet der Leser einen Vorschlag zur Therapie.

Ich glaube, daß Lorenz dazu nur einige fragmentarische Ansätze vorschlägt. Eins dieser Fragmente scheint mir der Versuch, Aspekte *tierischen* Verhaltens zum Vorbild für das menschliche Verhalten zu erheben. Tiere machen es z. B. dem Menschen vor, wie Tötungshemmung, gezügelte Aggression, Bereitschaft zur Kooperation, zur Teilung des Lebensraumes, Genügsamkeit und Maßhalten das Leben in Gemeinschaft fördern und die Macht des Bösen mindern. Es ist so etwas wie eine Einladung an den homo sapiens, in die Schule der Naturwelt zurückzukehren. So dürfte der Mensch lernen, wieder natürlicher zu leben.

Ein anderer Therapievorschlag scheint mir in den Anspielungen des Verhaltensforschers auf biblische Themen zu finden zu sein. Der Mensch ist z. B. *Ebenbild Gottes*, das noch nicht vollends verwirklicht ist. Außerdem läuft es Gefahr, zu entarten. Hier würde der Leser erwarten, etwas mehr über das göttliche Vorbild für ein solches Werden zu erfahren, auch vielleicht etwas über Jesu Verhalten. Leider hilft es wenig, wenn Lorenz verlangt, angesichts der Gefühlsarmut unserer Zivilisation sollten wir uns mehr »von unseren nichtrationalen Wertempfindungen lenken lassen« (Abbau, 85). Was ist damit gemeint? Um welche Werte und welche Empfindungen handelt es sich hier? Sein Vorschlag, wir müßten uns bescheiden und unsere Herzlichkeit »auf eine geringe Zahl von Freunden konzentrieren, denn wir sind nicht so beschaffen, daß wir alle Menschen lieben könnten« (AT, 20f.), klingt darüber hinaus geradezu reduktionistisch.

Dennoch halte ich als Theologe die Lorenzsche Bestandsaufnahme und sein Plädoyer für eine noch im Werden begriffene Ethik samt Sozial- und Umweltethik für wichtige Anstöße auch im Sinne des christlichen Glaubens.

8.3. Eine Theologie der Sünde und des Heiles

8.3.1. Das Übel und die Sünde

1. Die Theologie hat sich immer schon sehr intensiv mit den Problemen des Übels und des Bösen beschäftigt. Einerseits hat sie von der Philosophie die bohrende Frage übernommen: Wenn es einen guten Gott gibt, der zudem noch allmächtig sein soll, wie läßt sich die Existenz des *Übels,* insbesondere in der Gestalt des unverschuldeten Leides, begründen? Die kürzeste Formulierung dieser Frage lautete: »Si est deus, unde malum?«, »Wenn Gott existiert, woher kommt das Übel?« Bereits das Alte Testament berichtet vom Unverständnis des leidenden Gerechten Ijob. Ijob lehnt sich gegen sein Schicksal auf, rechtet mit seinem Gott, macht ihm Vorwürfe, bittet ihn, seine Passivität angesichts des menschlichen Elends aufzugeben. Die Anfrage Ijobs blieb allerdings ohne zufriedenstellende Reaktion Gottes. Erst das Mitleiden Christi mit den leidenden Menschen lieferte eine Art Antwort.

Außerhalb der theologischen Tradition hat bekanntlich der Philosoph Epikur die sogenannte »Theodizeefrage« – vielleicht mit der größten religionskritischen Wucht – zum Ausdruck gebracht. (Der Begriff »Theodizee« enthält die griechischen Worte »theós«, »Gott« und »dike«, »Recht« bzw. »Rechtfertigung«. Er beinhaltet also die Frage, ob menschliche Vernunft Gott trotz des leidenschaffenden Übels rechtfertigen kann. Epikur fand keine Lösung für dieses Problem, die die Vernunft überzeugen könnte. Er erklärte zusammengefaßt: Entweder will Gott das Übel verhindern, aber kann es nicht, dann wird seine Allmacht widerlegt, oder er kann es tun, aber will es nicht, so muß seine Güte in Zweifel gezogen werden. Wie ernst die christliche Theologie diese Problematik nimmt, zeigt die Auseinandersetzung des Kirchenvaters Laktanz (De ira Dei, 13) mit Epikur. Dabei mußte aber auch er zugeben, daß eine rein religionsphilosophische Lösung der Frage nach dem Grund des Übels nicht möglich ist. Erst die *Solidarität des Schöpfers* mit dem unschuldig Gekreuzigten vermag ein Stück Verständnis zu vermitteln. Wo Gott sich selbst mit dem Leidenden identifiziert, wo Gott also seine angebliche Leidensunfähigkeit, seine »Apathie«, tatkräftig widerlegt, erscheint so etwas wie eine Sinngebung.

In der Moderne hat bekanntlich Albert Camus die Theodizeefrage in seinem Bekenntnis zum Ausdruck gebracht, er könne keinen Schöpfergott annehmen, der Kinder quälen und sinnlos sterben läßt. Aber auch er zeigte Einsicht angesichts des Gekreuzigten als des Menschen, durch den die Kluft zwischen einem glücklichen Himmel und einer leidenden Erde überbrückt wurde. In seinem Buch *Der Mensch in der Revolte* schreibt Camus von Jesus: »Er tritt dazwischen und erleidet seinerseits die äußerste Ungerechtigkeit, damit die Revolte die Welt nicht entzweischneidet, damit der Schmerz auch den Himmel gewinnt und ihn dem Fluch der Menschen entreißt« (MR, 91).

Die angeführten Zeugnisse haben bei aller Verschiedenheit eines gemeinsam: Wo die Theorie versagt, haben die Praxis und das Engagement eines solidarischen Wesens Erfolg. Damit berühren wir zugleich schon das Thema »Heil mitten im Unheil«, das zum Kernbestand des christlichen Glaubens gehört.

2. Eng verbunden mit dem Übel behandelt die Theologie auch *das eigentliche Böse*, sowohl das moralische als auch das metaphysische malum. Für beide verwendet sie den *Analogbegriff von Sünde*. Der Begriff »Sünde« unterscheidet sich zunächst einmal von den Begriffen »Übel« und »Böses« durch seinen wesentlichen *Gottbezug*. Sünde bedeutet vor allen Dingen das gottwidrige Tun oder Lassen. Wer sündigt, stellt sich gegen Gott oder unterläßt das, was Gott von ihm erwartet. *Unterlassungssünden* werden oft als schwerer betrachtet als Tatsünden. Das zeigt besonders die Schilderung des Weltgerichts in Mt 25, 42 f. Dort identifiziert sich Gott mit leidenden Menschen, welche keine angemessene Hilfe durch ihre Mitmenschen erfahren haben. Der göttliche Richter erklärt: »Ich war hungrig, und ihr habt mich nicht gespeist, ... ich war fremd, und ihr habt mich

nicht beherbergt«. Wie wir sehen, finden sich in diesem Text wesentliche Elemente unseres Themas: das Leiden im Kontext des Bösen, genauer im Kontext der »bösen« Indifferenz, dann die göttliche Solidarität mit den Leidenden, die unterlassene Nächstenliebe und schließlich die Sünde als Widrigkeit gegen Gott und die Menschen in einem.

Aber warum habe ich den so verdeutlichten Sündenbegriff als einen *Analog*begriff bezeichnet? Der Grund ist folgender: Die Sünde im *eigentlichen* Sinn, nämlich die wissentlich und absichtlich begangene, sündhafte Tat oder die schwerwiegende Unterlassung des Guten verursacht zugleich und zunehmend einen Zustand der Entfremdung zwischen Gott und der Welt. Dieser setzt sich dann in der Welt bleibend fest, ohne daß man dessen Verursacher exakt feststellen kann. Diesen Zustand bezeichnet die Theologie ebenfalls als »Sünde«, meist in der Form der sogenannten *Ursprungssünde*. Nur tut das die Theologie analog, d. h. in einem übertragenen Sinn des Wortes.

Dabei ist unbedingt der Unterschied zu beachten: Sünde als *Tat* macht ihren Täter schuldig, die sogenannte Sünde als *Zustand* belastet auch Unschuldige. Diese Unterscheidung beinhaltet freilich keine Trennung. Denn es sind immer wieder wirkliche, sündhafte Handlungen und Unterlassungen, die zur Schaffung und Erhaltung böser Zustände beitragen. Daraus folgt: Ohne sündhafte Taten und ohne deren vielfältige Vernetzung und »Synergie« gäbe es keinen Entfremdungszustand zwischen Gott und der Welt.

Konrad Lorenz scheint mir diesem Ansatz nahezukommen, wenn er ganz konkrete Fehlfunktionen der zivilisierten Menschheit anprangert, ohne daß er dabei schuldige Einzelpersonen oder Gruppen in direkter Weise auszumachen sucht. Paulus hat in Röm 5 in ähnlicher Weise von der Sünde, griechisch »hamartía«, als Machtgefüge gesprochen. Diese analog gemeinte Sünde ist einfach da. Sie ist uns vorgegeben, egal ob wir es wollen oder nicht. Sie bestimmt einen Zustand auf dem Planeten Erde, in den jeder Mensch einfach hineingeboren wird und dessen Opfer er ist. Daß er diesen Zustand durch eigene Schuld zu verstärken oder durch gute Taten abzumildern vermag, liegt auf der Hand.

Paulus deutet die Vergrößerung der Sündenmacht mit folgenden Gedanken an: Die Sünde trat und tritt in die Welt hinein, »weil *alle* sündigten« und sündigen (vgl. Röm 5, 12); so herrschte und herrscht die Sünde, einem Diktator gleich, auf der Erde. Dafür steht die Symbolfigur Adams, der gleichsam der tragische Archetyp des Menschenkollektivs ist, das die Macht der Sünde konkret erfährt.

Andererseits zeigt Paulus *Christus* als den neuen, alternativen, endzeitlichen Adam auf, der durch seine solidarische Tat leidensbereiter Mitmenschlichkeit die Macht der Sünde von Grund auf erschüttert und in ihrer Beeinflußbarkeit offenbart hat (vgl. Röm 5, 15–20). In dieses dramatische Heilshandeln tritt der Glaubende als Nachfolger Christi ein.

Nachfolger des Heilbringers ist, Paulus zufolge, jeder Mensch, der in der Kraft des Christusglaubens sowohl das physische Übel als auch das moralisch Böse bekämpft. Vorbild zur Nachfolge ist eigentlich jener Jesus, der hier Kranke heilte und dort Sündenvergebung verkündete, d. h. hier dem Übel, dort dem Bösen entgegentrat. Daß man damit viele wissenschaftliche und technische Fähigkeiten, die zugleich einem ethischen Ideal folgen, verbinden kann, scheint mir einzuleuchten.

8.3.2. Zur Theorie der »Erbsünde«

Vieles hat in der Geschichte christlicher Theologie der Kritik Vorschub geleistet, sie zentriere das Dasein des Menschen in übertriebener Weise auf den Aspekt »Sündhaftigkeit«. Als ob, wie Dietrich Bonhoeffer mahnte, die Theologie es nötig hätte, den Menschen zunächst »madig zu machen«, um ihm dann eine um so größere Erlösungsgnade anzubieten! Aber war dann für das weitreichendste Madigmachen der Menschheit nicht der große Augustinus mit seiner Erbsündentheorie verantwortlich? Viele sind dieser Ansicht, und zwar aus folgenden Überlegungen heraus.

Augustinus lehrt die Existenz einer vererbbaren Kollektivschuld. Das heißt: Der historisch verstandene (bzw. mißverstandene) Stammvater aller Menschen, Adam, habe nicht nur seine eigene Gottesnähe verspielt und nicht nur seine eigene Natur sterblich gemacht. Er habe zugleich auch die Schuld dieser Sündentat an seine gesamte Nachkommenschaft weitergegeben. Und er habe dies durch die Zeugung von Nachkommen in böser Begehrlichkeit, d. h. indem er der »libido« nachgegeben habe, verursacht. Seither sei die Menschennatur und die Menschheit an sich verdorben, verdammenswert und der Macht des Todes preisgegeben. Auch die Neugeborenen besäßen praktisch eine »Grundausstattung« von »Sünde, Schuld und Verdammung«, soweit sie nicht durch die kirchliche Taufe davon befreit würden. Kurzum: Auch das, was Augustinus »Ursprungssünde«, »peccatum originale«, nennt, solle als Sünde im *eigentlichen* Sinn des Wortes verstanden werden. Das führt aber, abgesehen von einer pessimistischen Anthropologie, auch zu einer Abwertung von Naturvorgängen, wie z. B. dem des Geschlechtsverkehrs oder generell gesprochen dem des Sexualtriebes. Das Böse wird in das »Fleisch« verlagert, obwohl es doch vom Geist herkommt.

Ich stelle mir vor, daß ein überzeugter Naturwissenschaftler eine solche Theorie vermutlich als eine nicht verifizierbare Gedankenkonstruktion oder gar als Ideologie empfindet, als einen Mythos vom Bösen etwa. Deswegen will ich versuchen, die Erbsündenlehre des Augustinus zumindest geistesgeschichtlich verständlich zu machen, wobei ich aber sagen muß, daß ich sie in ihrer klassischen Form nicht teile. Vor allem vier Faktoren waren für ihre Entstehung entscheidend.

Augustinus war in seiner Jugend Anhänger einer *manichäischen* Sekte. Für deren Mitglieder korrelierten Materie, Körper und Fleisch mit dem bösen Weltprinzip, während Geist, Seele und Leiblosigkeit mit dem guten Weltprinzip verbunden waren. Nach seiner Konversion zur Religion der Bibel hat Augustinus aus seiner Vergangenheit doch eine gewisse Leibfeindlichkeit und ein Mißtrauen allem Geschlechtlichen gegenüber beibehalten. Das verrät seine Theorie von der »bösen Konkupiszenz« oder »Begierde«.

Zweitens kam eine vorwissenschaftliche *Biologie* hinzu, derzufolge der Samen des Mannes alles in sich trägt, was die leibliche und geistige Beschaffenheit seiner Kinder prägt.

Drittens dachte Augustinus in den Kategorien des *römischen Rechts*, insbesondere einer patriarchalischen Rechtsordnung. In dieser entschied das Familienoberhaupt, der »pater familias«, maßgeblich über die Situation seiner Großfamilie und damit auch über die der nachfolgenden Generationen. Sowohl gute als auch böse Taten des Vaters (die Mutter spielte hier keine Rolle) hatten Auswirkungen für alle Familienmitglieder. So konnte finanzielle Verschuldung beispielsweise zur Versklavung ganzer Familien führen, also zu einer Form der »Sippenhaft«. Diese patriarchalisch strukturierte Solidaritätsphilosophie beruhte weitgehend auf dem Prinzip der *gegenseitigen Stellvertretung*. Denn umgekehrt konnte auch der pater familias für die Handlungen seiner Kinder oder Enkel zur Rechenschaft gezogen werden. Der Täter wurde also gleichsam als in seinen Verwandten real gegenwärtig betrachtet. So konnte schon Ambrosius, ein Lehrer des jungen Augustinus ausrufen: »*Ich* habe in Adam gesündigt, *ich* bin in Adam gestorben!« (als Strafe für meine Sünde). Ambrosius hätte auch das Umgekehrte sagen können: Adam sündigt in mir, Adam stirbt zur Strafe auch in meinem Tod.

Nicht zuletzt ist die Theorie des Augustinus auch auf eine fehlerhafte Übersetzung des Römerbriefes zurückzuführen. In Röm 5, 12 heißt es nach dem griechischen Originaltext sinngemäß: »Durch einen einzigen Menschen ist die Sünde in die Welt eingetreten ... *weil* alle sündigten«. Die lateinische Übersetzung hat dieses Wörtchen »weil« irrtümlich durch »in welchem« wiedergegeben. Dann heißt der Satz sinnentstellend: »Die Sünde ist in die Welt eingetreten durch einen einzigen Menschen ... *in welchem* alle sündigten«. Dieser Satz konnte dann zur Bestätigung des patriarchalischen Prinzips der wechselseitigen Stellvertretung verwendet werden. Das griechische Original meinte aber etwas anderes, nämlich die Tatsache, daß erfahrungsgemäß alle Menschen sündigen und auf diese Weise zur Festigung jener Sündenmacht beitragen, die schon durch den ersten urtypischen Menschen in die Welt gekommen war. Diese Vorstellung braucht gar nicht mit Erbschaft in Verbindung gebracht zu werden, während jene andere, fehlerhafte Übersetzung eine solche Interpretation nahelegt.

Die genannten vier geistesgeschichtlichen Ursachen haben zur Genese der augustinischen Erbsündenlehre beigetragen. Die Entstehung ist aus ihrer Zeit heraus verständlich. Aber ihr unbiblischer, folglich keineswegs normativer Charakter leuchtet ebenfalls ein. Es ist eigentlich eine theologiegeschichtliche Katastrophe, daß der Gedanke an eine biologische und rechtliche Vererbung von Sünde und Schuld sich verbreitet bis heute erhalten hat.

Was die kirchliche Lehre von der »Ursprungssünde« (die nicht in jeder Hinsicht dasselbe meint wie »Erbsünde«) eigentlich bedeutet, ist folgendes: Faktisch sündigen alle Menschen oder sind zumindest anfällig zu sündigen; dadurch etabliert sich in der Welt so etwas wie ein systembedingtes Zusammenkommen von moralischem und auch physischem Übel; es folgt daraus die profunde Bedürftigkeit nach Erlösung und Befreiung des Menschen, sowohl des Kollektivs als auch des Individuums; Christus verheißt das Heil mitten im Unheil, das, laut Röm 8, sogar Auswirkungen auf die nichtmenschliche Naturwelt hat.

Ist nun aber dem Buch Genesis mit seiner Urgeschichte der vielfältigen Sündentypen, d.h. Mißbrauch des Baumes der Erkenntnis,

Brudermord, Turmbau zu Babel und zunehmende Schlechtigkeit der Menschheit vor der Sintflut, eine Lehre von der Erbschuld zu entnehmen? Die Antwort lautet: Nein, auch keine Lehre vom *biologischen* Tod als Strafe für eine in ferner Vergangenheit liegende Tat des Stammvaters. Der Mensch ist ja als *sterbliches* Lebewesen durch die Hand des Schöpfers entstanden. Als theologisch noch unwissenschaftlicher muß die Annahme bezeichnet werden, die Mühe der körperlichen Arbeit für den Mann und die Geburtswehen der Frau hätten irgend etwas mit deren Sündhaftigkeit zu tun oder seien sogar als Strafe gedacht.

8.3.3. Zum Sündenverständnis des II. Vatikanischen Konzils

Das II. Vatikanische Konzil hat eine erfreuliche Wende in der Theologie der Sünde zum Ausdruck gebracht. Abgesehen von einigen eher nebensächlichen Sätzen, vertritt das Konzil keine geschlossene Theorie der Erbsünde mehr. Es legt auch keinen spürbaren Akzent auf die Lehre von der Ursprungssünde. Der junge Ratzinger vermerkte diesbezüglich, das Konzil ersetze diese Lehre mit einer »konkreten Darstellung der allgemeinen Sündhaftigkeit« in der »erfahrbaren Situation des heutigen Menschen« (LThK² III, 320 ff.). Das Interesse gilt also nicht einer Analyse der metaphysischen Menschennatur, die Augustinus, Luther und Calvin zufolge radikal verdorben wäre. Vielmehr spricht die Kirchenversammlung von den Gestalten des Bösen in unserer Welt fast ebenso empirisch und konkret wie Konrad Lorenz: von sozialer Ungerechtigkeit, Krieg, Rüstungswettlauf, Rassismus, Ungleichheit zwischen Frau und Mann, übermäßigem Entwicklungstempo, ungleich verteilten Fortschrittschancen, Orientierungs- und Sinnverlust, Egozentrik, zunehmender Zerrüttung von Ehe und Familie usw. (Nur die Erwähnung der Umweltsünden fehlt.) Dabei wird auch, insbesondere in der Pastoralkonstitution *Gaudium et spes*, deutlich gemacht, wie leicht das »malum physicum« zur Auslösung des »malum morale« und umgekehrt führen kann. So wird z. B. das Engagement gegen das Elend zu einer ursächlichen Bekämpfung der sogenannten »sozialen Sünden« gemacht.

Obwohl das Konzil darum weiß, wie sehr sich *Gewalttätigkeit* in unseren Gesellschaften breitmacht und einen entsprechenden Raum in den Massenmedien einnimmt, liegt ihm der Gedanke fern, die Aggression als Triebfeder alles Bösen zu bezeichnen. Dem neutestamentlichen Hauptgebot der vereinten Gottes- und Nächstenliebe entsprechend bezeichnet es den Egoismus als die fundamentalste Perversion der Schöpfungsordnung.

Das Konzil nimmt damit ebenfalls Abschied von einer fast selbstverständlich gewordenen Gleichsetzung von Sünde mit Schwächen und Fehlverhalten im *Sexualbereich*. Es gibt so etwas wie eine »Hierarchie der Sünden« als Parallele zur »Hierarchie der Wahrheiten«. Dabei erscheinen als »Hauptsünden« jene, die dem Mitmenschen schaden und seine Würde verletzen. Die rein individuellen Verstöße gegen das Moralgesetz werden dagegen weniger schlimm eingestuft.

Von der Bosheit des Bösen läßt sich die Kirchenversammlung kaum beeinflussen. Sie bietet keine prophetische Anklage der modernen Welt. Man hat ihr deshalb mitunter eine optimistische Grundhaltung nachgesagt. Sicherlich trifft dieses Urteil insofern zu, als das Konzil an den Fortschritt im sittlichen Bereich fest zu glauben scheint. So vermeidet es, Sündenkataloge der »zivilisierten Menschheit« zu erstellen, wie Lorenz es tut, und schlägt statt dessen *positive Handlungsziele* vor, z. B. Streben nach einer verteilenden Gerechtigkeit auf Weltebene, Einbeziehung der Randgestalten und Unterdrückten, Gleichberechtigung von Mann und Frau, aktive Friedenspolitik, ausgewogene Wirtschaftssysteme usw. Das größte Positivum liegt aber meines Erachtens nicht in der Aufstellung von Handlungsrezepten und -normen, sondern in der Aufwertung des *persönlichen Gewissens* als letzter und eigenverantwortlicher Entscheidungsinstanz. Das zeigt sich nicht zuletzt in der konziliaren Lehre von der selbstbestimmten, verantwortlichen Elternschaft, genauer gesagt in der freien Wahl der Kinderzahl. (Nach dem Konzil haben römische Behörden diese Lockerung der Morallehre mehrfach ignoriert.)

Über die Neuorientierung der kirchlichen Moral, die von der Fixierung auf die Sündhaftigkeit zu einer positiven Erarbeitung von zugleich evangelien- und zeitgerechten Handlungsnormen übergegangen ist, und über die damit verbundene Theologie des sittlich verantwortlichen Gewissens wäre noch viel zu sagen. Das Genannte genügt aber, um zu zeigen, auf welche Weise die Theorie »vom sogenannten Bösen« des Verhaltensforschers Lorenz und dessen anthropologische Implikationen von der Theologie teilweise kritisch integriert und auf jeden Fall ergänzt werden können.

9. Sterben, Tod und Leben über den Tod hinaus

9.1. Kurze Situationsanalyse

9.1.1. Zum Umgang mit dem Tod in unserer Gesellschaft

1. Unsere Gesellschaft zeichnet sich durch eine starke Neigung aus, den Gedanken an den eigenen Tod zu verdrängen. Die breite Volksmasse und die Massenmedien spiegeln kaum mehr jene enge Korrelation zwischen »Leben« und »Sterben« wider, die in naturnahen, sogenannten primitiven Kulturen oder in den großen Weltreligionen selbstverständlich war bzw. ist. Wir sprechen viel von Leben, aber wenig von dessen doch täglich erfahrbarer Sterblichkeit. Laut jüngster Umfragen in Ländern der Europäischen Gemeinschaft beschäftigen sich nur noch 2 % der Bürger intensiv mit ihrem eigenen Tod. Der Theologe Medard Kehl dürfte also recht haben, wenn er feststellt, daß unsere westeuropäischen Zeitgenossen den Tod aus dem Leben heraushalten. Der Tod wird tabuisiert und der Alltag von dem Gedanken daran freigehalten.

Dem Verschweigen und Verdrängen aus dem Bewußtsein entspricht ein *praktisches* Verhalten. Es wird z.B. immer seltener, daß ein Mensch zu Hause stirbt. Alte Menschen und Schwerkranke verlegt man in Alten- und Pflegeheime. Kinder haben kaum noch Gelegenheit, das Sterben eines Familienmitglieds aus der Nähe zu erleben. Euthanasie wird mitunter Gegenstand der Werbung. Lebensmüden in ausweglosen Situationen wird der einfachste Weg, dem Leiden des Endes zu entkommen, angeboten, obwohl doch menschliche Begleitung in viel umfassenderer Weise helfen könnte. Andererseits gibt es Organisationen, wie z.B. den »Hospizverein« oder Sterbekliniken, die dies verwirklichen, vorausgesetzt, daß sie sowohl medizinisch als auch psychologisch und seelsorglich hinreichend ausgestattet sind.

2. Das Verhalten der *Ärzte* erweist sich als recht unterschiedlich. Auf der einen Seite findet man überzeugte Praktiker der Humanmedizin, die im Patienten den *ganzen* Menschen samt seiner Lebens-

165

geschichte sehen. Dieser zählt dann mehr als das rein fachliche Interesse und die bloße Pflichterfüllung. Bei solchen Medizinern findet man auch die Bereitschaft, über das Thema Tod in angemessener und personenbezogener Weise zu sprechen. Auf der anderen Seite werden Ärzte durch Überforderung und zunehmende Technisierung im Therapiebereich zu einer übermäßigen Versachlichung ihrer Beziehung zu den Patienten veranlaßt. Das führt oft dazu, daß der Krankheitsfall sie mehr als Fall interessiert als beispielsweise die existentiellen Ängste der betroffenen Person.

Das ist vermutlich eine Kehrseite der hohen Wissenschaftlichkeit, die die moderne Medizin auszeichnet und die immer neue Chancen der Heilung anzubieten vermag. Deshalb kann der Arzt heute noch mit einem großen Vertrauenspotential seitens der Mehrheit der Bevölkerung rechnen. Von seiner Kompetenz wird u. a. erwartet, daß er in Gesundheits- und in Krankheitsfragen *Aufklärungsarbeit* leistet. Bezüglich der Korrelation von Leben und Tod hilft bereits die medizinische Erkenntnis, daß unsere Körperzellen stets abgebaut und erneuert werden, daß wir alle 10 Jahre etwa zellenmäßig ausgetauscht, also »generalüberholt« worden sind. Dieser Prozeß verlangsamt sich mit fortschreitendem Alter. Der Tod meldet sich bereits durch die ausbleibenden Regenerierungsprozesse an.

Zu unserem Themenkreis gehört freilich auch die weltweit praktizierte *Organtransplantation*. Diese Praxis bricht mit Tabus der heutigen Zeit. Der Spender selbst wird mitten im Leben mit der Frage konfrontiert, wie er sein Ableben anderen Menschen dienstbar machen kann. Er bekommt die Möglichkeit, eine moderne Form der Nächstenliebe zu vollziehen und seinem Tod dadurch einen zusätzlichen Sinn zu geben. Freilich liegt auch in diesem Bereich eine große Gefahr für Manipulationen. Etliche Horrorfilme haben bereits demonstriert, was alles geschehen kann, wenn das kommerzielle Interesse oder auch nur das Forschungsinteresse den Vorzug vor dem Respekt vor der Menschenwürde erhalten.

3. Was die Massenmedien anbelangt, tragen sie ebenfalls zu einer nicht immer angebrachten Versachlichung des Todes bei: Banalisierung todbringender Aggressivität und Gewalttätigkeit, Live-Übertragungen von mehr oder weniger legitimierten Tötungsakten, Spiele, die auf die Vernichtung des Gegners ausgerichtet sind, teilnahmslose Aufzählung von Todesopfern irgendwelcher Katastrophen oder Verbrechen usw. sind Beispiele dafür.

4. Freilich lösen sowohl die Verdrängung als auch die maßlose

Versachlichung des Themas »Sterben« unerwartete Reaktionen aus. Das geschieht beispielsweise dort, wo der Tod sich aus unmittelbarer Nähe, im affektiv besetzten Umfeld eines Menschen, ereignet. Es reicht, daß ein geliebter Mitmensch plötzlich stirbt, um bei seinen Angehörigen Aggression, Depression, Verzweiflung, Suche nach Schuldigen oder Abwenden von Gott, der dies zugelassen hat, auszulösen. Die emotionalen Exzesse, die durch eine direkte Konfrontation mit dem Tod ausgelöst werden, mögen ähnliche psychische Schäden anrichten wie der plötzliche Ausbruch des verdrängten Sexualtriebs.

5. Die Notwendigkeit, den Tod mitten im Leben wahrzunehmen, legt seit einiger Zeit die AIDS-Problematik nahe. Der Viruskranke selbst ist gezwungen, dem Sterben tagtäglich ins Auge zu schauen und sich, bei aller Hoffnung auf eine wirksame Therapie, auf ihn einzustellen. Die wissenschaftliche Forschung sieht sich hier in der Lage höchster Herausforderung. Die Gesundheitsminister aller Länder, vor allem aber der ärmsten Länder der Welt, werden mit einem fast unlösbaren Problem konfrontiert. Zwar versucht die Masse der Unbeteiligten wegzuschauen, was aber immer weniger gelingt, je mehr die Gefahr zunimmt. Gegenwärtig ist sie vor allem im intimen Bereich des Sexuallebens, wo sonst Befriedigung, Erfüllung und gegenseitige Zuneigung gesucht und gefunden werden. Vielleicht ist es tatsächlich so, daß durch AIDS die Verdrängung des Todesgedankens in singulärer Weise erschwert wird. Denn immer weniger Menschen sind vor der Immunschwäche vollständig geschützt. So scheint der Tod in das alltägliche Bewußtsein wie durch eine Hintertür wieder einzudringen. Die Frage nach der Ethik stellt sich hier bei weitem nicht mehr bloß im Hinblick auf die Vorbeugung. Sie zieht immer weitere Kreise um die bereits Erkrankten, wobei oft gerade diese Menschen *Werte vorleben*, die man sonst nur noch selten findet. So läßt sich das augustinische Prinzip nochmals verifizieren: Einem »malum« selbst kann ein »bonum« entspringen. AIDS rüttelt auf jeden Fall ein bereits geschwächtes Bewußtsein zwischen menschlicher und sozialer Verantwortung wieder wach. Das Sterben des einen betrifft das Leben der anderen.

9.1.2. Ergebnisse der Sterbeforschung

Abgesehen von der allgemeinen Neigung zur Verdrängung des Todesgedankens und zur Versachlichung des Sterbens, haben die Ergebnisse der Sterbeforschung, wenigstens bei einer Minderheit, ein reges Interesse geweckt. Das stellt aber zugleich auch ein Paradebeispiel dafür dar, wie sehr naturwissenschaftliche Erkenntnis sich unter Umständen mit nichtwissenschaftlichen Extrapolationen verbinden kann. Was im Bereich der gegenwärtigen Sterbeforschung empirisch verifizierbar ist und was dem empirisch Verifizierten an Wunschvorstellungen hinzugefügt wird, soll im Folgenden skizziert werden.

1. Als *wissenschaftlich* gesichert gilt heute die Erkenntnis der *Prozeßhaftigkeit des Sterbens*. Demnach ist der Tod nicht nur im Ablauf jeder Lebensgeschichte immer schon präsent (oder wie die Existenzphilosophen sagen: Wir sind bereits bei unserer Geburt alt genug um zu sterben), sondern das Sterben selbst läuft in verschiedenen Etappen ab. Ja, das Wort »Ablauf« ist hier angemessen. Besonders, wenn man es im Kontext moderner Synergetik versteht. Das heißt: Was beim Sterben vor sich geht, stellt keinen einfachen, isolierbaren, linearen Vorgang dar. Vielmehr eine Gesamtheit von komplexen *Regelkreisen*, die miteinander interagieren und die in vielen Fällen künstlich steuerbar sind. Wenn man dies bedenkt, kann die sonst etwas grobe Einteilung dieses Ablaufs in drei Etappen, nämlich Atmungstod, Herztod und Gehirntod, durchaus vertreten werden.

· Früher war man davon überzeugt, daß ein Mensch gestorben ist, wenn er seinen letzten »Atemzug« getan hatte. Der Tod wurde mit dem Aussetzen der *Atmungsfunktion* gleichgesetzt. Die Praxis, vor den Mund des Toten einen Spiegel zu halten, zeigt dies deutlich. Inzwischen wurde nachgewiesen, wie wenig endgültig das Aufhören der Atmung sein kann, wie oft es nur eine erste »Etappe« des Sterbeprozesses darstellt.

Ähnliches dürfte wohl für das Schlagen des *Herzens* gelten. Leben hört mit dem Stillstand des Herzschlags nicht notwendigerweise auf. Gelungene Herzmassage kann Abhilfe leisten und zur Wiederbelebung führen. Auch die Durchführung einer Herztransplantation erfordert die Überbrückung einer gewissen Zeit, in der das Organ entnommen und ersetzt wird, durch Geräte.

Bezüglich des sogenannten *Gehirntodes* zwingt uns die heutige Forschung zu einer noch stärkeren Differenzierung. Der Sterbevorgang betrifft – soweit ich die Erläuterungen meines Kollegen Schmid-Schönbein verstanden habe – zunächst das *Großhirn*, d. h. den Neokortex, welcher der Sitz des Bewußtseins und des Selbstbewußtseins ist. Der Hirnstamm, das Kleinhirn und das Zwischenhirn verlieren erst später ihre Funktionsfähigkeit. Sie erfüllen ihre Aufgabe der Sicherung von unbewußten Vorgängen und Spontanreaktionen auch noch nach dem Aussetzen der Großhirntätigkeit. So kann man erklären, daß ein Patient, der bereits als *klinisch tot* gilt, noch über funktionsfähige Organe wie Herz, Nieren, Lunge oder die Hornhaut des Auges verfügt, so daß diese noch transplantiert werden können.

Das Hinauszögern und die Steuerung des Hirntodes in seinem komplexen Ablauf sind heutzutage möglich, wenn auch für den Patienten nicht in jedem Falle wünschenswert. Generell schwebt der Sterbende noch etwa sechs Minuten lang buchstäblich zwischen Leben und Tod, wenn sein Sterben nicht durch medizinische Maßnahmen verhindert wird. Danach ist der Sterbeprozeß irreversibel und endet im eigentlichen Tod. Mit dem Absterben der nicht mehr durchbluteten Gehirnzellen stellt sich schließlich die sogenannte »Decerebration« ein, d. h. der biologisch endgültige Hirntod.

Diese kostbaren sechs Minuten bzw. ihre Verlängerung durch ärztliche Eingriffe in den Regelkreis stellen einen Zwischenzustand dar, in dem vom Sterbenden noch Verschiedenes *erlebt* werden kann. Darunter vor allem Aspekte des eigenen Sterbeprozesses. Grob schematisierend kann man in solchen Erlebnissen, deren Existenz von wiederbelebten, klinisch Toten wirklich bezeugt wurde, zwei Hauptmodelle unterscheiden. Das erste würde ich als »sanftes Modell«, das zweite als »hartes Modell« bezeichnen. Nach Schmid-Schönbein läßt sich das »*sanfte* Modell« nicht zuletzt auf Sauerstoffmangel im Gehirn zurückführen. Dieser verursacht einerseits euphorische Gefühle, andererseits einen teilweisen Verlust der Kritikfähigkeit. *Härter* geht es allerdings in jenen Fällen zu, wo ein Übermaß an Kohlendioxyd eine entscheidende Rolle spielt, so z. B. bei einer Lungenentzündung mit letalem Ausgang. Der Sterbende erfährt hierbei Atemnot und Todesangst. Begriffe wie Todeskampf bzw. Agonie sind dafür treffende Bezeichnungen. Auch ein Erstickungstod oder eine Blutvergiftung ziehen eher das »harte« Sterbemodell nach sich.

2. In jüngster Zeit haben verschiedene Veröffentlichungen hauptsächlich das sanfte Modell bekannt gemacht. Elisabeth Kübler-Ross hat in ihrem Buch *Interviews mit Sterbenden* reichlich Belege für dieses Modell angeführt, ebenso der US-amerikanische Sterbeforscher R. A. Moody in seinem Werk *Life after Life* (dt.: *Leben nach dem Tod*). Während Frau Kübler-Ross in der Formulierung ihres Themas streng wissenschaftlich bleibt – sie berichtet ja über Aussagen wiederbelebter Sterbender – büßt die Fragestellung Moodys einiges von ihrer Wissenschaftlichkeit ein, indem sie fordert, daß die Medi-

zin in der Lage sein müsse, etwas über die postmortale Unsterblichkeit der Seele, also über »life after life« auszusagen.

Nach dieser Einleitung rufen wir uns die Grundzüge des sanften Modells in Erinnerung, wie sie von wiederbelebten Patienten beschrieben wurden.

Erstens hat der Sterbende den Eindruck, daß er sich außerhalb seines Körpers befindet (vgl. Moody, 70 f.). Er betrachtet seinen Organismus als einen fremden Gegenstand. Das scheint auf eine »Trennung von Leib und Seele« hinzudeuten. Zweitens spielt sich vor seinem geistigen Auge seine Lebensgeschichte wie im Schnelldurchgang eines Films ab. Erfreuliche und unerfreuliche Erlebnisse aus seiner Vergangenheit werden ihm in Erinnerung gerufen. Drittens fühlt sich der Sterbende wie vor einer *Schranke* stehend, wobei er beginnt, sich gegen die Rückkehr in sein »irdisches Dasein« zu sträuben (vgl. ebd., 28).

Viertens: Gefühle der Freude, der Geborgenheit und des inneren Friedens bemächtigen sich seines Bewußtseins. Sie veranlassen ihn dazu, die endgültige Trennung vom körperlichen Leben zu wünschen oder sogar zu verlangen. Eine Analogie zur platonischen Befreiung der Seele vom Gefängnis des Leibes bietet sich an.

Hier müssen wir Folgendes bemerken: Das Euphorische, das Beruhigende, das dem Sterbenden dabei widerfährt, zeigt eine gewisse Ähnlichkeit mit psychischen Zuständen, die sowohl bei Gesunden als auch bei Sterbenden künstlich herbeigeführt werden können. Bei Sterbenden – wie gesagt – durch Sauerstoffmangel oder durch Verabreichen von Morphium, das übrigens oft ein Segen für die von starken Schmerzen geplagten Patienten ist. Bei gesunden Individuen verursachen Drogen, besonders halluzinogene Produkte, wie z. B. LSD oder auch Hypnose, ähnliche Hochstimmungen.

3. Was ist nun zu diesem ganzen, empirisch wohl verifizierbaren Befund zu sagen? Die *Differenzierungen* im Ablauf des Sterbens wird man als großen Fortschritt der Wissenschaft in einer alle Menschen angehenden Angelegenheit ansehen müssen. Ohne sie wären weder eine menschenwürdige Sterbehilfe noch eine ethisch einwandfreie Organtransplantation denkbar.

Unter psychologischen Gesichtspunkten scheint mir die Objektivität bezüglich des Sterbeprozesses zu verlangen, nicht nur das sanfte Modell bekannt zu machen, so als ob es die harten Modelle nicht gäbe. Was ich als Priester und Sterbebegleiter an verschiedenen Arten des Sterbens beobachtet habe, veranlaßt mich dazu, die Aspekte

Todesangst, Bewußtlosigkeit, Ekel und Auflehnung gegen das Schicksal keineswegs gering zu bewerten. Aber auch die unpartei-ische, nicht ideologische Sicht des Wissenschaftlers verhindert, die Vielfältigkeit der Sterbeabläufe aus dem Blick zu verlieren. Schließ-lich muß betont werden, daß die Sterbeforschung *nichts über den Tod selbst* auszusagen vermag. Das Zeugnis von wiederbelebten Sterben-den stößt auf die absolute Erkenntnisgrenze, die mit dem vollendeten Tod, wo Raum und Zeit aufhören, gegeben ist.

Ich würde allerdings die Möglichkeit einräumen, daß das »sanf-te« Modell nicht ohne Grund beanspruchen kann, etwas davon anzu-deuten oder vorwegzunehmen, was jenseits der Todesgrenze auf uns wartet. Das gehört aber schon zur Fragestellung von Religion und Theologie.

9.1.3. Skepsis und Hoffnung auf Wiedergeburt

1. Reduziert man die Beschäftigung mit dem Todesgedanken auf das, was empirisch nachweisbar oder verifizierbar ist, so ist logischer-weise eine Skepsis gegenüber der Vorstellung von einem postmorta-len Leben angebracht.

Eine solche Skepsis wird in der modernen Literatur reichlich be-zeugt. Bertolt Brecht drückt sie kurz und bündig aus: »Was kann euch Angst noch rühren? Ihr sterbt mit allen Tieren, und es kommt nichts nachher«. Brecht zieht daraus auch eine praktische Konse-quenz: »Laßt euch nicht betrügen! Das Leben wenig ist. Schlürft es in schnellen Zügen! Es wird euch nicht genügen, wenn ihr es lassen müßt« (Hauspostille, in: GW VIII, 260). Anne Philipe schrieb ihrer-seits nach dem Tod ihres Mannes, die Liebe bleibe ganz bei dem über-lebenden Partner, und dieser liebe ohne Gegenliebe, denn der Ver-storbene verfüge über die »Zellen, die wir *Seele* nennen«, nicht mehr (Nur einen Seufzer lang, 11: Zitat bei M. Kehl, Eschatologie, 254). Max Frisch inszeniert das Jenseits mit bissiger Ironie als eine leere Bühne und eine langweilige Totenlandschaft, in der plötzlich verschiedene Personen auftauchen, um ihre Lage zu beschreiben. Eine Frau erklärt: »Es geschieht nichts, was nicht schon geschehen ist … Es kommt nichts mehr dazu« (Triptychon, 38). Auch »keine Erwartung«, »keine Furcht«, »keine Zukunft« (ebd., 95). Jemand in der Gruppe vertritt schließlich eine naturwissenschaftlich anmuten-de Meinung: »Wie soll mein Bewußtsein sich erhalten nach dem materiellen Zerfall meines Hirns?« (ebd., 16). Darauf reagiert wieder eine Frau, so etwas sage »die kleine Logik«, während für »eine große« Logik das Erhalten des Bewußtseins »ohne biologische Grundlage« durchaus denkbar sei (ebd., 27). Dennoch bleibt der Gesamttenor bei Frisch von tiefer Skepsis geprägt, und diese wird mit einem völlig unlogischen Wunsch zum Weiterleben einfach gleichgesetzt.

Wenn nun das Jenseits entweder eine Illusion oder eine zutiefst ungewisse Vorstellung ist, dann wird der Sterbliche sehr stark auf den *Wert des Diesseits* verwiesen. Das sagt Brecht sehr deutlich: eine Art »carpe diem«, »genieße den Tag«. Philosophischer reagiert Heidegger mit seiner Bestimmung des Daseins als einem »Sein zum Tode«. Für ihn heißt Existieren, auf ein Ende zuzulaufen, allerdings auf ein Ende, das *Vollendung* bedeuten soll. Denn das Bewußtsein von der eigenen Zeitgebundenheit, Endlichkeit, Sterblichkeit konfrontiert uns zwar mit dem Nichts, mit dem Nichtsein, in das wir im Tod »hinausgehalten« werden. Aber dieses Bewußtsein fordert zugleich unsere Freiheit heraus, die uns zugeteilte Zeit mit sinnvollem Handeln auszufüllen und uns auf diese Weise zu verwirklichen. Also ist die existentielle Angst eine konstruktive Angst.

Eine solche Umwandlung erinnert uns an bereits Gesagtes: An jenen biblischen Realismus, der zu einem aktiven Ausfüllen der endlichen Lebenszeit aufruft, auch wenn er zugleich dem Jenseits durch den Glauben an Gott hoffnungsvoll entgegenschaut. Die Skepsis *Epikurs* zeigt sich dagegen von der Bibel genauso weit entfernt wie von Heidegger. Epikur sagt es ganz massiv: »Das schauerlichste Übel …, der Tod, geht uns nichts an; denn solange wir existieren, ist der Tod nicht da; und wenn der Tod da ist, existieren wir nicht mehr. Er geht also weder die Lebenden an noch die Toten« (Überwindung, 45).

Vielleicht sind viele unserer Zeitgenossen anonyme Epikuräer, wenn sie alle Gedanken an den Tod so gründlich verdrängen.

2. Andererseits findet man auch heute das, was ich mit dem Stichwort *Hoffnung* andeuten will. Denn viele Menschen spielen zumindest gern mit dem Gedanken an ein postmortales Weiterleben. Mag auch ihre Zahl eine starke Minderheit der Getauften sein, so ist diese Gruppe dennoch nicht zu vernachlässigen. Es muß jedoch hinzugefügt werden, daß der Gedanke, ja die Hoffnung auf eine *Reinkarnation* oder Wiedergeburt auch bei relativ vielen Christen eine Rolle spielt. Wo Christen für eine mögliche Reinkarnation der Seele und des Selbst Interesse zeigen, geben sie – soweit ich sehe – den spezifisch biblischen *Auferstehungsglauben* nicht notwendiger-

weise auf. Es sieht so aus, als ob sie aufgrund der vorliegenden Ungewißheit verschiedene Weiterlebensmodelle ins Auge fassen wollten. Es ist hier nicht möglich, diese Theorie gründlich zu analysieren. Und ich würde mich als Theologe davor hüten, ein allzu apodiktisches Urteil über die Motivation der Menschen zu fällen, die eine Reinkarnation für sinnvoll halten. Ich weiß nicht, ob der Theologe Medard Kehl recht hat, wenn er in diesem Zusammenhang von einer typisch »bürgerlichen Religion« spricht (Eschatologie, 40). Er scheint damit das unbedingte Streben nach Erhaltung des Existenzbesitzes zu meinen. Wenn schon Motivationskriterien gesammelt werden, so würde ich eher jene Art von *Schaffensmoral* in Erwägung ziehen, die bereits Lessing geltend machte und die auch dem heutigen Industriemenschen zu eigen ist. Lessing schrieb: »Warum sollte ich nicht so oft wiederkommen, als ich neue Kenntnisse, neue Fertigkeiten zu erlangen geschickt bin? Bringe ich auf einmal so viel weg, daß es der Mühe wiederzukommen etwa nicht lohnet?« (Erziehung, 658).

Erhofft werden also neue Chancen für das Erkennen und das Handeln, nachdem die Kürze eines Lebenslaufes viele Chancen vereitelt und viele Wege abgebrochen hat. Erhofft wird vielleicht auch eine immer bessere Selbstverwirklichung, wozu der hinduistische *Karma*-Gedanke nur ein entferntes Modell anbietet. Auf jeden Fall wird hierbei das eigentliche Karmagesetz stark verwestlicht, okzidentalisiert. Gemeint ist hier nicht so sehr die *Notwendigkeit*, die Folge von Taten, die in einem vergangenen Leben begangen wurden, in dem darauffolgenden Diesseits abzugelten. Vielmehr sieht der westliche Mensch in der Wiedergeburt die *positive* Möglichkeit, Unvollendetes zu vollenden, unbekannt Gebliebenes zu erkennen, Nichtgetanes noch zu tun. Dabei geht man von der Voraussetzung aus, dies könne nur im Diesseits geschehen, da das Jenseits kein weiteres Geschehen zuließe. Hier steht wahrscheinlich die Ewigkeitsvorstellung als »stehendes Jetzt«, als »nunc stans«, im Hintergrund, oder gar der Gedanke, der Tod mache alles buchstäblich »endgültig«, entweder in der Gestalt des Himmels oder der Hölle. Wir werden sehen, welche anderen Perspektiven der christliche Gedanke an ein ewiges Leben eröffnet, das als Verwirklichung immer neuer Möglichkeiten, auch in Bezug auf Wissen und Tun, verstanden wird. Das große Fußballspiel des Lebens muß nicht unbedingt in die *Verlängerung* gehen, damit alle Spieler zufrieden sind.

9.2. Theologische Aussagen

9.2.1. Grenzen der Interdisziplinarität?

Es liegt in der Natur der Sache, daß Naturwissenschaften und Theologie vor allem im Bereich des *Sterbeprozesses* miteinander zu tun haben. Im Bereich des *Todes* unterbindet das Fehlen jeder empirischen Verifizierbarkeit einen solchen Dialog. Der Theologe muß die gesamte Verantwortung für eine rein religiöse Verheißung allein tragen.

Dennoch werden die Grenzen neuerdings von verschiedenen theoretischen Physikern überschritten. Paul Davies zieht in Betracht, daß der Geist als alles bestimmende »Software« die vergängliche, körperliche »Hardware«, also den »Tod des Gehirns zu überleben« vermag, »indem man ihn auf einen anderen Mechanismus überträgt oder in ein anderes System verpflanzt« (GmPh, 120). Das Selbst eines Menschen, d. h. das Subjekt seiner »persönlichen Identität« (ebd., 121), sei so geartet, daß es sich von einer gegebenen biologischen Existenz lösen könne, ohne die von ihm gespeicherte »Information« zu verlieren. Das Selbst gehöre vermutlich zu einer *höheren* Wirklichkeitsebene, die die Quantentheorie durchaus zulasse. So spreche im Prinzip kaum etwas dagegen, daß eine noch nie dagewesene Verbindung zwischen ihm und einer Art jenseitigem Gehirn zustande komme. In diesem Zusammenhang thematisiert Davies sogar den christlichen Glauben an die Auferstehung des *ganzen* Menschen »durch Christi Vermittlung« (ebd., 131).

Die naturwissenschaftliche Spur, die Davies annimmt, um in diesem Bereich interdisziplinär weiterzukommen, heißt *Information*. Es handelt sich um übertragbare und reproduzierbare Information. So schreibt Davies: Hierin liegt »die Hoffnung verborgen, daß wir den Begriff ›Unsterblichkeit‹ auf naturwissenschaftliche Weise mit einem Sinn zu erfüllen vermögen« (ebd., 133).

Noch kühner dringt Frank Tipler mit seinem Buch *Physik der Unsterblichkeit* in das theologische Reservat ein. Er versucht nachzuweisen, daß die »künstliche Intelligenz« die natürliche Intelligenz eines sterblichen Menschen einst so perfekt wird simulieren können, daß diese buchstäblich *unsterblich gemacht* wird. Auch der Physiker Tipler läßt sich durch das Wegfallen eines ganz bestimmten biologischen Substrats beim Tod nicht beeindrucken. Es zählt in seiner Unsterblichkeitsinformatik eigentlich nur das identisch bleibende »Muster«, das Davies mit dem Selbst identifiziert hat.

Wenn der Theologe solche Extrapolationen liest, muß er eiserne intellektuelle Disziplin üben, um der Versuchung einer voreiligen Zustimmung zu entgehen. Ich persönlich will Widerstand leisten und den Dialog eher mit Medizinern führen, die den Sterbeprozeß wissenschaftlich erforschen.

9.2.2. Sterben mitten im Leben und »eschatologische Gelassenheit«

Daß der Mensch als ein sterbliches Lebewesen erschaffen wurde und wird, lehrt schon das Alte Testament. Das Neue Testament setzt es ebenfalls voraus. Ausdrücklich betet Ps 89,48: »Bedenke, Herr: Was ist unser Leben, wie vergänglich hast du alle Menschen erschaffen!« Und der Apostel Paulus meint Ähnliches, wenn er Adam als »ein irdisches Lebewesen« beschreibt, »der von der Erde stammt und Erde ist«, d.h. in den Staub zurückkehrt (vgl. Gen 3,19), also vergänglich und sterblich ist (vgl. 1 Kor 15,45–55). In diesem Zusammenhang spielt der *Sündenfall* als angebliche Ursache des biologischen Todes keine Rolle. Auch nicht die theologische These, der leibliche Tod sei als *Strafe* anzusehen im Sinne von: Hätte der Mensch nicht gesündigt, wäre er biologisch unsterblich geblieben (vgl. noch GS und KKK). Nein, der seriösen Bibelwissenschaft zufolge ist der Tod ein Bestandteil der menschlichen Natur, folglich der guten Schöpfung Gottes.

Dieser Glaube an die natürliche Sterblichkeit führt jedoch nicht dazu, daß die Bibel aus dem Tod einen *Freund* des Menschen macht. Anders als Sokrates, Plato und Cicero, die im Tod ein Fest der Freiheit und der aus dem leiblichen Gefängnis befreiten Seele sehen, zögert Paulus nicht, den Tod als ein »malum physicum« zu bezeichnen, das zu bekämpfen ist. In 1 Kor 15,26 sagt er sogar voraus: »Der letzte *Feind*, der entmachtet wird, ist der Tod«.

Zugegeben: Paulus denkt in diesem Satz nicht bloß an ein »malum physicum« und eine Naturgegebenheit der Schöpfung Gottes. Er hat zugleich das »malum morale« im Sinn, das, gleich einem Schmarotzer, sich auch der Art und Weise des physischen Todes bemächtigt. Die Sündenmacht senkt ihre Wurzeln in den Tod und kommt zur Herrschaft auch darin (vgl. Röm 5,12–21). So leben wir in einer Welt, in der der Tod uns Angst und Schrecken einjagt und diese Todesangst uns erpreßbar macht bis hin zu unmenschlichem Handeln.

175

Von daher stellt der Apostel Jesus Christus als den Besieger *beider Mächte*, der Sündenmacht und der Todesmacht, in einem dar. So verbinden sich in seiner Erlösungstat Auferstehung vom Tode und Vergebung der Sünden.

Aber zurück zu den Themen Sterblichkeit und Sterbeprozeß. Was die Sterblichkeit angeht, legt uns das Alte Testament ein Paradox, einen Widerspruch, vor. Einerseits ist der Mensch von Natur aus dem Sterben ausgeliefert, andererseits aber hat er als Vorbild Gott als den Lebendigen schlechthin vor Augen. Die Frage stellte sich schon den alten Juden: Wie entspricht die Erfahrung, daß ich sterbe, dem Glauben, daß Gott Leben ist und Leben will?

Eine erste Reaktion darauf zeigt sich in der beständigen Anhänglichkeit an das diesseitige Leben und dessen Fruchtbarkeit: Wer intensiv lebt, zeugt und gebiert, der lobt den Schöpfer angemessen. So wird von Abraham berichtet: Er »starb in hohem Alter, betagt und lebenssatt« (Gen 25, 8). Erst eine spätere Tradition wird den Segen des lebenssatten Sterbens auch für jung verstorbene Gerechte einräumen. Da geht es um eine qualitative Erfüllung der quantitativ zu kurz geratenen Existenz. Weish 4, 13 befindet in diesem Sinn: »Früh verstorben, hat der Gerechte ein volles Leben gehabt«.

Eine zweite Reaktion auf dieses Paradox besteht darin, daß dem *Sterbenden*, der sich, egal ob alt oder jung, von den Seinen verabschiedet, eine einzigartige *Autorität* zuerkannt wird. Man lese nur die lange Abschiedsrede Jakobs (Gen 48–50) oder die letzten Worte Jesu am Kreuz. Gewiß bekundet nach Markus und Matthäus der Gekreuzigte ein Gefühl der Gottverlassenheit. Doch erscheint er bei Lukas und Johannes als Lehrer der Weisheit und Verkünder eines letzten Willens.

Eine andere Seite des besagten Paradoxes zeigt sich, wo die Frage aufkommt, was denn auf einen Menschen im Todesreich, in der sogenannten »Unterwelt«, wartet: Dunkel, Staub, Verwesung, Vergessenheit (vgl. Koh 9, 5), endloser Schlaf (vgl. Ijob 3, 13; vgl. 1 Kor 15, 51). Dann bricht aber doch das Bewußtsein langsam durch, daß der Mensch nicht einmal in der Totenwelt einer totalen Lebensvernichtung anheim fällt. Es handelt sich eher um ein auf das Minimum reduziertes Leben und darum, daß Gott, der Lebendige, auch mit diesem eingeschränkten Dasein etwas anfangen kann. Denn seine Lebensmacht kann unmöglich durch die Macht des Todes aufgehalten werden. So wächst nach und nach die Hoffnung auf ein neues Leben jenseits der Todesgrenze heran, bis dann zur Zeit der jüdischen Apokalyptik der Glaube an eine Auferweckung der Toten entsteht (vgl. Dan 12, 1–3; 2 Makk 7, 28).

In allen diesen Etappen der Glaubensentwicklung bleibt doch das Bewußtsein erhalten, daß jeder Lebensprozeß zugleich schon ein *Sterbeprozeß* ist. Im Buch Ijob und in etlichen Psalmen sind es Hunger, Krankheit, Todesgefahr, Krieg, Leiden aller Art, die das Totenreich gleichsam vorwegnehmen. Das Wort Heideggers vom »Sein zum Tode« und die medizinische Erkenntnis vom fortschreitenden Abbau unserer Zellen treffen sich mit dieser alten Erfahrung weitgehend. Der biblische Mensch weiß um seine, im Alltag wahrnehmbare *Vergänglichkeit*. Das brauchen wir nicht weiter auszuführen.

Wichtig ist aber die besonders im Neuen Testament bezeugte *Grundhaltung*, die der Glaubende dem so ausgedehnten Sterbeprozeß entgegenbringt. Ich nenne sie gern »eschatologische Gelassenheit«. Das Adjektiv »eschatologisch« besagt soviel wie »bezogen auf das Ende«, genauer »auf die letzten Zeiten« der laufenden Geschichte. Bekanntlich rechnete Jesus selbst mit einem baldigen Ende der Welt. Dennoch lebte gerade er vor, daß diese allgemeine Todeserwartung kein Grund für Angst oder Panik sein darf, noch weniger Anlaß zur Abwertung der irdischen Wirklichkeit unter Vertröstung auf die kommende Ablösung dieser leidvollen Gegenwart durch das zukünftig-jenseitige Heil. Das beste Zeichen dafür, daß Jesus die vergängliche Zeit trotz deren recht bald erwarteten Beendigung als *wertvoll* erachtete, sind seine heilenden Taten. Im Jetzt sollte »medizinisch« eingegriffen werden. Das herannahende Jenseits sollte das Diesseits in seinem Eigenwert festigen. Das irdische Leben ist in der eschatologischen Optik gerade als endliches Leben kostbar. Es soll *qualitativ* gefüllt werden, damit möglichst viele Menschen »lebenssatt« sterben können. In diesem Bewußtsein des systembedingten *Zusammenhangs* zwischen Vergänglichem und Unvergänglichem dominiert freilich das Vertrauen auf einen Gott, der tut, was er verheißt. Das macht die Glaubenden angesichts des universalen und persönlichen Todes eigenartig gelassen. Kurzum: Das Leben erscheint hier zwar als ein beschleunigter Sterbeprozeß, auch mit dramatischen und schrecklichen Zügen. Dennoch herrscht die Hoffnung auf ein neues Leben vor.

Der letzte Grund der »eschatologischen Gelassenheit« ist freilich in den Zeugnissen der nachösterlichen Zeit der Glaube an die Auferstehung Jesu.

177

9.2.3. Auferstehungsglaube

Als Paulus in Athen den Griechen von der Auferstehung Jesu zu reden wagte, »spotteten die einen, andere ... sagten: Darüber wollen wir dich ein andermal hören«. So lautet das Zeugnis der Apostelgeschichte (17,32). Den Stein des Anstoßes bildete vermutlich die für diese Menschen unerhörte Vorstellung, daß nach dem Tode nicht nur die Seele bestehen, sondern auch eine neuartige Leiblichkeit entstehen soll. Die Griechen glaubten an die Unsterblichkeit der Seele allein, nicht aber an die vollständige Erneuerung der Leib-Seele-Geist-*Ganzheit* über die Todesgrenze hinaus.

Wie kam es zum Auferstehungsglauben? Dies geschah unter recht schwierigen Umständen. Die Jünger Jesu selbst waren darauf kaum vorbereitet. Sie waren ja Juden, die mit dem Tod noch spontan den Abstieg in die Totenwelt assoziierten. Sie waren größtenteils einfache Menschen, die bäuerlich rational und traditionell dachten. So konnten sie sich schlecht erklären, wieso die Auferstehung, die die zeitgenössischen Apokalyptiker *nach dem Ende der Welt* und als *kollektives* Ereignis in Aussicht stellten, jetzt plötzlich mitten in der Geschichte für einen einzelnen Menschen vollzogen werden konnte. Außerdem waren sie enttäuscht, sie hatten resigniert. Der Zweifel des Thomas ist für ihren geistigen Zustand charakteristisch.

Das Ereignis der Auferstehung Jesu hat kein Mensch empirisch wahrgenommen. Niemand hat es beobachten können. Erst die Begegnungen mit dem auferweckten Gekreuzigten, die nach verschiedenen Traditionen in verschiedenen Orten und für viele Personen unterschiedlichen Ansehens, z. B. männliche und weibliche Jünger, stattgefunden hat, ließen auf ein derart unerwartetes und unvorstellbares Ereignis schließen. Die genannten Begegnungen sind schon sprachlich so beschaffen, daß sie sich schwerlich auf rein subjektive Visionen oder Halluzinationen zurückführen lassen.

Für diese Juden mußte Ostern ein ungeheures Offenbarungserlebnis bedeuten. Es ging ihnen plötzlich auf, wie der Widerspruch zwischen einem Gott des Lebens und seinen dem Tod ausgelieferten, menschlichen Ebenbildern in Jesus überwunden wurde. Denn er lebte nun ein neues, andersartiges Leben jenseits der Todesgrenze. Diese Einsicht hat dann wohl zu folgender Reflexion geführt: Gott ist keineswegs ein Gott der Toten, sondern der Lebenden (vgl. Mt 22,32). Also müssen die Toten in irgendeiner Weise des Lebens teilhaftig sein, sofern ihr Gottbezug feststeht. So erweist sich als die festeste

Stütze des Auferstehungsglaubens der Glaube an den *Schöpfer als den Lebendigen* schlechthin. Wenn er schon aus der Erdmaterie Menschen erschaffen hat, warum kann er dann nicht auch dort Leben schaffen, wo nur noch Leichenmaterie vorliegt? Die Angleichung des Menschen an den ewig lebenden Schöpfer ist durch das Osterereignis möglich und denkbar geworden, wobei aber das Menschenleben als materielle, physikalische, biologische Wirklichkeit nicht in den Hintergrund treten darf.

Also läuft die urchristliche Reflexion darauf hinaus, was Paulus mit seinem berühmten Samenkorngleichnis zum Ausdruck brachte: »Gesät wird ein irdischer Leib, auferweckt wird ein geistiger Leib« (1 Kor 15, 44), genauer: Gesät wird in den Tod ein psychisch-biologisch beschaffenes Wesen, die Ernte der Auferweckung bringt aber ein pneumatisch beschaffenes Wesen. Pneumatisch besagt hier soviel wie vom *Geist Gottes* vollständig bestimmt.

Zugleich erklärt Paulus, der vom Tode auferweckte Mensch sei zwar *anders* als der sterbliche, jedoch kein *anderer* Mensch. Sein geschichtlich gewachsenes Selbst bleibe erhalten. So betont der Apostel: Dieses Vergängliche müsse mit Unvergänglichkeit versehen werden, *dieses* Sterbliche in Unsterblichkeit überführt werden (1 Kor 15, 53). Das betrifft freilich auch die leibliche Seite des Selbst.

Theologisch gesehen kann der Inhalt dieses Glaubens nicht von natürlichen Vorgängen, von bekannten *Naturgesetzen* abgeleitet werden. Eher scheint er damit unvereinbar zu sein. Ob aber die grundsätzliche Verschiedenheit des naturwissenschaftlichen und des theologischen Verständnisses vom Totsein als ein krasser Widerspruch angesehen werden soll, halte ich für fraglich. Denn es gibt Erkenntnisse der theoretischen Physik, die der Hypothese eines neuartigen Lebens über den Tod hinaus irgendwie doch nahe kommen. Ich will nur vier davon nennen.

Erstens: Das Rätsel um die Entstehung der ersten Lebewesen aus völlig lebloser Materie.

Zweitens: Das Gesetz der Nicht-Verlierbarkeit bzw. der mehrfachen Umwandelbarkeit der Energie. Energetisch bedeutet ja der Tod keine Energievernichtung.

Drittens: Die von der Quantentheorie nachgewiesene Relevanz des Geistes für das Zustandekommen stofflicher Strukturen im mikroskopischen Bereich. Auch eine bestimmte Sicht des Feldes als nichtmaterielle und doch physikalische Wirklichkeit ist zu nennen.

Viertens: Die Erhaltbarkeit von lebensorganisierenden Informationen, sei es in der Gestalt einer »Software« oder eines »Musters«, auch nach der Zerstörung der tragenden »Hardware« oder eines anderen Substrates.

Vielleicht reichen solche Ansätze aus, um auf eine Nichtwidersprüchlichkeit zwischen beiden Deutungen zu schließen, ohne sie freilich ungebührlich zu harmonisieren.

9.2.4. Der Tod als Ort einer »Endentscheidung«

Wenn wir uns nun modernen theologischen Theorien zuwenden, so stellen wir fest, daß dem Auferstehungsglauben in ihrem Argumentationssystem nicht unbedingt die erste Stelle zukommt. Die beiden Theologen, die ich exemplarisch anführen möchte, den Katholiken Karl Rahner und den Protestanten Eberhard Jüngel, denken vorwiegend über den *Sterbeprozeß* nach, also über ein auch empirisch wahrnehmbares Phänomen.

Ich beginne mit Karl Rahner. In seiner frühen, ersten Entwicklungsphase unterläßt er es, zwischen den Begriffen »Tod« und »Sterben« sauber zu unterscheiden. Beide Termini verweisen bei ihm auf das Lebensende einer Person. Dieses Ende erscheint ihm als ambivalent, zweideutig, da es sowohl Heil als auch Unheil nach sich ziehen kann. Denn der Menschentod ist »nirgends« ein »bloßer Naturvorgang« (ThT, 36), vielmehr das ganz *persönliche* Betreten eines Scheidewegs. Als Person schaut der Sterbende dem »Abbruch« seines raumzeitlich bedingten Lebens entgegen. Als Person hat er aber auch die Möglichkeit, diesen Abbruch, gegen den er sich nicht wehren kann, nicht passiv hinzunehmen, sondern ihn zum Anlaß seiner »Selbstauszeugung« »von innen« her zu machen. Damit ist vor allem der Sterbeprozeß gemeint. Rahner sagt, der Sterbende erleide einerseits sein Ende als Schicksal, andererseits biete ihm sein Tod die Chance der »tätigen« Selbstvollendung (vgl. ebd., 38).

Was geschieht aber am Ende dieser geistigen Tätigkeit? Es ereignet sich eine *Trennung*. Eine Trennung, die man aber nicht, wie Plato etwa, als »Abtrennung der unsterblichen Seele vom sterblichen Leib« verstehen darf. Vielmehr betrifft die Trennung im Tode sowohl den leiblichen als auch den *seelischen* Teil des Menschen. Der Tod wird also auch von der Seele erlitten (vgl. ebd., 19). Der Tod behindert die Seele, er raubt ihr ihre natürliche Funktion als die den Leib informierende und bestimmende Dynamik. Die Wechselbeziehung von Leib und Seele wird unterbrochen. Es entsteht folglich in beiden Teilen ein

Verlangen nach der Auferstehung vom Tod, damit die natürliche Funktionsweise wiederhergestellt werden kann (vgl. ebd., 21).

In unmittelbarer Nähe dieser Trennung, einer Nähe, die Rahner für raumzeitlich nicht mehr bestimmbar hält und deshalb »metaphysisch« nennt (vgl. ebd., 58), wird vom Sterbenden eine endgültige Entscheidung erwartet. Ähnlich wie Heidegger bestimmt Rahner das Ende als einen geistigen Ort der Wahlfreiheit. Der Theologe schreibt: »Die Endgültigkeit der personalen Lebensentscheidung ist ein inneres Moment am Tod als der geistig-personalen Tat des Menschen selbst« (ebd., 29). Es kommt dem Sterbenden die existentielle Pflicht zu, seine vergangene Lebensgeschichte nunmehr in voller Freiheit und bei klarem Verstand buchstäblich »endgültig« zu machen.

Dieser Gedanke weist einige Gemeinsamkeiten mit den Zeugnissen wiederbelebter Sterbender über ihre »sanfte« Annäherung an die Todesgrenze auf: überwaches Bewußtsein, Betrachten des vergangenen Lebens im Schnelldurchlauf, Möglichkeit der Freiheitserfahrung. Der Unterschied des Rahnerschen Modells zu letzterem liegt darin, daß Rahner den Sterbenden viel *aktiver* sieht. Er hat nicht zuletzt das Vermögen, über sein endgültiges Ja oder Nein zu Gott selbst zu entscheiden.

Kritiker dieser theologischen Theorie werfen dem frühen Rahner eine einseitige *Idealisierung* des Sterbevorgangs und eine mangelnde *Differenzierung* von recht verschiedenen Arten des Sterbens vor. Denn wie kann die Freiheit an der Schwelle zum Tod metaphysisch werden und eine metaphysische »Aufgipfelung«, Erhöhung, erfahren, wo doch der Beobachter Bewußtlosigkeit und weitestreichende Passivität und Ohnmacht diagnostiziert? Was erlaubt den Theologen, solche Diagnosen in Frage zu stellen? Noch härter trifft die Kritik Ladislas Boros, der den Ansatz des frühen Rahner in lyrischer Sprache bis zum Gedanken an eine Todesekstase des Wissens, des Könnens und des Liebens hochstilisiert hat (vgl. Mysterium mortis, 43–46).

An diesem Punkt scheint mir die Rahnersche Theorie in der Tat dem »sanften« Modell der Sterbeforschung nahe zu kommen. Ganz ohne den *Auferstehungsglauben* in Anspruch zu nehmen, drückt diese Theorie vom Sterben und vom Tod selbst einen Höhepunkt menschlicher Selbstverwirklichung aus. Ist das nicht insgesamt zu schön, um wahr zu sein?

Rahner selbst hat in seiner späteren Schrift »Das Christliche

Sterben« seine idealistische These revidiert. Dort betont er zunächst, daß sich sowohl der Tod als auch die existentielle »Grundentscheidung« (ChrSt, 273) auf den ganzen Ablauf des Lebens beziehen. Der Tod ist real gegenwärtig in Leid, Krankheit, Kummer, Mißerfolg, Depression, körperlichem und geistigem Abbau. Die *grundsätzliche Entscheidung* oder die »Grundwahl« der Freiheit ist ihrerseits tagtäglich fällig, und das Ende kann davon nur das Fazit festhalten. Der späte Rahner meint auch: »Im Augenblick des Todes (unmittelbar davor, ›darin‹ oder ›danach‹ *alles Mögliche* passieren« (ebd., 272). Aktives wie Passives, Freies wie Determiniertes, Persönliches und Unpersönliches. Zudem stirbt jedes Individuum irgendwie anders, d. h. auf seine ganz persönliche Weise.

Schließlich gibt Rahner bezüglich der »Endentscheidungshypothese« zu, sie sei theologisch »weder wahrscheinlich noch notwendig« (ebd.). So bedarf es doch noch der Auferstehung, um einen Sterblichen zur Vollendung zu bringen ...

9.2.5. Der Tod als Verhältnislosigkeit

Hören wir nun die These des evangelischen Theologen Eberhard Jüngel. Sie erinnert irgendwie an das »harte Modell« der Sterbeforschung, an die Sterbeabläufe, die durch Erstickung, Blutvergiftung, Hinrichtung usw. herbeigeführt werden. Hier zeigt sich das Sterben selbst unter seinen erschreckenden, qualvollen, abstoßenden Aspekten (zum Folgenden siehe: Der Tod als Geheimnis, 327–354).

Jüngel berichtet von Sterbefällen, wo sich zunehmende Passivität einstellt. Das Bewußtsein erlischt und hört schließlich vollständig auf zu existieren. Die Persönlichkeit wird mehr zerrüttet, als daß sie in die Lage von hoher Freiheitsempfindung versetzt wird. Der Tote verwest. Der Mensch als ein ganzheitliches Lebewesen wird vernichtet. Folgerung: Entgegen den Idealisierungen von Sokrates, Plato, Cicero und dem frühen Rahner kann man am Sterbeprozeß nichts Schönes und Liebenswertes erkennen. Den Tod kann man demzufolge eigentlich nur *hassen.*

Außerdem – fährt Jüngel fort – ist der Tod etwas *Stummes,* das auch den Beobachter verstummen läßt. Keiner vermag, den Tod zu befragen, ihn um Erklärung zu bitten. Nur das noch bestehende Leben des Sterbenden sagt etwas aus. Und wenn der Tod, der mitten im Leben erscheint, tatsächlich etwas bedeutet, so ist das eine entscheidende Demonstration der allgemeinen Vergänglichkeit. An diesem

Punkt kommt Jüngel den biblischen Zeugnissen nahe. Er zitiert sie auch.

Paradox und widersprüchlich zeigt sich der Tod auch in seinen Augen. Jüngel sagt, der Tod *befremdet* mich, obwohl er zu meiner *ureigenen* Realität gehört. Obwohl mein Tod zu meinem Dasein gehört und ich jeden Tag im Bewußtsein seines Kommens lebe, kenne ich ihn eigentlich nicht. Als das mir Fremdeste gehört er doch zu mir. Die Fremdheit meines Todes kommt daher, daß er meine vertrauten *Kontakte* zerstört. Leben heißt für mich: Beziehungen haben. Beziehungen nicht nur zu meinen Angehörigen, sondern auch zu mir selbst und zu Gott. Auch wenn der Tod mein *natürliches* Lebensende ist; er zerstört meine Natur und vernichtet meine Beziehungen. Das verbindet Jüngel mit dem Wirken des Bösen in der Welt. Das Böse in der Welt hat die Macht, alles Natürliche widernatürlich zu prägen. Und er fragt pathetisch: Wer stirbt schon einen ganz natürlichen Tod? Eher sterben die meisten einen Tod, der nicht sein müßte oder dürfte, der aber trotzdem stattfindet. Er läßt den Sterbenden schon rein psychisch und physiologisch in der Verhältnislosigkeit versinken.

Von dieser kritischen Sicht von Tod und Sterben springt Jüngel zur Bedeutung des Todes Jesu am Kreuz über. Er sagt im Sinne des Neuen Testaments, Gott habe sich hier selbst mit dem Todesangst, ja Gottverlassenheit erfahrenden Jesus *identifiziert*. Gott machte sich die Ohnmacht des an das Kreuz Gefesselten zu eigen. So nahm er dessen Ohnmacht in seine Allmacht herein, um sie in eine Macht des Lebens zu transformieren. Martin Luther hat schon in diesem Sinn von einem »großen Tausch« gesprochen. Jüngel faßt zusammen: Am Karfreitag und vor allem am Ostermorgen kam es zur *Vereinigung von Leben und Tod zugunsten des Lebens*. Die Auferstehung schafft also in diesem Konzept erst jene *neuen Beziehungen*, die im Sterbeprozeß nach und nach verlorengingen. Auferweckt vom Tode zu sein heißt: Eine wesentliche und neuartige Wiederaufnahme der Beziehungen erleben, ohne die ein Mensch nicht leben kann.

Beeindruckend leitet Jüngel von dieser Lehre *ethische* Folgerungen ab: die christliche Pflicht zur Krankenheilung, Pflege von alten Menschen, Begleitung von Sterbenden, Ablehnung der Todesstrafe, des Krieges und jeder künstlich erzeugten Todesangst.

9.2.6. Auferstehung im Tode

Noch konsequenter als Jüngel setzen zwei katholische Theologen, Gerhard Lohfink und Gisbert Greshake beim *Auferstehungsglauben* an (vgl. Naherwartung, 71). Die Auferweckung wird zunächst als eine in Jesus Christus vollzogene, vollendete *Umwandlung* des raumzeitlichen Lebens in das entsprechende ewige Leben begriffen. Es folgt daraus, daß jedem Sterbenden verbindlich angeboten wird, an einer ähnlichen Umwandlung kraft des Geistes Christi teilzuhaben, d. h. gleichsam in das neue, andere, ewige Leben hinein zu sterben. Eine *Wartezeit* zwischen der jeweiligen Todesstunde und einer zeitlich in der Ferne liegenden, kollektiven Auferweckung der Gerechten und Ungerechten, um sie dem sogenannten Endgericht auszuliefern, eine solche postmortale Wartezeit erscheint den beiden Autoren weder biblisch zwingend noch logisch denkbar.

In der Bibel hat nur *eine* Tradition unter anderen, nämlich die apokalyptisch geprägte, die Vorstellung von einem Warten der Toten auf die letztendliche Vollendung eingeführt. Neben dieser Tradition gab es aber die immer stärker ausgeprägte Hoffnung auf eine *unmittelbar* schon im Sterben selbst ermöglichte *Begegnung* mit Christus und Gott. In diesem Sinne kann man das Wort des Gekreuzigten an den reumütigen Schächer nach Lk 23, 43 lesen: »Heute noch wirst du mit mir im Paradiese sein«. Oder den Satz des Paulus in Phil 1, 23: »Ich sehne mich danach, aufzubrechen und bei Christus zu sein«. Schließlich haben wir die Erkenntnis katholischer und orthodoxer Marienfrömmigkeit: Maria stellt den schon auferweckten, vollendeten Menschen dar. Ihre »leibliche Aufnahme in den Himmel« wird als symbolischer Ausdruck dafür gebraucht (vgl. ebd., 90). Man könnte diesbezüglich von einem »Sofort-Modell« sprechen. Die Vereinigung mit dem Auferstandenen und die Teilnahme an seinem Leben gehören zum Ende des Sterbeprozesses selbst.

Daß das »Warte-Modell« unlogisch sein dürfte, ergibt sich aus der Überlegung, daß der Tod die physikalischen Kategorien von Raum und Zeit aufhebt. Es gibt für den verstorbenen Menschen nichts Raumzeitliches mehr im üblichen, empirisch-messbaren Sinne. Deshalb ist es eigentlich sinnlos, über das zu reden, »was *nach* dem Tode kommt«. Das Wort »danach« als zeitlicher Begriff ist fehl am Platze. Etwas weniger unangemessen ist vielleicht die Wendung »über den Tod hinaus«, vorausgesetzt, daß man sie ontologisch, seinsmäßig, deutet (vgl. ebd., 159).

Nach Lohfink – das ist wichtig – ereignet sich diese Auferwek-kung des Toten im überzeitlichen *Moment des Todes* selbst. Sie er-eignet sich als die Anfangsbedingung für ein analog prozeßhaftes ewiges Leben. Lohfink verwendet zur Beschreibung dessen gern sub-stantivierte Infinitive wie »Auferwecktwerden«, »ewiges Eintreten in die Sabbatruhe«, »Zu-Gott-Gelangen« oder »Hineingezeitigtwer-den in die verklärte Zeit« (ebd., 68).

Für die räumliche Analogie, die diesem überzeitlichen Ereignis entspricht, versuchen Lohfink und Greshake Grenzgebiete der Mate-rie wie *Feld, Energie, Geistbedingtheit* geltend zu machen (vgl. ebd., 171). Greshake beruft sich in diesem Zusammenhang ausdrücklich auf die Quantentheorie Heisenbergs. Mit welchem Recht, wäre noch zu prüfen.

Weicht diese These von der Auferweckung im Tode nicht von der Lehre des kirchlichen Lehramtes ab? Läßt sie nicht die alte Tradition der Auferstehung am *Ende* der Geschichte, »vor« dem Endgericht außer acht?

Das wichtigste Dokument des Lehramtes über das Thema Tod, die päpstliche Konstitution *Benedictus Deus* aus dem Jahre 1336 er-klärt: Alle Getauften, aber auch alle Gerechten, die vor der Er-lösungstat Christi gestorben sind, »sind und werden sein im Him-mel ... *sofort* nach ihrem Tod«. Sie genießen die »unmittelbare Schau« Gottes »ohne Vermittlung eines Geschöpfes«. Sie sind »wahrhaft glücklich im Besitz des Lebens und der ewigen Ruhe« (DH 1000). Daß auf die verstockten Sünder ebenfalls eine »sofortige« Hölle wartet, freilich nicht ohne gerichtet zu werden, sagt das Doku-ment ebenfalls (DH 1002).

Gewiß verwendet dieser Text nicht den Begriff »Auferweckung«. Doch dürfen wohl die Begriffe »Himmel«, »Gottesschau«, »Leben« als Synonyme dafür angesehen werden. Insbesondere weist aber die Aussage über die wahre Glückseligkeit auf eine Erhöhung des ganzen Menschen hin. Der unbefangene Leser könnte fragen: Wie kann ein leb- und leibloses Wesen wahrhaft glücklich sein? Und wie kann ein im Tod halbierter Mensch über jenes wache Bewußtsein verfügen, ohne das keine beglückende Schau Gottes denkbar ist? Ist es aber so, verstößt dann nicht derselbe Text gegen die Logik, wenn er den Ein-tritt dieses Zustandes der Seligen »vor der Wiederaufnahme ihrer Leiber« annimmt?

In der Tat stellt das dogmatische Dokument ein solches Ereignis »mox post mortem«, »sofort nach dem Tod«, oder – so kann man interpretieren – »im Ereignis des Todes selbst«, mit Nachdruck in Aussicht. Trifft dies alles zu, so kann man die These Lohfinks und Greshakes nicht als lehramtlich untragbar betrachten.

Freilich versteht diese These, die ich auch gern vertrete, die Auferstehung nicht als einen linear notwendigen Mechanismus, sondern als das Ergebnis einer *Begegnung* mit dem Schöpfer allen Lebens. Lohfink spricht von einer »unverhüllte(n) Begegnung mit Gott« (ebd., 61). Dabei erfolgt eine Mitteilung, eine Kommunikation ewigen Lebens durch den Ewigen selbst. Daraus folgt weiter: Die *Lebensgeschichte* des Toten, seine Lebenszeit, wird nicht in pure Zeitlosigkeit aufgelöst und damit ungeschehen gemacht. Vielmehr erfährt sie eine *Verewigung,* die zudem noch als potentiell unendlicher Prozeß analogisiert werden darf, eben als Teilhabe an der Gottesewigkeit, d. h. am Verwirklichen immer *neuer* Möglichkeiten.

Eine Konsequenz der These liegt darin, daß sich die klassischen Vorstellungen von Himmel, Hölle, Fegefeuer, besonderem und allgemeinem Gericht in diesem überzeitlichen Moment des – sagen wir – »auferstehungsträchtigen Todes« verschränken und verdichten. Eine solche Vorstellung ist freilich nicht problemlos, aber vielleicht weniger seltsam als der Gedanke an eine Wartezeit in einer physikalisch nicht mehr bestehenden Raum-Zeit.

Ich persönlich möchte die vorgetragene Theorie noch ergänzen und dabei die Beschäftigung mit der Auferweckung im Tode keineswegs vom Sterbeprozeß ablösen. Zunächst einmal müßte die enorme *Vielfalt* der Arten des Sterbens noch einmal in Erinnerung gerufen werden. Jeder Mensch stirbt anders. Es werden nicht immer und überall dieselben psychosomatischen Energien freigesetzt, auch das Schwanken zwischen *Glauben* und *Unglauben,* Hoffnung und Verzweiflung gehört dazu.

Ferner ist zu bedenken, daß das Sterben uns alle, so oder so, in die *Enge* treibt. Das Durchschreiten des Engpasses zwischen der vertrauten raumzeitlichen Existenzweise und dem total unbekannten ewigen Leben jenseits von Raum und Zeit, beängstigt uns zu Recht. Der Tod kann vielleicht mit einer besonderen Art des deterministischen Chaos verglichen werden. Er wird genau wie dieses irgendwann kommen. Er ist für das System notwendig; doch wann er kommt, ist ungewiß. Andererseits entstehen nur um diesen Preis jene völlig neuen Möglichkeiten, welche die im Chaos gesuchte und getestete neue Ordnung verheißt.

Aufgrund solcher Überlegungen betrachte ich den Tod als ein

Schnittpunktereignis im Niemandsland zwischen Zeit und Ewigkeit, einen *Schnittpunkt,* der freilich nicht meßbar ist. Es geht um einen zunächst beängstigenden Schnittpunkt, der aber – im Sinne des Glaubens – zu einem *Treffpunkt* werden kann. Darin liegt ein wichtiger Aspekt des Todesparadoxes.

Auf der einen Seite scheint das Feld von allem beherrscht, was zu Ende geht, und der Sterbende fühlt sich in die Vereinzelung getrieben. Von einem bestimmten, variablen Moment des Prozesses an hilft vermutlich nicht einmal die begleitende Gemeinschaft weiter. Die letzten Schritte (oder doch eher das passive Fallen?) werden einsam getan.

Auf der anderen Seite des Wendepunktes sind *Begegnungen* zu erwarten. Eine Begegnung mit Christus, dem Auferstandenen, und ebenso mit Gott und dem heiligen Geist. Das postuliert der christliche Glaube in existenzbestimmender Weise. Diese Begegnung wird in glücklichen Fällen von der Gemeinschaft liebender Mitmenschen um das Sterbebett vorweggenommen. Jüngel hat auf jeden Fall recht: Nach der großen Verhältnislosigkeit dürfen völlig neue Beziehungen erwartet werden. Die Auferstehung ist relational oder es gibt sie gar nicht.

Ich möchte noch hinzufügen: Die Gottesbegegnung selbst entbehrt nicht dramatischer Züge. Sie mag unter Umständen als Konfrontation mit Jenem ausfallen, vor Dem der Mensch kein Theater mehr spielen kann. Er muß sich selbst endlich unverhüllt erkennen, wie er war und ist. Er muß sich selbst *richten* im Angesicht Gottes. Und das Urteil kann auch negativ ausfallen. Impliziert diese Konfrontation eine endgültige Ablehnung des göttlichen Lebensangebotes, etwa aus Gründen fortgeschrittener Selbstvergöttlichung, so baut sich der Tote seine *ganz persönliche* Hölle. Ob er seine Hölle eine Ewigkeit lang durchzuhalten vermag, ist eine andere Frage.

9.2.7. Schicksalsveränderung über den Tod hinaus?

Ich würde fast provozierend fragen: Was kann denn in der Ewigkeit buchstäblich endgültig sein? Werden darin wirklich immer neue Möglichkeiten verwirklicht, dann müßte jedes Verewigte als eine Art »Vorläufigkeit« angesehen werden.

Origenes, ein Kirchenvater aus Alexandrien, hat im 3. Jahrhundert auf diese Frage mit einer beachtenswerten theologischen Hypothese geantwortet. Er fragte sich, ob die uneinsichtigen Sünder über ihren Tod hinaus, also im Umgang mit dem Ewigen eine *Umkehr* erfahren bzw. selbst erreichen können. Ob sogar der Teufel und die gefallenen Engel dazu in der Lage wären. Origenes schloß eine solche Möglichkeit nicht aus.

Er argumentierte im großen und ganzen wie folgt: Der Tod hebt den *Geist*-Charakter des Menschen genauso wenig auf, wie die Bosheit der gefallenen Engel ihr Geistsein rückgängig macht. Nun aber vollzieht sich Geist im Erkennen und Wollen. Erkennt ein Mensch nichts mehr und fällt keine Entscheidungen mehr, so hat er aufgehört, Geist zu sein. Erkennt er und will er nichts Neues mehr, so lebt er nicht mehr im eigentlichen Sinne. Bleiben aber die Toten, die Gott völlig abgeschrieben haben, oder gar der Teufel selbst geistige und lebendige Wesen, so können sie durch neues Wissen und neue Motivationen ihre Grundeinstellung revidieren, also auch Umkehr üben und ihre persönliche Hölle damit aufheben.

Von der Seite Gottes scheint nichts dagegen zu sprechen. Denn er will das Heil aller Kreaturen, sei es im Diesseits oder im Jenseits. So bietet er, bei allem Respekt vor der Willensfreiheit, immer wieder Möglichkeiten der Einsicht an. Wer vermag schon seiner unendlichen Geduld angesichts der Ewigkeit Schranken aufzuerlegen?

Eins aber bleibt nach Origenes ausgeschlossen: Eine zwanghafte Versöhnung aller, samt einer undifferenzierten »Generalamnestie« für alle Bösen.

Ich komme zum Schluß dieses Buches. Es ging mir in allen Kapiteln um einen interdisziplinären Versuch, um das Aufzeigen bestimmter Analogiemöglichkeiten zwischen Naturwissenschaften und wissenschaftlicher Theologie. Freilich bin ich mir bewußt, daß mein Vorhaben notgedrungen eine unvollendete oder unvollständige Symphonie bleibt, nicht ohne mitklingende Kakophonien und offen für weitere Vertiefungen und Diskussion.

Verzeichnis der abgekürzt zitierten Literatur

Abbau — *Lorenz*, Konrad, Der Abbau des Menschlichen, München/Zürich ²1983.

Abstammung — *Darwin*, Charles, Die Abstammung des Menschen, Stuttgart ⁴1982.

AT — *Lorenz*, Konrad, Die acht Todsünden der zivilisierten Menschheit, München/Zürich ²²1990.

AmsJ — *Einstein*, Albert, Aus meinen späten Jahren, Frankfurt a. M./Berlin 1990.

Böhme — *Böhme*, Wolfgang (Hrsg.), Evolution und Gottesglaube. Ein Lese- und Arbeitsbuch zum Gespräch zwischen Naturwissenschaft und Theologie, Göttingen 1988.

Bosshard — *Bosshard*, Stefan Niklaus, Erschafft die Welt sich selbst? Die Selbstorganisation von Natur und Mensch aus naturwissenschaftlicher, philosophischer und theologischer Sicht (Quaestiones Disputatae 103), Freiburg/Basel/Wien 1985.

Briggs – Peat — *Briggs*, John, *Peat*, T. F. David, Die Entdeckung des Chaos. Eine Reise durch die Chaostheorie, München/Wien 1990.

ChSt — *Rahner*, Karl, Das christliche Sterben, in: Schriften zur Theologie XIII, Zürich u. a. 1978, S. 269–304.

DN — *Prigogine*, Ilya und *Stengers*, Isabelle, Dialog mit der Natur. Neue Wege naturwissenschaftlichen Denkens, München ⁵1986.

DH — *Denzinger*, Heinrich, Kompendium der Glaubensbekenntnisse und kirchlichen Lehrentscheidungen, hrsg. v. Peter Hünermann, Freiburg/Basel/Rom/Wien ³⁷1991.

DPT — *Meister Eckhart*, Deutsche Predigten und Traktate, hrsg. v. Josef Quint (1963), München 1979.

(am) Ende — *Davies*, Paul, Am Ende ein neuer Anfang. Die Biographie des Universums, Frankfurt a. M./Berlin 1984.

Endophysik — *Rössler*, Otto E., Endophysik. Die Welt des inneren Beobachtens, Berlin 1992.

Eigen, Stufen — *Eigen*, Manfred, Stufen zum Leben. Die frühe Evolution im Visier der Molekularbiologie, München 1987.

EÖV — *Europäische Ökumenische Versammlung*, Frieden in Gerechtigkeit, Basel 1989, hrsg. vom Sekretariat der Deutschen Bischofskonferenz, Bonn 1989.

Erziehung — *Lessing*, Gotthold Ephraim, Erziehung des Menschengeschlechts, in: Werke in drei Bänden III, München/Wien 1982.

Eschatologie — *Kehl*, Medard, Eschatologie, Würzburg 1986.

Literatur

Evol Erk	*Vollmer,* Gerhard, Evolutionäre Erkenntnistheorie und Leib-Seele-Problem, in: Böhme (s. o.), S. 134–166.
Ganoczy, Chaos	*Ganoczy,* Alexandre, Chaos, Zufall, Schöpfungsglaube. Die Chaostheorie als Herausforderung der Theologie, Mainz 1995.
Ganoczy, Schöpfung	*Ganoczy,* Alexandre, Schöpfungslehre (Leitfaden Theologie), Düsseldorf ²1987.
(Der) Geist	*Moltmann,* Jürgen, Der Geist des Lebens. Eine ganzheitliche Pneumatologie, München 1991.
Gleick	*Gleick,* James, Chaos – die Ordnung des Universums. Vorstoß in die Grenzbereiche der modernen Physik, München 1992.
GmPh	*Davies,* Paul, Gott und die moderne Physik, München 1986.
GN	*Weizsäcker,* Carl Friedrich von, Die Geschichte der Natur. Zwölf Vorlesungen, Göttingen ⁸1979.
GS	*Gaudium et spes.* Pastoralkonstitution über die Kirche und die Welt von heute des Zweiten Vatikanischen Konzils. Text in: Lexikon für Theologie und Kirche² (1968) E III.
Hauspostille	*Brecht,* Bertolt, in: Gesammelte Werke VIII, Frankfurt a. M. 1960.
Hirsch	*Hirsch,* Eike Christian, Das Ende aller Gottesbeweise? Naturwissenschaftler antworten auf die religiöse Frage, Hamburg 1975.
HphG	Handbuch philosophischer Grundbegriffe, hrsg. v. H. Krings, H. M. Baumgartner und Chr. Wild, München 1973 f. Sechs Bände.
Interaktion	*Eccles,* J. C., Interaktion von Gehirn und Geist, in: J. C. Eccles/H. Zeier (Hrsg.), Gehirn und Geist, München 1980, S. 125–194.
Jantsch	*Jantsch,* Erich, Die Selbstorganisation des Universums. Vom Urknall zum menschlichen Geist, München ³1986.
KD	*Barth,* Karl, Kirchliche Dogmatik III/1, Zöllikon/Zürich 1947.
KKK	*Katechismus* der Katholischen Kirche, (Oldenbourg) München 1993.
Kern, HPhG	*Kern,* Walter, Notwendigkeit, in: Handbuch Philosophischer Grundbegriffe (s. o. unter HphG), Bd. 4, Sp. 1021–1037.
Kern, LThK	*Kern,* Walter, Zufall, in: Lexikon für Theologie und Kirche² 10, Sp. 1408 f.
Konrad	*Konrad,* J., Zufall, in: Religion in Geschichte und Gegenwart³ 6, Sp. 1938 f.
Kont u Ng	*Pannenberg,* Wolfhart, Kontingenz und Naturgesetz, in: Klaus A. M. Müller/Wolfhart Pannenberg, Erwägungen zu einer Theologie der Natur, Gütersloh 1970, S. 33–80.

190

KrV	*Kant,* Immanuel, Kritik der reinen Vernunft, hrsg. v. Karl Kehrbach, Leipzig o. J.
LThK	Lexikon für Theologie und Kirche, 2. Auflage.
LDO	*Hildegard von Bingen,* Liber divinorum operum (Patrologia Latina 197, Hrsg. Migne, Sp. 739–1038); deutsch von H. Schlipperges, Welt und Mensch. Das Buch »De operatione Dei«, Salzburg 1965.
Mélanges	*Bergson,* Henri, Mélanges, Paris 1972.
Moody	*Moody,* R. A., Leben nach dem Tod, Hamburg 1977.
MR	*Camus,* Albert, Der Mensch in der Revolte, Reinbek bei Hamburg 1997 (rororo 1216).
Müller	*Müller,* A. M. Klaus, Tastende Umrisse einer Zeitmeditation der »Natur«, in: Helmut A. Müller (Hrsg.), Naturwissenschaft und Glaube, Bern/München/Wien 1988, S. 285–301.
Mysterium mortis	*Boros,* Ladislas, Mysterium mortis. Der Mensch in der letzten Entscheidung, Olten/Freiburg ⁹1971.
Naherwartung	*Lohfink,* Gerhard, *Greshake,* Gisbert, Naherwartung, Auferstehung, Unsterblichkeit (Quaestiones Disputatae 71), Freiburg/Basel/Wien ⁴1982.
Naturwissenschaftler	*Jordan,* Pascal, Der Naturwissenschaftler vor der religiösen Frage. Abbruch einer Mauer, Oldenburg b. Hamburg 1963.
Optik	*Newton,* Isaac, Optik oder Abhandlung über Spiegelungen, Brechungen, Beugungen und Farben des Lichts (1704), II. und III. Buch, übers. und hrsg. von W. Abendroth, Leipzig 1898.
PhPh	*Heisenberg,* Werner, Physik und Philosophie, Frankfurt a. M./Berlin/Wien 1981.
PhU	*Tipler,* Frank J., Die Physik der Unsterblichkeit. Moderne Kosmologie, Gott und die Auferstehung der Toten, München/Zürich ²1994.
Picht	*Picht,* Georg, Hier und Jetzt. Philosophieren nach Auschwitz und Hiroshima, Bd. I, Stuttgart 1980.
Prinzipien	*Newton,* Isaac, Mathematische Prinzipien der Naturlehre, hrsg. v. J. Ph. Wolfers, Berlin 1872 (Nachdruck: Darmstadt 1963).
PrCh	*Davies,* Paul, Prinzip Chaos. Die neue Ordnung des Kosmos, München ³1991.
QD	Theologische Reihe »*Quaestiones Disputatae*« im Verlag Herder, Freiburg/Basel/Wien.
RGG	Die Religion in Geschichte und Gegenwart, hrsg. v. K. Galling, Tübingen ³1957–1962. Sechs Bände.
Rapp, HPhG	*Rapp,* Friedrich, Artikel »Methode«, in: Handbuch Philosophischer Grundbegriffe (s. o. unter HPhG), Bd. 4, Sp. 913–929.
Schö Evol	*Westermann,* Claus, Schöpfung und Evolution, in: Böhme (s. o.), S. 240–250.

Sch ü G	*Heisenberg*, Werner, Schritte über Grenzen. Gesammelte Reden und Aufsätze, München/Zürich ⁶1985.
Sog B	*Lorenz*, Konrad, Das sogenannte Böse. Zur Naturgeschichte der Aggression, Wien ³⁶1974.
Spatz	*Spatz*, H., Menschwerdung und Gehirnentwicklung, in: Nachrichten der Gießener Hochschulgesellschaft 20, 1951, S. 32–55.
(Das) Spiel	*Eigen*, Manfred und *Winkler*, Ruthhild, Das Spiel. Naturgesetze steuern den Zufall, München/Zürich ⁷1985.
Stegmüller	*Stegmüller*, Wolfgang, Hauptströmungen der Gegenwartsphilosophie. Eine kritische Einführung, Bd. 2, Stuttgart ⁶1979.
Stewart	*Stewart*, Ian, Spielt Gott Roulette? Chaos in der Mathematik, Basel/Boston/Berlin 1990.
TG	*Heisenberg*, Werner, Der Teil und das Ganze. Gespräche im Umkreis der Atomphysik, München ⁹1985.
ThT	*Rahner*, Karl, Zur Theologie des Todes (Quaestiones Disputatae 2), Freiburg/Basel/Wien 1958, 1965.
ThWNT	Theologisches Wörterbuch zum Neuen Testament, hrsg. v. G. Kittel, Stuttgart u. a. 1957–1979. Zehn Bände.
(der) Tod	*Jüngel*, Eberhard, Der Tod als Geheimnis des Lebens, in: Entsprechungen: Gott – Wahrheit – Mensch. Theologische Erörterungen, München 1986, S. 327–354.
Überwindung	*Epikur*, Von der Überwindung der Furcht, hrsg. v. E. Gigon, Zürich ²1968.
Vortrag	*Planck*, Max, Religion und Naturwissenschaft. Ein Vortrag, Leipzig ⁴1938.
Weltbild	*Einstein*, Albert, Mein Weltbild, hrsg. v. C. Seelig, Frankfurt a. M./Berlin ²⁴1991.
Wir sind	*Ditfurth*, Hoimar von, Wir sind nicht nur von dieser Welt. Naturwissenschaft, Religion und die Zukunft des Menschen, Hamburg ⁵1987.
WuM	*Poincaré*, Henri, Wissenschaft und Methode, Berlin/Leipzig 1914.
Wolff	*Wolff*, Hans Walter, Anthropologie des Alten Testaments, München 1973.
ZN	*Monod*, Jacques, Zufall und Notwendigkeit. Philosophische Fragen der modernen Biologie. Vorwort von Manfred Eigen, München ⁵1982.